Das Buch des Lebens • Gedanken für jeden Tag

Jiddu Krishnamurti

Das Buch des Lebens

♦

Gedanken für jeden Tag

Aus dem Englischen von
Christine Bendner

Theseus Verlag

Theseus im Internet: www.Theseus-Verlag.de

Die Originalausgabe erschien unter dem Titel
The Book of Life. Daily Meditations with Krishnamurti
1995 bei HarperCollins Publishers, 10 East 53rd Street, New York, NY 10022.

Bibliografische Information Der Deutschen Bibliothek
Die Deutsche Bibliothek verzeichnet diese Publikation in der Deutschen Nationalbibliografie; detaillierte bibliografische Daten sind im Internet über *http://dnb.ddb.de* abrufbar.

ISBN print 978-3-89901-962-9
ISBN eBook 978-3-89901-605-5

Lektorat: Bernd Hollstein, Dr. Birgit Adolff

Umschlaggestaltung: Morian & Bayer-Eynck, Coesfeld,
www.mbedesign.de unter Verwendung eines Fotos © Hildegard Morian
Gestaltung und Satz: Ingeburg Zoschke, Berlin
Druck: CPI - Clausen & Bosse, Leck
Printed in Germany

Mehr Bäume. Weniger CO_2.
www.cpibooks.de/klimaneutral

Inhalt

Vorwort

Im Jahre 1934 sagte Krishnamurti: »Warum wollen Sie aus Büchern lernen, anstatt Schüler des Lebens zu sein? Finden Sie heraus, was in Ihrer Umwelt mit all ihrer Unterdrückung und den ganzen Grausamkeiten wahr und falsch ist, dann werden Sie wissen, was Wahrheit ist.« Er wies wiederholt darauf hin, dass das »Buch des Lebens«, das sich ständig mit einer Vitalität und Dynamik verändert, die das menschliche Denken übersteigt, das einzige Buch ist, das zu »lesen« sich lohnt, da alle anderen Bücher nur Informationen aus zweiter Hand enthalten. »Die Geschichte der Menschheit steckt in Ihnen selbst, das ungeheure Reservoir an Erfahrungen, die tief verwurzelten Ängste, Sorgen, das Leid, Vergnügen und alle Glaubensvorstellungen, die der Mensch in Jahrtausenden angesammelt hat. Dieses Buch sind Sie.«

Das Buch des Lebens – Gedanken für jeden Tag ist so angeordnet, dass sich darin in etwa Krishnamurtis Art, seine Vorträge zu gestalten, widerspiegelt. Am Anfang standen gewöhnlich das Zuhören und die Beziehung zwischen dem Redner und der Zuhörerschaft im Vordergrund, und am Ende ging es um Themen, die sich ganz natürlich ergeben, wenn das Leben in Ordnung ist und tiefere Einsichten ins Bewusstsein dringen. In seinen letzten Tagen zwischen 1985 und 1986 sprach er über Kreativität und die Möglichkeit einer völlig neuen Lebensweise. Dieses Buch enthält Textauszüge zu diesen Themen.

Viele Themen tauchen wiederholt in seinen Lehren auf. Seine Vision war die umfassende Beobachtung der menschlichen Existenz, in der alle Aspekte des Lebens miteinander verbunden sind. Im *Buch des Lebens* findet der Leser für die Wochen des Jahres Textpassagen über ein neues Thema, wobei die einzelnen Themen über sieben bis zehn Tage hinweg weiterentwickelt werden. Die ursprünglichen Quellen dieser Auszüge können anhand des Quellenverzeichnisses im hinteren Teil des Buches leicht identifiziert werden. Interessierte Leser, die sich intensiver mit einem speziellen Thema befassen möchten, können die vollständigen Texte der betreffenden Bücher lesen.

Im Jahre 1929 begann Krishnamurti öffentlich mit einer Stimme zu sprechen, die nach der Beschreibung von Aldous Huxley »natürliche Autorität« besaß. Krishnamurtis eindringliche und überzeugende Untersuchung des Wesens und der Bedeutung von Wahrheit und Freiheit brachte seinen Reden und Gesprächen, die in über vierzig Sprachen übersetzt und veröffentlicht wurden, eine millionenfache Auflage.

Obwohl Krishnamurti scheu und zurückhaltend war, hielt er unermüdlich Tausende von Vorträgen, sprach frei, ohne jegliche Notizen oder Vorbereitung, und seine Reden drehten sich im Wesentlichen um ein immer wiederkehrendes Thema: Dass die Wahrheit von jedem Menschen ohne die Hilfe irgendwelcher Autoritäten und – da das Leben jeden Augenblick gegenwärtig ist – in einem einzigen Augenblick entdeckt werden kann. Seine Reden deckten das gesamte Spektrum persönlicher und gesellschaftlicher Konflikte und Probleme ab. Das Beobachten unseres Verhaltens in seiner ganzen Bandbreite und Tiefe, so wie es sich in jedem Augenblick zeigt, wird zur notwendigen Voraussetzung, um uns selbst und unsere Gesellschaft zu verändern. Als er einmal von einem Zuhörer gefragt wurde, warum er Vorträge halte und was er erreichen wolle, antwortete er: »Ich möchte Ihnen etwas mitteilen. Vielleicht wie man herausfinden kann, was Wirklichkeit ist – nicht im Sinne einer Methode oder eines Systems, sondern wie man dabei vorgehen kann. Und wenn Sie das für sich selbst herausfinden können, wird nicht länger nur ein Redner da sein, sondern wir alle werden sprechen, wir alle werden diese Wirklichkeit unseres Lebens ausdrücken, da wo wir sind. … Die Wahrheit kann nicht gehortet werden. Was gehortet wird, wird immer zerstört; es ist dem Verfall preisgegeben. Die Wahrheit kann nie verfallen, weil sie nur von Augenblick zu Augenblick in jedem Gedanken, jeder Beziehung, in einem Lächeln, in Tränen entdeckt werden kann. Und wenn Sie und ich das entdecken und leben können – es zu leben heißt, es zu entdecken –, dann werden wir keine Propagandisten, wir werden schöpferische Menschen sein – keine perfekten Menschen, sondern schöpferische Menschen, und das ist ein immenser Unterschied. Ich glaube, deshalb spreche ich, und vielleicht ist das auch der Grund dafür, dass Sie hierher kommen und zuhören.«

»Es gibt nur das Problem, es gibt keine Antwort, denn im Verstehen des Problems steckt seine Auflösung.« Wenn man ihm eine Frage stellte, erwiderte Krishnamurti oft: »Wir wollen herausfinden, was wir mit ... meinen«, und untersuchte damit die Frage, schaffte einen Zugang zu ihrer Erforschung, anstatt sofort eine Antwort darauf zu geben. Für Krishnamurti war das Ausloten einer Frage oder eines Problems der Treibstoff für dieses Forschen. Es ging ihm nicht bloß um eine logische und intellektuelle Suche nach einer Antwort. Die im vorliegenden Buch abgedruckten Auszüge werden dem Leser als Fragen präsentiert, die gestellt wurden, ohne eine unmittelbare Antwort zu erwarten.

Krishnamurti betonte stets, dass die Dialoge mit seinen Zuhörern während seiner Reden nicht intellektueller Natur seien und nicht auf Gedanken und Idealen basierten. Er sagte: »Schließlich besteht der Zweck dieser Reden darin, dass wir miteinander kommunizieren. Es geht nicht darum, Ihnen eine Reihe von Vorstellungen aufzudrängen. Vorstellungen und Ideale verändern nie den Geist, führen nie zu einer radikalen Veränderung des Bewusstseins. Aber wenn wir zur gleichen Zeit auf der gleichen Ebene persönlich miteinander kommunizieren können, dann ist vielleicht ein Verstehen möglich, das nicht bloße Propaganda ist. ... Diese Vorträge sollen also nicht dazu dienen, Ihnen auf irgendeine Weise etwas auszureden oder einzureden – weder direkt noch unterschwellig.«

Bei fast allen seinen öffentlichen Vorträgen und Gesprächen benutzte Krishnamurti die Worte »mankind« (Menschheit) und »man« (Mensch, aber auch Mann), wenn er sich auf die Menschheit als Ganzes bezog. Aber gegen Ende seines Lebens unterbrach er sich oft selbst und sagte zu seinen Zuhörern: »Wenn ich vom ›Menschen‹ spreche, meine ich natürlich auch die Frauen. Werden Sie also bitte nicht wütend auf mich.«

Krishnamurtis Art zu sprechen war außerordentlich einfach und schlicht, er sprach nicht wie ein Guru oder religiöser Lehrer mit einer durch Ableitung entstandenen Lehre, besonderem Vokabular oder einer Bindung an irgendeine Organisation oder Sekte. Die Nachfrage nach seinen klaren, authentischen Lehren wuchs mit seinen vielen Reisen in alle Welt. Ab 1930 bis zu seinem Tod im Jahre 1986 sprach er vor einer immer größer werdenden Zuhörerschaft in Europa, Nordamerika, Australien, Südamerika und Indien.

Dieses Buch enthält Auszüge aus veröffentlichten sowie bisher unveröffentlichten Reden, Gesprächen und Schriften aus den Jahren 1933 bis 1968, darunter das erste populäre Krishnamurti-Buch, *Education and the Significance of Life* (deutsch: *Autorität und Erziehung*), das von einem breiten Publikum gelesen wurde. Dieses Buch, das er in Ojai, Kalifornien, unter einer mächtigen Eiche schrieb, wurde im Jahre 1953 vom Verlag Harper & Row herausgegeben, jenem Verlag, der über dreißig Jahre lang Krishnamurtis Werke in Amerika veröffentlichte. Sein nächstes Buch *The First and Last Freedom* (deutsch: *Schöpferische Freiheit*) wurde im Jahre 1954 ebenfalls von Harper & Row mit einem ausführlichen Vorwort seines Freundes Aldous Huxley herausgegeben.

Seine *Commentaries on Living* (deutsch: *Ideal und Wirklichkeit – Gedanken zum Leben I*) schrieb er zwischen 1949 und 1955 handschriftlich auf randlosen Blättern ohne Korrekturen und Streichungen nieder. Aldous Huxley hatte ihn zum Schreiben ermutigt, und das von D. Rajagopal redigierte Manuskript wurde im Jahre 1956 veröffentlicht. Es ist im Wesentlichen eine Schilderung seiner Gespräche mit Menschen, die kamen, um mit ihm zusammen zu sein und zu sprechen, und man hat beim Lesen dieser Seiten das Gefühl, dass zwei Freunde zusammensitzen und den Dingen rückhaltlos und ohne Furcht auf den Grund gehen. Die einzelnen Kapitel dieser Bücher beginnen oft mit einer einleitenden Beschreibung der Landschaft, des Klimas oder von Tieren, denen er unterwegs begegnete. Aus der Einfachheit dieser natürlichen Umwelt ergibt sich auf unkomplizierte Weise ein Übergang zur inneren Landschaft der Verwirrung, der Angst und der Überzeugungen – der allgemeinen und persönlichen Anliegen, die die

Menschen in ihre Begegnungen mit Krishnamurti einbrachten. Einige dieser Gespräche wurden nicht in den drei Bänden der *Commentaries on Living* (deutsch: *Gedanken zum Leben I–III)* veröffentlicht und erscheinen hier zum ersten Mal. In manchen dieser bisher unveröffentlichten Gespräche benutzt Krishnamurti den Begriff Denken-Fühlen, um eine umfassende Reaktion zu beschreiben.

Die Bücher *Life ahead* (deutsch: *Die Flamme des Lernens)* und *Think on these Things* (deutsch: *Das Wesentliche ist einfach – Antworten auf die Fragen des Lebens)* wurden in den Jahren 1963 und 1964 von Krishnamurtis Freundin Mary Lutyens redigiert und von Harper & Row veröffentlicht. Diese beiden Bücher enthalten eine Zusammenstellung ausgewählter und redigierter Fragen und Antworten aus Gesprächen mit jungen Leuten und fanden so viel Anklang, dass sie inzwischen als religiöse und literarische Klassiker gelten. Auf sie folgte ein Gesamtwerk, das über 50 Bücher umfasst.

Krishnamurti betrachtete sich selbst als unwichtig und überflüssig bei unserem Prozess der Wahrheitsfindung und Selbsterkenntnis. Bei einer Gelegenheit bezeichnete er sich selbst als Telefon, als einen Apparat, der von einem Zuhörer benutzt werden könne. Er sagte: »Was der Redner sagt, hat an sich sehr wenig Bedeutung. Vielmehr kommt es darauf an, dass der Geist sich seiner selbst so mühelos bewusst ist, dass er sich fortwährend in einem Zustand des Verstehens befindet. Wenn wir nicht verstehen und einfach nur Worten zuhören, verlassen wir diesen Ort unweigerlich mit einer Reihe von Vorstellungen oder Ideen und erzeugen dadurch ein Leitbild, an das wir uns dann in unserem täglichen oder so genannten spirituellen Leben anzupassen versuchen.«

Es könnte sich lohnen, beim Lesen darauf zu achten, wie Krishnamurti die Beziehung zwischen zwei Menschen betrachtete, die nach der Wahrheit suchen. Im Jahre 1981 sagte er: »Wir sind wie zwei Freunde, die an einem schönen Tag im Park sitzen und über das Leben und unsere Probleme sprechen, uns Gedanken über das eigentliche Wesen unseres Daseins machen und uns ernsthaft fragen, warum das Leben zu einem solchen Problem geworden ist, warum unser tägliches Leben, obwohl wir doch so intellektuell und gebildet sind, eine solche Plackerei ist, ohne jede Bedeutung außer der, unser Überleben zu sichern – was nicht einmal sicher ist. Warum ist das Leben, das tägliche Dasein zu einer solchen Qual geworden? Wir können in die Kirche gehen, irgendeiner politischen oder religiösen Führerfigur folgen, aber unser tägliches Leben ist immer ein großes Durcheinander. Auch wenn es gewisse Phasen gibt, in denen wir gelegentlich Freude und Glück erleben, ist unser Leben immer von einer dunklen Wolke überschattet. Und diese beiden Freunde, wir beide, Sie und der Redner, sprechen in einer freundlichen Art und Weise, vielleicht voller Zuneigung, fürsorglich und interessiert darüber, ob es überhaupt möglich ist, unser tägliches Leben ohne ein einziges Problem zu leben.«

Januar

Zuhören

♦

Lernen

♦

Autorität

♦

Selbsterkenntnis

Einfach zuhören

Haben Sie schon einmal ganz still dagesessen, ohne Ihre Aufmerksamkeit auf etwas Bestimmtes zu richten, ohne sich um Konzentration zu bemühen, sondern innerlich ganz ruhig, wirklich still? Dann hören Sie alles, nicht wahr? Sie hören die Geräusche, die aus der Ferne an Ihr Ohr dringen, und jene, die etwas näher sind, sowie die Geräusche Ihrer unmittelbaren Umgebung – was bedeutet, dass Sie allem zuhören. Ihr Geist beschränkt sich nicht auf einen kleinen Ausschnitt. Wenn Sie auf diese Weise zuhören können, wenn Sie mit Leichtigkeit, ohne innere Anspannung zuhören können, werden Sie feststellen, dass in Ihrem Innern eine außergewöhnliche Veränderung vor sich geht, eine Veränderung, die sich vollzieht, ohne etwas zu wollen oder nach etwas zu verlangen, und darin liegen große Schönheit und tiefe Einsicht.

Die Barrieren beiseite lassen

Wie hören Sie zu? Hören Sie mittels Ihrer Projektionen zu, durch Ihre Projektionen, Ihren Ehrgeiz, Ihre Wünsche, Ängste und Sorgen hindurch? Hören Sie nur, was Sie hören wollen, was Sie zufrieden stellt, Ihnen lohnend erscheint, was Sie tröstet, was Ihr Leiden für den Augenblick lindert? Wenn Sie durch die Barrieren Ihrer Wünsche zuhören, dann hören Sie lediglich Ihrer eigenen Stimme zu, Sie lauschen Ihren eigenen Wünschen. Kann man aber auch auf eine andere Weise zuhören? Ist es nicht wichtig, herauszufinden, wie man nicht nur dem lauschen kann, was gesagt wird, sondern wie man allem lauschen kann – dem Lärm der Straße, dem Gezwitscher der Vögel, dem Geräusch der Straßenbahn, der rastlosen Meeresbrandung, der Stimme Ihres Mannes oder Ihrer Frau, Ihren Freunden, dem Schreien eines Babys? Zuhören ist nur dann von Bedeutung, wenn man nicht seine eigenen Wünsche hineinprojiziert, durch die hindurch man zuhört. Ist es möglich, all diese Barrieren beiseite zu lassen, durch die hindurch wir zuhören, und wirklich zuzuhören?

Über den Lärm der Worte hinaus

Zuhören ist eine Kunst, die einem nicht einfach zufällt. In ihr finden sich Schönheit und tiefes Verstehen. Wir hören mit den unterschiedlichen geistigen Tiefen unseres Seins zu, aber unser Zuhören ist immer mit einer Vorstellung oder einem bestimmten Standpunkt verknüpft. Wir hören nicht einfach zu, immer tritt die Barriere unserer eigenen Gedanken, Schlussfolgerungen, Vorurteile dazwischen … Zuhören können setzt innere Stille voraus, ein Freisein von der Anstrengung, sich etwas anzueignen – entspannte Aufmerksamkeit. Dieser wache und doch passive Zustand vermag das zu hören, was über die Worte hinausgeht. Worte verwirren, sie sind nur die äußeren Kommunikationsmittel. Um aber über das Geräusch der Worte hinaus Zwiesprache zu halten, müssen wir beim Zuhören ganz wach und doch passiv sein. Ein Mensch, der liebt, hört vielleicht zu, aber es ist extrem schwer, einen echten Zuhörer zu finden. Die meisten von uns sind auf Ergebnisse aus, wollen Ziele erreichen; wir wollen ständig die Oberhand gewinnen und uns durchsetzen. Auf diese Art ist echtes Zuhören nicht möglich. Nur wenn man zuhört, vernimmt man das Lied der Worte.

Zuhören, ohne zu denken

Ich weiß nicht, ob Sie schon einmal einem Vogel gelauscht haben. Um etwas zuhören zu können, muss Ihr Geist still sein – ich meine keine mystische Stille, sondern einfach Stille. Ich sage etwas zu Ihnen, und um mir zuhören zu können, müssen Sie still sein, es dürfen Ihnen nicht alle möglichen Gedanken durch den Kopf schwirren. Wenn Sie eine Blume betrachten, dann schauen Sie sie einfach an, Sie benennen sie nicht, klassifizieren sie nicht, sagen nicht, dass sie zu einer bestimmten Art gehört – wenn Sie das tun, hören Sie auf, die Blume zu betrachten. Deshalb sage ich, dass Zuhören eines der schwierigsten Dinge ist: zum Beispiel dem Kommunisten zuzuhören, dem Sozialisten, dem Kongressabgeordneten, dem Kapitalisten, irgendjemandem, Ihrer Frau, Ihren Kindern, Ihrem Nachbarn, dem Busschaffner, dem Vogel – einfach zuzuhören. Nur wenn Sie ohne Vorstellungen, ohne zu denken, zuhören, sind Sie in unmittelbarem Kontakt, und wenn Sie in Kontakt sind, wissen Sie, ob das, was der andere sagt, richtig oder falsch ist; Sie brauchen nicht mehr darüber zu diskutieren.

Zuhören schenkt Freiheit

Hören Sie wirklich zu, wenn Sie sich bemühen zuzuhören? Ist nicht gerade dieses Bemühen eine Ablenkung, die Sie am Zuhören hindert? Strengen Sie sich an, wenn Sie etwas zuhören, das Sie erfreut? ... Sie erkennen weder die Wahrheit, noch sehen Sie das Falsche als das Falsche, solange Ihr Geist in irgendeiner Weise damit beschäftigt ist, sich zu bemühen, zu vergleichen, zu rechtfertigen oder zu verurteilen. ...

Zuhören allein für sich genommen ist ein Vorgang, der vollkommen ist; der bloße Vorgang des Zuhörens bringt seine eigene Freiheit mit sich. Aber geht es Ihnen wirklich ums Zuhören oder eher darum, etwas gegen das Chaos in Ihrem Inneren zu tun? Wenn Sie zuhören würden ... und zwar so, dass Sie sich Ihrer Konflikte und inneren Widersprüche bewusst sind, ohne sie in ein bestimmtes Denkmuster zu zwängen, dann würden sie sich vielleicht alle in Luft auflösen. Wir versuchen ständig, dieses oder jenes zu sein, einen bestimmten Zustand zu erreichen, eine Erfahrung festzuhalten und eine andere zu vermeiden. Also ist unser Geist ununterbrochen mit irgendetwas beschäftigt; er ist nie still, um dem Lärm seiner eigenen Kämpfe und Schmerzen zuzuhören. Seien Sie einfach und schlicht ... und versuchen Sie nicht, etwas zu werden oder irgendeine Erfahrung festzuhalten.

Mühelos zuhören

Jetzt gerade hören Sie mir zu; Sie bemühen sich nicht, aufmerksam zu sein, Sie hören einfach zu; und wenn das, was Sie hören, wahr ist, werden Sie feststellen, dass in Ihnen eine bemerkenswerte Veränderung stattfindet – eine Veränderung, die ohne Vorsatz oder Wunsch einfach geschieht, eine Verwandlung, eine vollkommene innere Umwälzung, bei der allein die Wahrheit zählt und nicht die Fantasiegebilde Ihres Geistes. Ich möchte Ihnen vorschlagen, allem auf diese Weise zu lauschen – nicht nur dem, was ich sage, sondern auch dem, was andere sagen, oder den Vögeln, dem Pfeifen einer Lokomotive, dem Geräusch eines vorbeifahrenden Busses. Sie werden feststellen, dass die Stille umso tiefer wird, je mehr Sie allem lauschen, und dass diese Stille dann nicht mehr von Lärm unterbrochen wird. Nur wenn Sie Widerstand gegen etwas leisten, wenn Sie zwischen sich und dem, was Sie nicht hören wollen, eine Barriere errichten – nur dann findet ein innerer Kampf statt.

Sich selbst zuhören

Frage: Solange ich Ihnen hier zuhöre, scheine ich zu verstehen, aber wenn ich wieder woanders bin, verstehe ich nichts, obwohl ich versuche, das, was Sie gesagt haben, in meinem Leben anzuwenden.

Krishnamurti: … Sie hören sich selbst zu und nicht dem Redner. Wenn Sie dem Redner zuhören, wird er zu Ihrem Führer, Ihrem Weg zum Verstehen – und das ist schrecklich und abscheulich, weil Sie dann die Rangordnung der Autorität geschaffen haben. Was Sie hier also tun sollten, ist sich selbst zuzuhören. Sie betrachten das Bild, das der Redner entwirft, und es ist Ihr eigenes Bild, nicht das des Redners. Wenn klar ist, dass Sie sich selbst betrachten, können Sie sagen: »Ich sehe mich, wie ich bin, und ich will nichts daran ändern«, und damit ist die Sache erledigt. Aber wenn Sie sagen: »Ich sehe mich, wie ich bin, und es muss sich etwas ändern«, fangen Sie an, aus Ihrem eigenen Verstehen heraus aktiv zu werden – und das ist etwas vollkommen anderes, als anzuwenden, was der Redner sagt … Aber wenn Sie, während der Redner spricht, sich selbst zuhören, dann erwachsen aus diesem Zuhören Klarheit und Empfänglichkeit, dann wird Ihr Geist durch dieses Zuhören stark und gesund. Indem er weder gehorcht noch sich widersetzt, wird er lebendig, erlangt Intensität – und nur ein solcher Mensch kann eine neue Entwicklungsstufe des Menschen hervorbringen, eine neue Welt schaffen.

Mit Intensität schauen

… Mir scheint, dass Lernen erstaunlich schwierig ist, genau wie das Zuhören. Wir hören nie wirklich zu, weil unser Geist nicht frei ist. Unsere Ohren sind verstopft von den Dingen, die wir bereits wissen, und deshalb wird Zuhören zu einer außerordentlich schwierigen Angelegenheit. Ich glaube – nein, es ist eine Tatsache –, dass der bloße Vorgang des Zuhörens eine befreiende Wirkung hat, wenn man mit seinem ganzen Wesen, seiner Kraft und Lebensfreude zuhören kann, aber leider hören Sie nie wirklich zu, weil Sie das nie gelernt haben. Schließlich lernt man nur, wenn man sich einer Sache ganz und gar hingibt. Wenn man sich der Mathematik mit Leib und Seele widmet, lernt man; wenn man jedoch innerlich gespalten ist, wenn man nicht lernen will, aber dazu gezwungen wird, dann wird das Ganze zu einem bloßen Prozess des Anhäufens. Beim Lernen ist es wie beim Lesen einer Erzählung mit zahlreichen unterschiedlichen Charakteren: Es erfordert volle Aufmerksamkeit, keine geteilte Aufmerksamkeit. Wenn Sie etwas über ein Blatt lernen wollen – ein Blatt im Frühling oder ein Blatt im Sommer –, dann müssen Sie es wirklich betrachten, müssen sein Ebenmaß, seine Struktur sehen, die Beschaffenheit des lebendigen Blattes. Da ist Schönheit, Energie, Lebendigkeit in diesem einzelnen Blatt. Um also etwas über das Blatt, die Blüte, die Wolke, den Sonnenuntergang oder einen Menschen zu lernen, müssen Sie mit voller Intensität schauen.

Lernen ist nur möglich, wenn der Geist still ist

Um etwas Neues zu entdecken, müssen Sie sich allein auf den Weg machen, und Sie müssen ihre Reise mit leeren Händen beginnen, vor allem leer von Wissen, denn es ist sehr einfach, durch Wissen und Glauben Erfahrungen zu machen. Aber diese Erfahrungen sind nur Produkte der eigenen Projektionen und daher äußerst unwirklich, unecht. Wenn Sie für sich selbst Neues entdecken wollen, ist es nicht gut, die Last des Alten mit sich herumzuschleppen, insbesondere die Last des Wissens – des Wissens von jemand anderem, wie großartig es auch sein mag. Sie benutzen Wissen als Hilfsmittel für Ihre eigenen Projektionen, für Ihre Sicherheit, und Sie wollen sicher sein, dass Sie die gleichen Erfahrungen machen wie Buddha oder Christus oder X. Aber ein Mensch, der sich selbst ständig durch Wissen schützt, ist eindeutig kein Wahrheitssucher …

Es gibt keinen Weg zur Entdeckung der Wahrheit … Wenn Sie etwas Neues finden wollen, wenn Sie mit irgendetwas experimentieren, muss Ihr Geist sehr still sein, nicht wahr? Wenn Ihr Geist vollgestopft ist, angefüllt mit Wissen und Fakten, dann bilden diese ein Hindernis, das Sie vom Neuen trennt. Für die meisten von uns besteht die Schwierigkeit darin, dass der Intellekt so wichtig geworden ist, so in den Vordergrund getreten ist, dass er ständig allem in die Quere kommt, das neu sein könnte, allem, das möglicherweise gleichzeitig mit dem Bekannten existiert. So sind Wissen und Lernen Stolpersteine für diejenigen, die auf der Suche sind, für diejenigen, die das zu verstehen versuchen, was zeitlos ist.

Lernen hat nichts mit Erfahrung zu tun

Das Wort »Lernen« ist von großer Bedeutung. Es gibt zwei Arten des Lernens. Für die meisten von uns bedeutet Lernen das Ansammeln von Wissen und praktischen Kenntnissen oder das Sichaneignen von Techniken, Fertigkeiten und Fremdsprachen. Außerdem gibt es das psychische Lernen, das Lernen durch Erfahrung, entweder durch die unmittelbaren Lebenserfahrungen, die gewisse Spuren in uns hinterlassen, oder durch Erfahrungen, die sich in einer Tradition, in einer Volksgruppe, in einer Gesellschaft niedergeschlagen haben. Diese beiden Arten des Lernens bestimmen, wie wir dem Leben begegnen: die psychischen und die physischen, die inneren und die äußeren Fertigkeiten und Kenntnisse. Aber es gibt keine scharfe Trennungslinie zwischen diesen beiden Ebenen, denn sie überschneiden sich natürlich. Im Augenblick wollen wir die Fähigkeiten oder das technische Wissen, das wir durch Üben und Studieren erwerben, einmal außer Acht lassen und uns mit dem psychischen Lernen beschäftigen, das wir uns im Laufe der Jahrhunderte angeeignet oder das wir als Tradition, als Wissen, als Erfahrung ererbt haben. Wir nennen das Lernen, aber ich bezweifle, dass es überhaupt etwas mit Lernen zu tun hat. Ich spreche nicht vom Erwerben einer Fähigkeit oder vom Erlernen einer Fremdsprache oder einer bestimmten Technik, sondern ich frage mich, ob der menschliche Geist in psychischer Hinsicht überhaupt jemals lernt. Er hat gelernt, und er begegnet der Herausforderung des Lebens mit dem, was er gelernt hat. Er deutet das Leben oder jede neue Herausforderung immer anhand dessen, was er gelernt hat. Das tun wir ständig. Aber ist das Lernen? Weist Lernen nicht vielmehr auf etwas ganz Neues hin, das ich bis dahin nicht kannte und nun kennen lerne? Wenn ich dem, was ich bereits weiß, nur etwas hinzufüge, hat das im Grunde nichts mehr mit Lernen zu tun.

Wann ist Lernen möglich?

Es ist die Aufgabe des Geistes, zu forschen und zu lernen. Mit Lernen meine ich hier nicht das bloße Schulen des Gedächtnisses oder das Ansammeln von Wissen, sondern die Fähigkeit, ohne Selbsttäuschung klar und einsichtsvoll zu denken, von Fakten auszugehen und nicht von Überzeugungen oder Idealen. Wenn das Denken von Schlussfolgerungen ausgeht, kann kein Lernen stattfinden. Sich lediglich Wissen anzueignen oder Informationen anzusammeln ist kein Lernen. Lernen setzt die Liebe zum Verstehen voraus, und die Liebe, etwas um seiner selbst willen zu tun. Lernen ist nur möglich, wenn kein wie auch immer gearteter Zwang existiert. Und Zwang kann viele Formen annehmen, nicht wahr? Er kann auf Beeinflussung, Abhängigkeit und Drohungen beruhen oder auf ermutigender Überredung und subtilen Formen der Belohnung. Die meisten Leute sind der Meinung, dass Lernen durch Vergleichen gefördert wird, dabei ist das Gegenteil der Fall. Vergleichen führt zu Frustration und fördert nur den Neid, der Wettbewerb genannt wird. Wie andere Formen der Beeinflussung verhindert Vergleichen das Lernen und erzeugt Angst.

Lernen ist nie ein Ansammeln

Lernen ist eine Sache und das Erwerben von Wissen eine andere. Lernen ist ein ununterbrochen sich fortsetzender Prozess, kein Vorgang, bei dem ständig etwas hinzugefügt wird, bei dem man etwas zusammenträgt und dann von da aus handelt. Die meisten von uns sammeln Wissen in Form von Erinnerungen oder Vorstellungen, speichern es als Erfahrung und handeln dann auf dieser Grundlage. Das heißt, wir handeln auf der Grundlage von Wissen, von technischem Wissen, Wissen in Form von Erfahrungen oder Traditionen und dem Wissen, das man auf Grund seiner besonderen eigenwilligen Neigungen gewonnen hat. Und mit diesem Hintergrund, dieser Anhäufung aus Wissen, Erfahrungen, Traditionen handeln wir. Doch dabei findet kein Lernen statt. Lernen ist niemals ein Ansammeln, sondern eine unaufhörliche Bewegung. Ich weiß nicht, ob Sie sich je mit dieser Frage beschäftigt haben: Was ist Lernen und was Aneignen von Wissen? ... Lernen ist niemals ein Ansammeln. Sie können den Vorgang des Lernens nicht abspeichern und dann das Gespeicherte zur Grundlage des Handelns machen. Sie lernen, während Sie durchs Leben gehen. Dadurch gibt es nie einen Moment des Rückschritts oder des Verfalls oder des Niedergangs.

Lernen hat keine Vergangenheit

Weisheit ist etwas, das jeder Einzelne von uns entdecken muss, aber sie ist nicht das Ergebnis von Wissen. Wissen und Weisheit haben nichts miteinander zu tun. Weisheit stellt sich durch die Reife ein, die auf Selbsterkenntnis beruht. Ohne sich selbst zu kennen, gibt es keine Ordnung und somit keine wahre Tugend.

Etwas über sich zu lernen und Wissen über sich anzusammeln sind zwei verschiedene Dinge. ... Der menschliche Geist, der sich Wissen aneignet, lernt nie wirklich. Er tut nur Folgendes: Er sammelt Informationen und Erfahrungen in Form von Wissen, und auf der Grundlage dessen, was er angesammelt hat, macht er seine Erfahrungen und lernt; deshalb lernt er nie wirklich, sondern häuft nur Wissen an.

Lernen findet immer in der unmittelbaren Gegenwart statt; es hat keine Vergangenheit. In dem Moment, in dem Sie zu sich selbst sagen: »Ich habe etwas gelernt«, ist es bereits zu Wissen geworden, und auf der Grundlage dieses Wissens können Sie zwar weiter Wissen ansammeln und umsetzen, aber Sie können nicht weiter lernen. Nur ein Geist, der nichts ansammelt, sondern ständig lernt – nur ein solcher Geist kann diese ganze Wesenheit verstehen, die wir »Ich« nennen, das Selbst. Ich muss mich selbst kennen, muss die Beschaffenheit, die Natur, die Bedeutung meines ganzen Wesens verstehen, aber mit der Last meines bisherigen Wissens, meiner bisherigen Erfahrungen oder mit einem konditionierten Geist ist mir das nicht möglich, denn dann lerne ich nicht. Ich interpretiere, setze um und schaue nur mit Augen, die von der Vergangenheit getrübt sind.

Autorität verhindert Lernen

Wir lernen im Allgemeinen durch Studieren, aus Büchern, durch Erfahrung oder dadurch, dass wir unterrichtet werden. Das sind die üblichen Wege des Lernens. Wir lernen auswendig, was wir tun sollen und was nicht, was wir denken sollen und was nicht, wie wir fühlen und reagieren sollen. Durch Erfahrung, durch Studieren, Analysieren, durch Forschen und Untersuchen des eigenen Inneren speichern wir Wissen im Gedächtnis, und dieses Gedächtnis reagiert dann auf neue Herausforderungen und Anforderungen, wodurch immer mehr gelernt wird. ... Das Gelernte wird als Wissen in das Gedächtnis übernommen, und dieses Wissen wird immer dann aktiv, wenn es eine Herausforderung gibt oder wir etwas zu tun haben.

Ich glaube nun, dass es eine völlig andere Art des Lernens gibt, und ich werde dazu etwas sagen. Um das jedoch zu verstehen und um auf diese andere Weise lernen zu können, müssen Sie jede Art von Autorität vollständig los sein, sonst empfangen Sie nur Anweisungen und wiederholen lediglich das, was Sie gehört haben. Deshalb ist es so wichtig, das Wesen der Autorität zu verstehen. Autorität verhindert Lernen – jedenfalls das Lernen, das nichts mit dem Ansammeln von Wissen als Gedächtnisinhalte zu tun hat. Das Gedächtnis reagiert immer nach bestimmten Mustern. Es kennt keine Freiheit. Ein Mensch, der mit Wissen, mit Instruktionen belastet ist, der vom Gewicht der Dinge, die er gelernt hat, niedergedrückt wird, ist niemals frei. Er mag außerordentlich gelehrt sein, aber sein angesammeltes Wissen hindert ihn daran, frei zu sein, und deshalb ist er unfähig zu lernen.

Zerstören heißt erschaffen

Um frei zu sein, müssen Sie das Wesen der Autorität genau untersuchen, ihre ganze innere Struktur, und müssen dieses ganze schmutzige Etwas in Stücke reißen. Das erfordert Energie – sowohl physische als auch psychische Energie. Die Energie wird jedoch zerstört und vergeudet, wenn man innerlich im Zwiespalt ist. … Wenn also der gesamte Mechanismus des Konflikts verstanden wird, löst sich der Konflikt auf, und dann gibt es Energie im Überfluss. Dann können Sie fortfahren und das ganze Haus [der Autorität] niederreißen, das Sie in Jahrhunderten aufgebaut haben und das vollkommen bedeutungslos ist.

Zerstören heißt neu erschaffen. Wir müssen zerstören, und zwar nicht die Gebäude, nicht das Gesellschafts- oder Wirtschaftssystem – das geschieht sowieso Tag für Tag –, sondern die psychischen, unbewussten und bewussten Abwehrmechanismen, die Schutzmaßnahmen, die wir sowohl mit Vernunft, ganz persönlich, tief im Innern oder auch nur oberflächlich aufgebaut haben. Wir müssen all das zerstören, um vollkommen schutzlos zu sein, denn um lieben und Zugneigung empfinden zu können, müssen wir schutzlos sein. Dann sehen und verstehen wir, was Ehrgeiz und Autorität sind, und erkennen, wann und auf welcher Ebene Autorität notwendig ist – zum Beispiel die Autorität des Polizisten, aber sonst keine. Dann gibt es keine Autorität beim Lernen, keine Autorität des Wissens, keine Autorität des Könnens, keine Autorität durch eine Rolle oder Funktion, die zu gesellschaftlichem Status wird. Jegliche Autorität zu erkennen – die der Gurus, der Meister und anderer – erfordert einen sehr scharfen Verstand, einen klaren Kopf und keinen wirren, abgestumpften Geist.

[Wahre] Tugend kennt keine Autorität

Kann der menschliche Geist frei von Autoritäten sein, das heißt frei von Angst, so dass er überhaupt nicht mehr fähig ist, jemandem oder etwas zu folgen? Wenn ja, dann hört damit auch das Nachahmen auf, das ja zu etwas rein Mechanischem wird. Tugend oder Ethik ist schließlich keine Wiederholung des Guten. In dem Moment, wo Tugend zu etwas Mechanischem wird, ist es keine Tugend mehr. Tugend kann nur von Augenblick zu Augenblick existieren, genau wie Demut. Man kann Demut nicht kultivieren, aber ein menschlicher Geist, der keine Demut kennt, kann nicht lernen. [Wahre] Tugend kennt also keine Autorität. Die Gesellschaftsmoral ist gar keine Moral, sie ist in Wahrheit unmoralisch, weil sie Konkurrenzkampf, Gier und Ehrgeiz zulässt, und damit fördert die Gesellschaft unmoralisches Verhalten. [Wahre] Tugend geht über Moral hinaus. Ohne Tugend gibt es keine Ordnung, aber Ordnung hat nichts mit einem vorgegebenen Muster oder Schema zu tun. Ein Mensch, der sich an ein bestimmtes Schema hält, indem er sich diszipliniert, um tugendhaft zu werden, schafft sich selbst Probleme mit der Unmoral.

Eine äußere Autorität, die der Geist zur Instanz erhebt – vom Gesetz einmal abgesehen – wie beispielsweise »Gott« oder »Moral« und so weiter, wird zerstörerisch, wenn der Geist zu verstehen versucht, was wahre Tugend ist. Wir haben unsere eigene Autorität in Form von Erfahrung oder Wissen, und wir versuchen, ihr zu folgen. Wir wiederholen und ahmen ständig nach, was wir alle wissen. Psychologische Autorität – nicht die Autorität des Gesetzes oder des Polizisten, der die Ordnung aufrechterhält – die psychologische Autorität, die jeder in sich trägt, wirkt sich zerstörerisch auf [wahre] Tugend aus, weil Tugend etwas ist, das lebt und sich bewegt. So wie es unmöglich ist, Demut oder Liebe zu kultivieren, so kann auch Tugend nicht kultiviert werden; und darin liegt eine große Schönheit. [Wahre] Tugend ist nichts Mechanisches, aber ohne Tugend gibt es keine Grundlage für klares Denken.

Der alte Geist [des Menschen] ist an Autorität gebunden

Das Problem ist also: Ist es einem menschlichen Geist, der so konditioniert wurde – der in zahllosen Sekten, Religionen und all den abergläubischen Vorstellungen und Ängsten aufgewachsen ist –, überhaupt möglich, sich von sich selbst zu lösen und dadurch einen neuen Geist hervorzubringen? ... Der alte Geist ist zum größten Teil an Autorität gebunden. Ich benutze das Wort »Autorität« hier nicht im Sinne gesetzlicher Vorschriften, sondern ich meine Autorität in Form von Tradition, Wissen, Erfahrung oder Autorität als Mittel, um innere oder äußere Sicherheit zu finden und in dieser Sicherheit bleiben zu können, denn das ist es schließlich, was der menschliche Geist fortwährend sucht: einen Ort, wo er sich sicher und ungestört fühlen kann. Eine solche Autorität kann die selbst auferlegte Autorität einer Idee oder die religiös genannte Vorstellung von Gott sein, die für einen wahrhaft religiösen Menschen eine freie Erfindung ist. Dieser Gott ist ein Fantasiegebilde. Auch wenn Sie daran glauben, es bleibt eine Erfindung. Eine Idee ist keine Tatsache, sondern eine Erfindung. Aber um Gott zu finden, muss man die Fiktion vollkommen zerstören, denn der alte Geist ist jener Geist, der von Angst und Ehrgeiz getrieben ist, der sich vor dem Tod, vor dem Leben und vor Beziehungen fürchtet und der ständig bewusst oder unbewusst nach Dauerhaftigkeit und Sicherheit strebt.

Von Anfang an frei

Wenn wir den Zwang verstehen, der hinter unserem Wunsch, zu herrschen oder beherrscht zu werden, steckt, können wir uns vielleicht von den lähmenden Auswirkungen der Autorität befreien. Wir wollen um jeden Preis Gewissheit, wollen Recht haben, erfolgreich sein, wissen, und dieses Verlangen nach Gewissheit und Dauerhaftigkeit lässt in uns die Autorität persönlicher Erfahrung wachsen, während es in der Außenwelt die Autorität der Gesellschaft, der Familie, der Religion und so weiter erzeugt. Diese Autorität lediglich zu ignorieren und nur ihre äußeren Symbole abzuschütteln bedeutet jedoch nicht sehr viel.

Sich von einer Tradition zu lösen und sich einer anderen anzupassen, dem einen Führer den Rücken zu kehren und einem anderen zu folgen, ist nur eine oberflächliche Geste. Wenn wir uns des ganzen Prozesses, wie Autorität entsteht, bewusst werden wollen, wenn wir ihre wahre Natur erkennen wollen, wenn wir das Verlangen nach Gewissheit verstehen und darüber hinausgehen wollen, dann brauchen wir umfassende Bewusstheit und Einsicht, dann müssen wir frei sein – aber nicht am Ende, sondern von Anfang an.

Befreiung von Unwissenheit und Leid

Wir hören voller Hoffnung und Angst zu; wir suchen das Licht eines anderen, aber verfügen nicht über die aufmerksame Passivität, die notwendig ist, um zu verstehen. Wenn der Befreite unsere Wünsche zu erfüllen scheint, akzeptieren wir ihn, wenn nicht, setzen wir unsere Suche nach demjenigen fort, der es tut. Den meisten von uns geht es vor allem um Befriedigung und Erfüllung auf verschiedenen Ebenen. Die eigentliche Frage ist nicht, wie man einen Befreiten erkennt, sondern wie man sich selbst erkennt und versteht. Keine Autorität der Welt kann Ihnen Kenntnisse über sich selbst vermitteln. Und ohne Selbsterkenntnis gibt es keine Befreiung von Unwissenheit und Leid.

Warum folgen wir?

Warum übernehmen wir etwas, warum folgen wir? Wir folgen der Autorität eines anderen, der Erfahrung eines anderen, und zweifeln sie dann an. Diese Suche nach Autorität und ihre Folge, die Desillusionierung, ist für die meisten von uns ein schmerzhafter Prozess. Wir beschuldigen oder kritisieren die zuvor anerkannte Autorität, den Führer, den Lehrer, aber wir hinterfragen nicht unsere eigene Sehnsucht, von einer Autorität geführt zu werden. Wenn wir diese Sehnsucht einmal verstehen, wird uns die Bedeutung des Zweifels klar.

Autorität verdirbt den, der führt, und den, der folgt

Sich seiner selbst bewusst zu sein ist eine mühsame Angelegenheit, und weil die meisten von uns einen einfachen, nur in der Illusion bestehenden Weg vorziehen, erschaffen wir die Autorität, die unserem Leben Form und Ordnung gibt. Diese Autorität kann die Gemeinschaft sein, der Staat, oder sie kann persönlich sein: der Meister, der Erlöser, der Guru. Jede Art von Autorität macht blind und gedankenlos, und da die meisten von uns feststellen, dass Nachdenklichkeit mit Schmerz verbunden ist, ordnen wir uns lieber einer Autorität unter. Autorität bringt Macht mit sich, und Macht verdirbt einen völlig, da sie immer an einer Stelle vereinigt wird. Sie verdirbt nicht nur denjenigen, der sie ausübt, sondern auch den, der ihr folgt. Die Autorität des Wissens und der Erfahrung verdirbt Menschen, ob sie nun dem Meister, seinem Stellvertreter oder dem Priester übertragen wurde. Es ist Ihr eigenes Leben, dieser scheinbar endlose Konflikt – das ist wichtig, und nicht die Ordnung oder der Führer. Die Autorität des Meisters oder des Priesters hält Sie von der zentralen Frage ab, und das ist der Konflikt in Ihrem Inneren.

21. Januar

Kann ich mich auf meine Erfahrung verlassen?

Die meisten von uns sind damit zufrieden, einer Autorität zu folgen, weil sie uns eine gewisse Beständigkeit und Sicherheit bietet und uns das Gefühl gibt, geschützt zu sein. Doch ein Mensch, der die Bedeutung dieser tiefen inneren Umwandlung verstehen will, muss frei von jeglicher Autorität sein, nicht wahr? Er kann nicht zu einer Autorität aufschauen, ob selbst geschaffen oder von außen aufgezwungen. Aber ist das möglich? Ist es mir überhaupt möglich, mich nicht auf die Autorität meiner eigenen Erfahrung zu verlassen? Selbst wenn ich alle äußeren Ausdrucksformen der Autorität zurückgewiesen habe – Bücher, Lehrer, Priester, Kirchen, Glaubenssysteme –, habe ich immer noch das Gefühl, dass ich mich zumindest auf mein eigenes Urteil, meine eigenen Erfahrungen, meine eigene Analyse verlassen kann. Aber kann ich mich wirklich auf meine Erfahrung, mein Urteil, meine Analyse verlassen? Meine Erfahrungen sind das Produkt meiner Konditionierung, so wie Ihre das Produkt Ihrer Konditionierung sind, nicht wahr? Ich wurde vielleicht als Moslem, Buddhist oder Hindu erzogen, und meine Erfahrungen hängen von meinem kulturellen, ökonomischen, gesellschaftlichen und religiösen Hintergrund ab, so wie die Ihren von Ihrem Hintergrund abhängen. Kann ich mich darauf verlassen? Kann ich mich darauf verlassen, daraus die Führung, die Hoffnung und den Weitblick zu beziehen, die mich meinem eigenen Urteil vertrauen lassen, welches ja ebenfalls das Ergebnis von gespeicherten Erinnerungen und Erfahrungen ist, von einer Konditionierung aus der Vergangenheit, die auf die Gegenwart trifft? ... Wenn ich mir nun all diese Fragen gestellt habe und mir dieses Problems bewusst bin, erkenne ich, dass es nur einen Zustand geben kann, in dem sich die Wirklichkeit, das Neue, das einen Wandel bewirkt, zu zeigen vermag. Und dieser Zustand ist dann gegeben, wenn der Geist vollkommen leer von allem Vergangenen ist, wenn niemand mehr da ist, der analysiert, wenn es keine Erfahrung, kein Urteil und keine Autorität mehr gibt.

Selbsterkenntnis ist ein Prozess

Ist es also, um die unzähligen Probleme zu verstehen, die jeder von uns hat, nicht äußerst wichtig, dass wir uns selbst erkennen? Das ist eines der schwierigsten Dinge: sich seiner selbst bewusst zu sein. – Es bedeutet aber nicht, dass man sich absondert oder zurückzieht. Es ist zweifellos wichtig, sich selbst zu erkennen, aber das heißt nicht, dass man sich aus Beziehungen zurückzieht. Und es wäre mit Sicherheit ein Fehler, zu glauben, man könne sich selbst in bedeutsamem Umfang oder gar vollständig kennen lernen, indem man sich in die Abgeschiedenheit begibt, sich aus allem heraushält oder indem man zu einem Psychiater oder Priester geht; oder dass Selbsterkenntnis durch Bücher möglich ist. Selbsterkenntnis ist auf jeden Fall ein Prozess und nicht das eigentliche Ziel, und um sich zu erkennen, muss man sich seiner selbst im täglichen Leben, das heißt in Beziehungen, bewusst sein. Sie entdecken sich nicht selbst in der Abgeschiedenheit oder indem Sie sich zurückziehen, sondern in Beziehungen – in der Beziehung zur Gesellschaft, zu Ihrer Frau, Ihrem Mann, Ihrem Bruder, zu Menschen allgemein. Um aber herauszufinden, wie Sie sich dabei verhalten, welche Reaktionen Sie zeigen, erfordert außerordentliche geistige Beweglichkeit und eine sehr feine Wahrnehmung.

Der ungebundene Geist

Eine grundlegende Veränderung der Welt kommt zustande, wenn wir uns selbst grundlegend verändern, denn das Selbst ist das Produkt und ein Bestandteil der gesamten Vorgänge und Abläufe des menschlichen Daseins. Um sich grundlegend verändern zu können, ist es unabdingbar, sich selbst zu erkennen. Denn wenn Sie nicht wissen, was Sie sind, gibt es keine Grundlage für richtiges Denken, und wenn Sie sich selbst nicht kennen, kann keine innere Wandlung stattfinden. Man muss sich selbst erkennen, wie man ist, nicht, wie man gerne sein möchte, denn das ist nur ein Ideal und damit frei erfunden, nicht in Wirklichkeit vorhanden. Nur das, was ist, kann von Grund auf verändert werden, nicht das, was Sie gerne sein möchten. Um sich zu erkennen, wie man ist, braucht es eine außerordentliche geistige Beweglichkeit, denn das, was ist, verändert sich ständig, und wenn der Geist fähig sein soll, dem Geschehen ebenso geschwind zu folgen, darf er nicht an irgendein Dogma, einen Glauben oder ein Handlungsschema gebunden sein. Wenn Sie mit irgendetwas mitgehen wollen, ist es nicht gut, gebunden zu sein. Um sich selbst zu erkennen, ist jene Bewusstheit, jene geistige Beweglichkeit erforderlich, die frei ist von allen Glaubensvorstellungen und Idealisierung, denn Glaubensvorstellungen und Ideale geben Ihnen nur einen äußeren Anschein und verzerren die wirklichkeitsgetreue Wahrnehmung. Wenn Sie wissen wollen, was Sie sind, dürfen Sie sich nicht etwas vorstellen oder an etwas glauben, das Sie nicht sind. Wenn ich habgierig, neidisch oder gewalttätig bin, ist es ziemlich bedeutungslos, nur ein Ideal der Gewaltlosigkeit oder Bescheidenheit zu haben. … Das Verstehen dessen, was Sie sind, was immer es ist – hässlich oder schön, boshaft oder gemein –, das klare, unverzerrte Verstehen dessen, was Sie sind, ist der Anfang wahrer Tugend. Wahre Tugend ist unabdingbar, denn sie schenkt Freiheit.

Aktive Selbsterkenntnis

Ohne Selbsterkenntnis führt Erfahrung zur [Selbst-]Täuschung. Mit Selbsterkenntnis hinterlässt Erfahrung, die ja die Resonanz auf Herausforderungen ist, keine Spuren in Form von angesammelten Erinnerungen. Selbsterkenntnis heißt zu entdecken, wie sich das Selbst von Augenblick zu Augenblick zeigt, seine Absichten und Bestrebungen, seine Gedanken und Gelüste. Es kann nie »deine Erfahrung« und »meine Erfahrung« geben; schon der Ausdruck »meine Erfahrung« weist auf Unwissenheit und das Akzeptieren einer Einbildung hin.

Kreativität durch Selbsterkenntnis

... Es gibt keine Methode für die Selbsterkenntnis. Die Suche nach einer Methode weist stets auf den Wunsch hin, irgendein Resultat zu erzielen. Das ist es, was wir alle wollen. Wir folgen einer Autorität – wenn nicht der einer Person, dann der eines Systems oder einer Ideologie –, weil wir uns ein zufrieden stellendes Resultat wünschen, das uns ein Gefühl der Sicherheit gibt. Wir wollen uns nicht wirklich verstehen, unsere Impulse und Reaktionen, unseren ganzen Denkprozess, den bewussten wie den unbewussten. Wir wollen lieber einem System folgen, das uns ein Ergebnis verspricht. Aber einem System zu folgen entspringt immer unserem Wunsch nach Sicherheit, Gewissheit, und was dabei herauskommt, ist offensichtlich nicht, dass man sich selbst erkennt und versteht. Wenn wir einer Methode folgen, brauchen wir Autoritäten – den Lehrer, den Guru, den Erlöser, den Meister –, die uns garantieren, was wir uns wünschen, und das ist auf keinen Fall der Weg zur Selbsterkenntnis.

Autorität verhindert, dass wir uns selbst verstehen, nicht wahr? Unter dem Schutz einer Autorität, eines Führers haben wir vielleicht vorübergehend ein Gefühl der Sicherheit, des Wohlbefindens, aber das hat nichts mit dem Verstehen der gesamten Abläufe zu tun, die einen selbst ausmachen. Ihrer eigenen Natur gemäß verhindert Autorität, dass man sich seiner selbst voll bewusst ist und zerstört damit letztendlich Freiheit. Nur in Freiheit kann [wahre] Kreativität gedeihen. [Wahre] Kreativität ist nur durch Selbsterkenntnis möglich.

Stiller Geist, einfacher Geist

Wenn wir uns unserer selbst bewusst sind, ist dann nicht der ganze Lauf des Lebens ein Freilegen des »Ich«, des Egos, des Selbst? Das Selbst ist ein sehr komplexes Geschehen, das nur in Beziehungen freigelegt werden kann, in unseren täglichen Aktivitäten, in der Art, wie wir reden, beurteilen, berechnend sind, wie wir uns und andere verurteilen. All das offenbart, wie konditioniert unser Denken ist. Ist es da nicht wichtig, sich dieser Vorgänge bewusst zu sein? Nur dadurch, dass bewusst ist, was im jeweiligen Augenblick wahr ist, wird das Zeitlose, das Ewige, entdeckt. Ohne Selbsterkenntnis kann das Ewige nicht sein. Wenn wir uns selbst nicht kennen, wird das Ewige zu einem bloßen Wort, einem Symbol, einer Spekulation, einem Dogma, einem Glauben, einer Illusion, in die der Geist sich flüchten kann. Aber wenn man anfängt, das »Ich« von Tag zu Tag in all seinen verschiedenen Aktivitäten zu verstehen, dann tritt in diesem Verstehen ganz mühelos das Namenlose, das Zeitlose in Erscheinung. Das Zeitlose ist jedoch keine Belohnung für Selbsterkenntnis. Nach dem Ewigen kann man nicht suchen, der Geist kann es sich nicht aneignen. Es tritt in Erscheinung, wenn der Geist still ist, und der Geist kann nur still sein, wenn er einfach ist, wenn er nicht mehr abspeichert, be- und verurteilt, abwägt. Nur der einfache Geist kann das Wirkliche verstehen, nicht der, der mit Wörtern, Wissen, Informationen angefüllt ist. Ein Geist, der analysiert und berechnend ist, ist nicht einfach.

Sich selbst kennen

Ohne sich selbst zu kennen, können Sie machen, was Sie wollen, aber der Zustand der Meditation ist nicht möglich. Sich selbst zu kennen heißt für mich, jeden Gedanken, jede Stimmung, jedes Wort, jedes Gefühl zu kennen; sich der Tätigkeit des eigenen Geistes bewusst zu sein – und nicht, dass man das höhere Selbst, das große Selbst kennt. So etwas gibt es gar nicht. Das höhere Selbst, der Atman, ist immer noch Teil des Denkens. Denken ist das Resultat Ihrer Konditionierung, es ist die Reaktion Ihrer Gedächtnisinhalte, die aus dem Leben ihrer Vorfahren oder aus dem gegenwärtigen stammen. Und der Versuch zu meditieren, ohne zuerst tief greifend und unwiderruflich diese [wahre] Tugend entwickelt zu haben, die daraus erwächst, dass man sich selbst kennt, führt vollkommen in die Irre und ist absolut sinnlos.

Es ist wirklich sehr wichtig, dass diejenigen unter Ihnen, denen es damit ernst ist, dies verstehen. Denn wenn Sie dazu nicht in der Lage sind, besteht eine Kluft zwischen Ihrer Meditation und Ihrem wirklichen Leben; dann sind diese beiden Dinge voneinander getrennt, und zwar so weit, dass Sie Ihr Leben lang meditieren und bestimmte Haltungen einnehmen können und doch nicht über Ihre Nasenspitze hinaus sehen werden. Jede Meditationshaltung, alles, was Sie tun, ist dann völlig bedeutungslos.

... Es ist wichtig zu verstehen, was es heißt, sich selbst zu kennen: sich einfach, ohne auszuwählen, des »Ich« bewusst zu sein, das seinen Ursprung in einer Reihe von Erinnerungen hat – ohne es zu erklären oder zu deuten, lediglich die Bewegungen des Geistes zu beobachten. Aber dieses Beobachten wird vereitelt, wenn Sie durch das Beobachten nur wieder etwas ansammeln – was zu tun ist, was zu lassen ist, was erreicht werden soll. Wenn Sie das tun, setzen Sie dem lebendigen Geschehen ein Ende, in dem die Regungen des Geistes als Selbst sichtbar sind. Das heißt, ich muss die Tatsache, das, was ist, beobachten und erkennen. Wenn ich mich ihm mit einer Vorstellung, mit einer Meinung nähere – wie beispielsweise »ich darf nicht« oder »ich muss«, was ja Reaktionen aus dem Gedächtnis sind –, dann wird der Fluss dessen, was ist, behindert, blockiert, und somit findet kein Lernen statt.

Schöpferische Leere

Können Sie diesen Worten nicht einfach so lauschen, wie die Erde den Samen aufnimmt, und schauen, ob der Geist frei, leer sein kann? Er kann nur dann leer sein, wenn er alle seine eigenen Projektionen und Aktivitäten versteht, aber nicht nur ab und zu, sondern Tag für Tag, von Augenblick zu Augenblick. Dann werden Sie die Antwort finden, dann werden Sie sehen, dass ohne ihr Zutun die Veränderung stattfindet, dass der Zustand schöpferischer Leere nicht etwas ist, das man entwickeln und verfeinern kann – er ist da, er kommt aus dem Dunkel ohne Einladung, ohne dass wir wissen, wie es geschieht; und nur in diesem Zustand ist Erneuerung, Umwandlung möglich.

Selbsterkenntnis

Mit der Selbsterkenntnis geht richtiges Denken einher. Wenn Sie sich nicht verstehen, fehlt Ihrem Denken die Grundlage. Ohne Selbsterkenntnis ist das, was Sie denken nicht wahr.

Sie und die Welt sind nicht zwei getrennte Gebilde mit unterschiedlichen Problemen; Sie und die Welt sind eins. Ihr Problem ist das Problem der Welt. Sie mögen das Produkt bestimmter Veranlagungen und Umwelteinflüsse sein, aber Sie sind nicht grundlegend verschieden von anderen. Innerlich sind wir alle uns sehr ähnlich. Wir werden von Habgier, Boshaftigkeit, Angst, Ehrgeiz und so weiter getrieben. Unsere Überzeugungen, Hoffnungen und Erwartungen haben einen gemeinsamen Ausgangspunkt. Wir sind eins, wir sind eine Menschheit, obwohl die künstlichen Grenzen der Wirtschaft und Politik und unsere Vorurteile uns voneinander trennen. Wenn Sie jemand anderen töten, zerstören Sie sich selbst. Sie sind das Zentrum des Ganzen, und ohne sich selbst zu verstehen, können Sie die Wirklichkeit nicht verstehen.

Wir haben ein intellektuelles Verständnis von dieser Einheit, aber wir halten Wissen und Fühlen getrennt, und deshalb erleben wir nie diese außergewöhnliche Einheit des Menschen.

Beziehungen sind ein Spiegel

Selbsterkenntnis funktioniert nicht nach einem bestimmten Schema. Sie können zu einem Psychologen oder Psychoanalytiker gehen, um etwas über sich selbst herauszufinden, aber das hat nichts mit Selbsterkenntnis zu tun. Selbsterkenntnis kommt zustande, wenn wir uns unserer selbst in Beziehungen bewusst sind, denn sie zeigen uns, was wir von Augenblick zu Augenblick sind. Beziehungen sind ein Spiegel, in dem wir uns sehen können, wie wir wirklich sind. Aber die meisten von uns sind unfähig, sich selbst anzuschauen, wie sie in Beziehungen sind, denn sie fangen dann sofort an, zu verurteilen oder zu begründen, was sie sehen. Wir beurteilen, wir bewerten, wir vergleichen, wir lehnen ab oder sind einverstanden, aber wir beobachten nie wirklich, was ist – das scheint für die meisten die schwierigste Sache der Welt zu sein. Doch das allein ist der Anfang der Selbsterkenntnis. Wenn man in der Lage ist, sich in diesem großartigen Spiegel der Beziehung zu sehen, wie man ist, einem Spiegel, der nichts verzerrt, und wenn man einfach mit voller Aufmerksamkeit in diesen Spiegel schauen und tatsächlich sehen kann, was ist, und sich dessen, ohne zu beurteilen oder zu bewerten, bewusst sein kann – und man tut das, wenn es einem ernst damit ist –, dann wird man herausfinden, dass der Geist fähig ist, sich selbst von jeglicher Konditionierung zu befreien. Und nur dann ist der Geist frei, um das zu entdecken, was jenseits der Ebene des Denkens existiert.

Wie gebildet oder wie kleinkariert der Geist auch sein mag, letztlich ist er bewusst oder unbewusst begrenzt, konditioniert, und jede Ausweitung dieser Konditionierung spielt sich immer noch innerhalb der Ebene des Denkens ab. Freiheit ist also etwas ganz anderes.

Februar

Werden

♦

Glauben

♦

Handeln

♦

Gut und Böse

Werden ist Uneins sein

Das Leben, wie wir es kennen, unser tägliches Leben, ist ein Prozess des Werdens. Ich bin arm, und ich handle mit einem Ziel vor Augen, nämlich, reich zu werden. Ich bin hässlich, und ich will schön werden. Deshalb ist mein Leben ein Prozess, im Verlauf dessen ich irgendetwas werden will. Der Wille zu sein ist der Wille zu werden, auf verschiedenen Ebenen des Bewusstseins, in verschiedenen Zuständen, in denen es Herausforderungen und Reaktionen gibt, in denen wir benennen und speichern. Aber dieses Werden bedeutet, uneins zu sein, es ist Schmerz, nicht wahr? Es ist ein ständiger Kampf: Ich bin dies, und ich will jenes werden.

Alles Werden ist Spaltung

Der Geist hat eine Vorstellung – vielleicht eine angenehme –, und er möchte dieser Vorstellung entsprechen, die eine Projektion Ihrer Wünsche ist. Sie sind etwas, was Sie nicht mögen, und Sie wollen das werden, was Ihnen gefällt. Das Ideal ist eine eigene Projektion. Das Gegenteil ist eine Erweiterung dessen, was ist, es ist überhaupt kein Gegenteil, sondern eine Fortsetzung dessen, was ist – vielleicht nur ein wenig abgewandelt. Die Projektion ist das Produkt des eigenen Willens, und der Konflikt entsteht durch das Bemühen um Verwirklichung der Projektion ... Sie kämpfen darum, etwas zu werden, und dieses Etwas ist ein Teil von Ihnen. Das Ideal ist Ihre eigene Projektion. Sehen Sie, wie der Geist sich selbst einen Streich spielt. Sie kämpfen, rennen Worten, Ihren eigenen Projektionen, Ihrem Schatten hinterher. Sie sind gewalttätig, und Sie kämpfen darum, gewaltlos zu werden – das ist Ihr Ideal. Aber das Ideal ist eine Projektion dessen, was ist – nur unter anderem Namen.

Ist Ihnen erst einmal bewusst, was für einen Streich Sie sich selbst gespielt haben, dann erkennen Sie das Falsche als das Falsche. Das Streben nach Verwirklichung einer Illusion ist die Ursache der inneren Aufspaltung. Jeder Konflikt, jedes Werdenwollen bedeutet Aufspaltung. Ist man sich dieses Tricks bewusst, mit dem sich der Geist zum Narren hält, dann bleibt nur noch das, was ist. Wenn der menschliche Geist des ganzen Werdenwollens, aller Ideale, aller Vergleiche und aller Urteile entkleidet wird und seine ganze ihm eigene Struktur zusammengebrochen ist, dann hat sich das »Was ist« vollkommen gewandelt. Solange das, was ist, noch benannt wird, besteht eine Beziehung zwischen dem Geist und dem, was ist. Wenn aber dieser Vorgang des Benennens unterbleibt – der ja zum Gedächtnis gehört, der Grundstruktur des Geistes –, dann ist das, was ist, nicht existent. Allein diese innere Umwandlung ist die Wiederherstellung der Einheit.

Kann ein unsensibler Geist empfindsam werden?

Hören Sie der Frage zu, der Bedeutung hinter den Worten. Kann ein unsensibler Geist empfindsam werden? Wenn ich sage, mein Geist ist unsensibel, und versuche, empfindsam zu werden, dann ist bereits der Versuch, empfindsam zu werden, gleichbedeutend mit Gefühllosigkeit. Bitte versuchen Sie, das zu erkennen. Lassen Sie sich nicht beeinflussen, sondern beobachten Sie es. Wenn ich hingegen erkenne, dass ich unsensibel bin, ohne zu versuchen, empfindsam zu werden, wenn ich anfange zu verstehen, was Gefühllosigkeit ist, wenn ich sie täglich in meinem Leben beobachte – meine Gier beim Essen, meine Grobheit gegenüber anderen Menschen, meinen Stolz, meine Arroganz, die Gefühllosigkeit in meinen Angewohnheiten und Gedanken – dann verändert bereits dieses Beobachten das, was ist.

Ebenso ist es, wenn ich dumm bin und sage, ich muss intelligent werden. Das Bemühen, intelligent zu werden, ist nur eine höhere Form der Dummheit, denn worauf es ankommt, ist, die Dummheit zu verstehen. Wie sehr ich mich auch anstrenge, intelligent zu werden, meine Dummheit wird bestehen bleiben. Vielleicht erhalte ich den äußeren Schliff der Bildung, vielleicht kann ich Bücher zitieren oder Passagen großer Autoren wiedergeben, aber im Grunde bin ich immer noch dumm. Sehe und verstehe ich aber meine Dummheit so, wie sie sich in meinem täglichen Leben ausdrückt – wie ich meinen Angestellten behandele, mit welchen Augen ich meinen Nachbarn betrachte, den Armen, den Reichen, den Beamten –, dann genügt bereits dieses Gewahrsein, um die Dummheit aufzulösen.

Gelegenheiten zur Ausweitung des Selbst

... Hierarchische Strukturen bieten ausgezeichnete Gelegenheiten zur Ausweitung des Selbst. Vielleicht wünschen Sie sich brüderliche Gemeinschaft, aber wie ist brüderliche Gemeinschaft möglich, wenn Sie auf spirituellen Unterschieden bestehen? Vielleicht lächeln Sie über weltliche Titel, aber übertragen Sie nicht Ihre weltliche Einstellung auf die spirituelle Ebene, wenn Sie den Meister, den Erlöser, den Guru akzeptieren? Kann es hierarchische Unterteilungen oder unterschiedliche Grade im spirituellen Wachstum, im Verstehen der Wahrheit, im Erkennen Gottes geben? Liebe lässt keine Unterteilung gelten. Entweder man liebt oder man liebt nicht; aber machen Sie aus dem Mangel an Liebe keinen langwierigen Prozess, an dessen Ende die Liebe steht. Wenn Sie wissen, dass Sie nicht lieben, wenn Sie sich dieser Tatsache bewusst sind, ohne sich etwas anderes zu wünschen, besteht die Möglichkeit einer grundlegenden Veränderung. Aber unermüdlich zu unterscheiden zwischen Meister und Schüler, zwischen denen, die ihr Ziel erreicht haben, und jenen, die es nicht erreicht haben, zwischen dem Erlöser und dem Sünder, ist eine Verleugnung der Liebe. Der Ausbeuter, der wiederum selbst ausgebeutet wird, findet reiche Jagdgründe in dieser Dunkelheit und Selbsttäuschung.

... Die Trennung zwischen Gott oder der Wirklichkeit und Ihnen wird von Ihnen selbst verursacht, von Ihrem Geist, der sich an das Bekannte, an Sicherheit, an Gewissheit klammert. Diese Trennung kann nicht überbrückt werden. Es gibt kein Ritual, keine Form der Selbstdisziplin und des Verzichts, das Sie hinüberbringen kann. Es gibt keinen Erlöser, keinen Meister, keinen Guru, der Sie zum Wirklichen führen oder diese Trennung zerstören kann. Die Trennung besteht nicht zwischen dem Wirklichen und Ihnen – sie ist in Ihnen selbst.

... In Wirklichkeit kommt es darauf an, den wachsenden Konflikt durch Wünsche und Verlangen zu verstehen. Zu diesem Verstehen kommt es nur dadurch, dass man sich selbst erkennt und sich ständig der Regungen des Selbst bewusst ist.

Jenseits aller Erfahrungen

Das Selbst zu verstehen erfordert große Intelligenz, große Wachsamkeit, Wachheit; man muss es unaufhörlich beobachten, damit es nicht entwischen kann. Ich, dem es damit sehr ernst ist, möchte das Selbst auflösen. Wenn ich das sage, weiß ich, dass es möglich ist, das Selbst aufzulösen. Bitte haben Sie Geduld. In dem Moment, da ich sage: »Ich möchte es auflösen«, und während der ganzen Prozedur, die ich befolge, um es aufzulösen, macht das Selbst Erfahrungen, und dadurch wird das Selbst gestärkt. Wie ist es dann möglich, dass das Selbst keine Erfahrungen macht? Man kann sehen, dass wirkliches Kreieren nichts mit Erfahrungen des Selbst zu tun hat. Wirkliches Kreieren findet dann statt, wenn das Selbst nicht da ist, weil Kreativität nichts mit dem Intellekt zu tun hat, nicht aus dem menschlichen Geist stammt, keine Projektion des Selbst ist, sondern etwas, das über alles Erfahren, wie wir es kennen, hinausgeht. Ist es dem Geist möglich, ganz still zu sein, nichts wiederzuerkennen, und das heißt, keine Erfahrung zu machen? Ist es ihm möglich, in einem Zustand zu sein, in dem wirkliches Kreieren stattfinden kann – wenn also das Selbst nicht da ist, wenn es abwesend ist? Drücke ich mich klar genug aus? … Das ist das Problem, nicht wahr? Jede Regung des menschlichen Geistes, ob positiv oder negativ, ist eine Erfahrung, die in Wirklichkeit das »Ich« stärkt. Kann der Geist in einem Zustand sein, in dem er nicht wiedererkennt? Das kann nur in völliger Stille geschehen, aber ich meine nicht die Stille, die eine Erfahrung des Selbst ist und dadurch das Selbst stärkt.

Was ist das Selbst?

Das Streben nach Macht, Status und Autorität, der Ehrgeiz und vieles andere sind verschiedene Ausdrucksformen des Selbst. Worauf es aber ankommt, ist, das Selbst zu verstehen, und ich bin sicher, dass Sie und ich davon gleichermaßen überzeugt sind. Ich möchte an dieser Stelle hinzufügen, dass wir diese Angelegenheit wirklich ernst nehmen sollten, denn ich glaube, wenn Sie und ich dies als Individuen verstehen können – nicht als Gruppe von Menschen, die aus bestimmten Schichten, bestimmten Gesellschaften, bestimmten Klimazonen kommen –, ist eine wirkliche Umwälzung möglich. In dem Moment, in dem das Selbst etwas Universelles aufgreift und dies organisiert, findet es darin Schutz und Zuflucht. Wenn dagegen Sie und ich als einzelne Menschen lieben können, wenn wir dies wirklich in unserem täglichen Leben umsetzen können, dann wird die Veränderung, die so dringend notwendig ist, tatsächlich stattfinden …

Wissen Sie, was ich mit »Selbst« meine? Ich meine damit die Vorstellungen, die Erinnerungen, die Schlussfolgerungen, die Erfahrungen, die verschiedenen Formen benennbarer und unbenennbarer Absichten und Motive, das bewusste Bestreben, [etwas] zu sein oder nicht zu sein, die im Gedächtnis gespeicherten Erinnerungen des Unbewussten, die aus der Volksgemeinschaft, der Gruppe, vom Individuum, vom Familienclan und all dem stammen, ob sie sich nun im Handeln in der Außenwelt oder als Tugend auf der spirituellen Ebene ausdrücken: Dieses ganze Streben ist das Selbst. Und darin eingeschlossen ist das Konkurrieren sowie das Verlangen, [etwas] zu sein. Dieser ganze komplexe Prozess ist das Selbst, und wir wissen eigentlich, wenn wir damit konfrontiert sind, dass es etwas Böses ist. Ich benutze absichtlich das Wort »böse«, weil das Selbst unterteilt und spaltet; es kapselt sich ab, und all seine Aktivitäten, wie edel sie auch sein mögen, sind etwas Abgetrenntes und Isoliertes. Wir wissen das alles. Wir wissen auch, wie außergewöhnlich die Augenblicke sind, in denen das Selbst nicht da ist, in denen es kein Bestreben, kein Bemühen gibt, und die wir erleben können, wenn Liebe da ist.

Wenn Liebe da ist, existiert kein Selbst

Wirklichkeit oder Wahrheit ist nicht etwas, das wiedererkannt werden kann. Damit sich die Wahrheit zeigen kann, müssen Glauben, Wissen, Erfahrung, Tugend sowie das Streben nach Tugend – das etwas ganz anderes ist, als wirklich tugendhaft zu sein – verschwinden. Der tugendhafte Mensch, der sich seines Strebens nach Tugend bewusst ist, kann nie die Wirklichkeit entdecken. Er kann ein sehr anständiger Mensch sein, aber er unterscheidet sich völlig von einem Menschen der Wahrheit, von einem Menschen, der versteht. Für einen Menschen der Wahrheit ist Wahrheit offenbar geworden. Ein so genannter tugendhafter Mensch ist ein rechtschaffener Mensch, und ein rechtschaffener Mensch kann nie verstehen, was Wahrheit ist, denn bei ihm ist die Tugend ein Deckmantel für das Selbst, ist Nahrung für das Selbst, denn er strebt nach Tugend. Wenn er sagt: »Ich muss frei von Habgier sein«, dann wird sein Selbst in dem Stadium gestärkt, in dem er nicht habgierig ist und dies verspürt. Deshalb ist es so wichtig, arm zu sein, und zwar nicht nur arm an den Dingen dieser Welt, sondern arm an Glauben und Wissen. Sowohl ein Mensch, der reich an materiellen Gütern ist, als auch einer, der reich an Wissen und Glauben ist, wird nie etwas anderes kennen als Dunkelheit und wird eine Quelle von Unheil und Leid sein. Aber wenn Sie und ich als einzelne Menschen sehen können, wie das Selbst funktioniert, dann werden wir wissen, was Liebe ist. Und ich versichere Ihnen, dass dies die einzige Reform ist, die vielleicht die Welt verändern kann. Liebe ist nicht das Selbst. Das Selbst kann Liebe nicht erkennen. Sie sagen, »ich liebe«, aber genau dann, wenn Sie das sagen und verspüren, ist die Liebe nicht da. Wenn sie dagegen die Liebe kennen, ist das Selbst nicht da. Wenn Liebe da ist, existiert kein Selbst.

Verstehen, was ist

Ein Mensch, der das Leben versteht, hat kein Interesse an Überzeugungen. Ein Mensch, der liebt, hat keine Überzeugungen – er liebt. Der Mensch, der vom Verstand beherrscht wird, hat Überzeugungen, denn der Verstand strebt immer nach Sicherheit und Schutz. Er meidet stets die Gefahr und baut deshalb Vorstellungen, Überzeugungen und Ideale auf, hinter denen er Schutz suchen kann. Was würde passieren, wenn Sie sich jetzt unmittelbar mit der Gewalt befassen würden? Sie wären eine Gefahr für die Gesellschaft. Und da der Verstand die Gefahr voraussieht, sagt er: »Bis in zehn Jahren will ich das Ideal der Gewaltlosigkeit erreicht haben« – was eine völlig wirklichkeitsfremde, falsche Vorgehensweise ist. … Zu verstehen, was ist, ist wichtiger, als Idealvorstellungen zu entwickeln und diesen nachzueifern, denn diese sind falsch [weil erfunden]. Das, was ist, ist das Wirkliche. Zu verstehen, was ist, erfordert eine enorme Auffassungsgabe, einen wendigen, unvoreingenommenen Geist. Weil wir uns dem, was ist, nicht stellen wollen, erfinden wir viele Fluchtmöglichkeiten und geben ihnen schöne Namen wie Ideal, Glaube oder Gott. Doch nur wenn ich das Falsche als das Falsche sehen kann, ist mein Geist in der Lage, das Wahre wahrzunehmen. Ein Geist, der in der Verwirrung des Falschen gefangen ist, kann nie die Wahrheit finden. Deshalb muss ich erkennen und verstehen, was in meinen Beziehungen, meinen Vorstellungen, in den Dingen um mich herum falsch ist, weil das Wahrnehmen der Wahrheit das Verstehen des Falschen voraussetzt. Wenn die Ursachen der Unwissenheit nicht beseitigt werden, ist Erleuchtung nicht möglich, und nach Erleuchtung zu streben, wenn der Geist unerleuchtet ist, ist absolut inhaltsleer und bedeutungslos. Deshalb muss ich anfangen, das Falsche in meinemVerhältnis zu Vorstellungen, Menschen und Dingen zu sehen. Wenn der Geist das erkennt, was falsch ist, zeigt sich das, was wahr ist, und dann erleben wir Ekstase, [wirkliches] Glück.

Was wir glauben

Schenkt uns Glauben Begeisterung? Kann Begeisterung ohne Glauben aufrechterhalten werden? Und ist Begeisterung überhaupt notwendig, oder braucht es eine andere Energie, eine andere Art von Intensität und Tatkraft? Die meisten von uns begeistern sich für irgendetwas. Wir begeistern uns für Konzerte, sportliche Betätigung oder einen Picknikausflug. Wird unsere Begeisterung nicht ununterbrochen durch irgendetwas genährt, beginnt sie zu schwinden und wir entwickeln eine neue Begeisterung für irgendetwas anderes. Gibt es aber eine sich selbst erhaltende Kraft oder Energie, die nicht von einem Glauben abhängt?

Die andere Frage ist: Brauchen wir irgendeine Form von Glauben, und wenn ja, warum? Das ist eines der Probleme in diesem Zusammenhang. Wir müssen nicht glauben, dass es den Sonnenschein, die Berge, die Flüsse gibt. Wir brauchen nicht zu glauben, dass wir uns mit unserer Frau streiten. Wir brauchen auch nicht zu glauben, dass das Leben mit all seinen inneren Qualen, Konflikten und dem unaufhörlichen Ehrgeiz ein schreckliches Elend ist; das ist eine Tatsache. Aber wir brauchen einen Glauben, wenn wir vor einer Tatsache in etwas Unwirkliches flüchten wollen.

Vom Glauben angestachelt

Ihre Religion, Ihr Glaube an Gott ist also eine Flucht vor der Wirklichkeit und hat deshalb überhaupt nichts mit Religion zu tun. Der Reiche, der durch Grausamkeit, durch Unehrlichkeit, durch die raffinierte Ausbeutung anderer Menschen Geld anhäuft, glaubt an Gott. Und Sie glauben auch an Gott, Sie sind auch durchtrieben, grausam, misstrauisch, neidisch. Findet man Gott durch Unehrlichkeit, Betrug oder raffinierte Kunstgriffe des Verstandes? Weist Sie Ihre Sammlung heiliger Bücher und verschiedener Gottessymbole als religiösen Menschen aus? Religion ist also nicht die Flucht vor den Tatsachen, sondern das Verstehen dessen, was Sie tatsächlich in Ihren Alltagsbeziehungen sind: Religion hat mit Ihrer Ausdrucksweise zu tun, damit, wie sich unterhalten, wie Sie mit Ihren Angestellten, Ihrer Frau, Ihren Kindern und Ihren Nachbarn umgehen. Solange Sie Ihre Beziehung zu Ihren Nachbarn, zur Gesellschaft, zu Ihrer Frau und Ihren Kindern nicht verstehen, muss Verwirrung herrschen, und was immer der Geist auch tut, solange er verwirrt ist, wird er nur noch mehr Verwirrung stiften, noch mehr Probleme und Konflikte heraufbeschwören. Ein Mensch, der vor der Wirklichkeit flieht, vor dem, wie seine Beziehungen tatsächlich sind, wird Gott niemals finden. Ein Geist, der vom Glauben angestachelt ist, wird die Wahrheit nicht erkennen. Ein Mensch, der jedoch sein Verhältnis zu materiellem Besitz, zu anderen Menschen, zu bestimmten Vorstellungen versteht, ein Geist, der nicht länger mit den Problemen kämpft, die [all diese] Beziehungen zwangsläufig mit sich bringen und die nicht durch Rückzug, sondern nur durch das Verstehen der Liebe gelöst werden können – nur ein solcher Geist kann die Wirklichkeit erkennen und verstehen.

Jenseits des Glaubens

Wir sehen, dass das Leben hässlich, schmerzhaft, leidvoll ist. Deshalb verlangen wir nach irgendeiner Theorie, irgendeiner Spekulation oder Befriedigung, irgendeiner Lehre, die all das erklären kann, und so verfangen wir uns in Erklärungen, Worten, Theorien. Nach und nach verwurzeln sich diese Glaubensvorstellungen tief und unerschütterlich, weil hinter all den Überzeugungen, hinter diesen dogmatischen Ansichten die ständige Angst vor dem Unbekannten steckt. Aber wir schauen uns diese Angst nie an, sondern wenden uns von ihr ab. Je stärker der Glauben, desto fester die dogmatischen Ansichten. Und wenn wir solche Glaubensformen genauer betrachten – die christliche, die hinduistische, die buddhistische –, stellen wir fest, dass sie die Menschen voneinander trennen. Jedes Dogma, jeder Glaube, ist mit einer Reihe von Ritualen und Zwängen verbunden, die die Menschen binden und Trennungen schaffen. Wir machen uns also auf den Weg, um herauszufinden, was wahr ist, was dieses Elend, dieses Ringen, dieses Leid bedeutet, und verstricken uns schon bald in Überzeugungen, Rituale und Theorien.

Glaube verdirbt, weil hinter dem Glauben und der Moral das Ego, das Selbst steckt – das Selbst, das immer größer, mächtiger und stärker wird. Wir betrachten den Glauben an Gott, den Glauben an irgendetwas als Religion. Wir sind überzeugt, zu glauben bedeute, religiös zu sein. Verstehen Sie? Wenn Sie nicht glauben, wird man Sie als Atheisten betrachten, die Gesellschaft wird Sie ächten. In der einen Gesellschaft werden die geächtet, die an Gott glauben, in einer anderen diejenigen, die es nicht tun. Sie unterscheiden sich nicht voneinander. Religion wird also zu einer Sache des Glaubens – und Glauben zeitigt eine Wirkung, übt einen entsprechenden Einfluss auf den Geist aus. Dann kann der Geist niemals frei sein. Aber nur in Freiheit können Sie herausfinden, was wahr ist, was Gott ist, und nicht durch irgendeinen Glauben, denn gerade Ihr Glaube ist eine Projektion Ihrer Vorstellung von Gott, Ihrer Vorstellung von Wahrheit.

Die Trennwand des Glaubens

Sie glauben an Gott, und jemand anders glaubt nicht an Gott, also führen Ihre unterschiedlichen Überzeugungen zu einer Trennung zwischen Ihnen beiden. Auf der ganzen Welt ist der Glaube als Hinduismus, Buddhismus oder Christentum organisiert und trennt so die Menschen voneinander. Wir sind verwirrt und denken, dass uns der Glaube von dieser Verwirrung befreien wird, das heißt, die Verwirrung wird mit dem Glauben überlagert in der Hoffnung, dass die Verwirrung dadurch beseitigt wird. Aber der Glaube ist nur eine Flucht vor der Tatsache der Verwirrung. Er hilft uns nicht, dieser Tatsache ins Auge zu schauen und sie zu verstehen, sondern nur, vor der Verwirrung, in der wir uns befinden zu fliehen. Wir brauchen keinen Glauben, um die Verwirrung zu verstehen, Glaube wirkt nur wie eine Trennwand, die sich zwischen uns und unsere Probleme schiebt. Eine Religion, die nur eine organisierte Form des Glaubens ist, wird also zur Fluchtmöglichkeit vor dem, was ist, vor der Tatsache der Verwirrung. Der Mensch, der an Gott glaubt, der an das Leben nach dem Tode glaubt oder irgendeine andere Form des Glaubens pflegt, flieht vor dem, was er in Wirklichkeit ist. Kennen Sie nicht auch Menschen, die an Gott glauben, ihn in Ritualen anbeten und verehren, religiöse Gesänge und heilige Texte wiederholen und in Ihrem täglichen Leben herrschsüchtig, grausam, ehrgeizig, betrügerisch und unehrlich sind? Werden diese Menschen Gott finden? Sind sie wirklich auf der Suche nach Gott? Kann man Gott durch das Wiederholen von Wörtern oder durch Glauben finden? Aber solche Leute glauben an Gott, sie beten ihn an, sie gehen jeden Tag in die Kirche oder den Tempel, und sie tun alles, um dem, was sie wirklich sind, aus dem Wege zu gehen – und solche Leute betrachten Sie als ehrbar, weil sie so sind wie Sie selbst.

Dem Leben neu begegnen

Mir scheint, der Glaube ist eines der Dinge, die die meisten von uns bereitwillig übernehmen und für selbstverständlich halten. Es geht mir nicht darum, den Glauben anzugreifen. Wir versuchen hier lediglich herauszufinden, warum wir Überzeugungen übernehmen und ob wir die Motive, die Ursache dieses Übernehmens, verstehen können, denn dann sind wir vielleicht nicht nur in der Lage zu verstehen, warum wir das tun, sondern können es vielleicht auch loswerden. Man kann beobachten, wie politische, religiöse, nationale und andere Überzeugungen Menschen voneinander trennen, Konflikte, Verwirrung und Feindschaft heraufbeschwören – das ist eine offensichtliche Tatsache –, und trotzdem sind wir nicht bereit, sie aufzugeben. Es gibt den hinduistischen Glauben, den christlichen Glauben, den buddhistischen Glauben – unzählige sektiererische und nationale Überzeugungen, verschiedene politische Ideologien, die alle miteinander im Streit liegen und einander zu bekehren versuchen. Es ist also ganz offensichtlich, dass Glauben die Menschen voneinander trennt und zu Intoleranz führt. Ist es da möglich, ohne Glauben zu leben? Das kann man nur herausfinden, wenn man in der Lage ist, sich selbst in seinem Verhältnis zu einem bestimmten Glauben zu studieren. Kann man in dieser Welt ohne Glauben leben – nicht die Überzeugungen wechseln, nicht einen Glauben durch einen anderen ersetzen, sondern ganz und gar frei von allen Überzeugungen sein, so dass man dem Leben in jedem Augenblick neu begegnet? Denn das ist schließlich die Wahrheit, um die es geht: fähig zu sein, allem immer wieder neu zu begegnen, von Augenblick zu Augenblick, ohne die beeinflussende Reaktion aus der Vergangenheit, so dass das Ansammeln unterbleibt, das als Barriere wirkt zwischen uns und dem, was ist.

Glauben verhindert echtes Verstehen

Was würde mit uns passieren, wenn wir keinen Glauben hätten? Sollten wir uns nicht vor dem fürchten, was passieren könnte? Wenn wir kein Verhaltensmuster hätten, das auf einem Glauben beruht – entweder an Gott, an den Kommunismus, den Sozialismus, den Imperialismus oder an irgendeinen religiösen Grundsatz, irgendein Dogma, von dem wir geprägt wurden –, würden wir uns wahrscheinlich völlig verloren fühlen, nicht wahr? Kaschieren wir durch das Übernehmen eines Glaubens diese Angst nicht nur – die Angst, in Wirklichkeit nichts zu sein, leer zu sein? Dabei ist eine Tasse letztlich nur nützlich, wenn sie leer ist, und ein Geist, der mit Überzeugungen, dogmatischen Ansichten, Behauptungen und Zitaten vollgestopft ist, ist in Wirklichkeit ein unschöpferischer Geist, einer, der nur etwas nachspricht. Die Flucht vor dieser Angst – der Angst vor der Leere, vor der Einsamkeit, vor dem Stehenbleiben, davor, es nicht zu schaffen, erfolglos zu sein, nichts zu erreichen, nichts zu sein, nichts zu werden – ist sicherlich einer der Gründe, weshalb wir so eifrig und begierig Überzeugungen übernehmen, oder nicht? Aber verstehen wir uns selbst durch das Übernehmen eines Glaubens? Im Gegenteil. Ein Glauben, ob religiös oder politisch, hindert uns ganz offensichtlich daran, uns selbst zu verstehen. Er wirkt wie eine Trennwand, durch die hindurch wir uns betrachten. Können wir uns ohne Überzeugungen anschauen? Und wenn wir diese Überzeugungen beiseite lassen – die vielen Überzeugungen, die wir haben –, ist dann überhaupt noch irgendetwas übrig, um es anzuschauen? Wenn wir keine Überzeugungen mehr haben, mit denen sich der Geist identifiziert hat, dann ist er ohne Identifikation in der Lage, sich selbst anzuschauen, wie er ist – und ganz gewiss beginnt man dann, sich selbst zu verstehen.

Unmittelbar beobachten

Warum setzen sich Vorstellungen in unserem Geist fest? Warum stehen nicht Tatsachen im Vordergrund, sondern Vorstellungen? Warum werden Theorien oder Ideen so wichtig für uns, und nicht Fakten? Liegt es daran, dass wir die Tatsachen nicht verstehen können, oder nicht über die nötige Auffassungsgabe verfügen oder Angst vor den Tatsachen haben? Deshalb sind Vorstellungen, Spekulationen und Theorien Hilfsmittel, um vor den Tatsachen davonzulaufen …

Sie können davonlaufen, Sie können alles Mögliche tun, aber die Tatsachen sind da – beispielsweise die Tatsache, dass man wütend ist, die Tatsache, dass man ehrgeizig ist, die Tatsache, dass man sexuelles Verlangen hat, und vieles andere. Sie können diese Dinge unterdrücken, sie können sie umwandeln, was nur eine andere Form der Unterdrückung ist. Sie können sie kontrollieren, aber sie werden alle mit Hilfe von Vorstellungen unterdrückt, kontrolliert, diszipliniert. … Ist es nicht so, dass Vorstellungen unsere Energie vergeuden? Stumpfen sie nicht den Geist ab? Vielleicht sind Sie gut im Spekulieren oder Zitieren, aber es ist eindeutig ein abgestumpfter Geist, der zitiert, der eine Menge gelesen hat und bloß zitiert.

… Sie können den durch innere Widersprüche entstehenden Konflikt auf einen Streich auflösen, wenn Sie mit den Tatsachen leben und dadurch genügend Energie freisetzen, um diesen Tatsachen ins Auge zu schauen. Die meisten von uns sind in Widersprüche verstrickt. Ich will dies tun und tue etwas ganz anderes, aber wenn ich mich der Tatsache stelle, dass ich etwas Bestimmtes tun will, gibt es keinen Widerspruch, und deshalb entziehe ich dem Widerstreit der Gegensätze auf einen Schlag die Grundlage. Dann ist mein Geist ausschließlich mit dem beschäftigt, was ist, und damit, es zu verstehen.

Ohne Vorstellung handeln

Nur wenn der Geist frei von Vorstellungen ist, ist Erfahren möglich. Vorstellungen sind nicht die Wahrheit. Die Wahrheit muss direkt, von Augenblick zu Augenblick, erfahren werden. Es ist keine Erfahrung, die man sich wünscht – das ist dann eine bloße Sinnesempfindung. Nur wenn man über die gesammelten Vorstellungen hinausgehen kann, aus denen das »Ich«, der Geist, besteht und die einen zeitweiligen oder dauerhaften Bestand haben –, nur wenn man darüber hinausgehen kann, wenn das Denken ganz still geworden ist, kommt es zu einem Zustand des Erfahrens. Dann wird man erkennen, was Wahrheit ist.

Ohne Denkprozess handeln

Was meinen wir mit Vorstellung? Eine Vorstellung ist eindeutig ein gedanklicher Prozess, nicht wahr? Eine Vorstellung ist ein mentaler Prozess, ein Denkvorgang. Und Denken ist immer eine Reaktion des Bewussten oder des Unbewussten. Denken ist ein Vorgang, bei dem etwas in Worte gefasst wird und der das Produkt des Gedächtnisses ist. Denken ist ein Vorgang, der mit Zeit verbunden ist. Wenn Handeln also auf dem Denkvorgang beruht, muss es unweigerlich konditioniert, isoliert verlaufen. Eine Vorstellung muss sich gegen eine andere wenden, eine Vorstellung muss eine andere dominieren. Es besteht eine Kluft zwischen Handeln und Vorstellung. Wir wollen herausfinden, ob Handeln ohne Vorstellungen möglich ist. Wir können beobachten, wie Vorstellungen die Menschen voneinander trennen. Wie ich bereits erklärt habe, sind Wissen und Glauben im Wesentlichen trennende Faktoren. Überzeugungen verbinden Menschen nie miteinander. Stets trennen sie die Menschen voneinander. Beruht Handeln auf Glauben oder auf Vorstellungen oder auf einem Ideal, muss es unweigerlich isoliert und bruchstückhaft sein. Ist es möglich, ohne den Vorgang des Denkens zu handeln, ohne einen Vorgang, der mit Zeit verbunden ist, der berechnend ist, dem Selbstschutz dient, aus Glauben, Ablehnung, Verurteilung und Rechtfertigung stammt? Sicher ist Ihnen wie auch schon mir die Frage in den Sinn gekommen, ob Handeln ohne Vorstellung überhaupt möglich ist.

Wird das Handeln durch Vorstellungen begrenzt?

Können Vorstellungen überhaupt Handeln bewirken, oder formen sie nur das Denken und begrenzen somit das Handeln? Wenn das Handeln von einer Vorstellung gesteuert ist, kann es den Menschen niemals befreien. Es ist außerordentlich wichtig, dass wir diesen Punkt verstehen. Wird unser Handeln von einer Vorstellung bestimmt, kann es nie die Lösung für unser Elend bringen, denn bevor die Vorstellung umgesetzt werden kann, müssen wir zunächst herausfinden, wie sie entsteht.

Ideologien blockieren das Handeln

Die Welt steht immer am Rande einer Katastrophe. Aber heute scheint sie ihr näher zu sein als je zuvor. Die meisten Menschen, die diese Katastrophe auf uns zukommen sehen, nehmen Zuflucht zu einer Vorstellung. Wir denken, diese Katastrophe, diese Krise könne durch irgendeine Ideologie abgewendet oder gelöst werden. Ideologien verhindern immer eine direkte Beziehung und blockieren so das Handeln. Wir wollen Frieden nur in unserer Vorstellung, nicht in Wirklichkeit. Wir wollen Frieden auf der verbalen Ebene, das heißt, nur auf der Ebene des Denkens, auch wenn wir sie stolz als intellektuelle Ebene bezeichnen. Aber das Wort Frieden ist nicht Frieden. Frieden ist nur möglich, wenn die Verwirrung aufhört, die wir und andere stiften. Wir halten an unserer Vorstellungswelt fest und nicht am Frieden. Wir sind auf der Suche nach neuen gesellschaftlichen und politischen Handlungsmustern und nicht auf der Suche nach Frieden. Wir sind mit der Schlichtung von Auswirkungen beschäftigt und nicht mit der Beseitigung der Ursachen des Krieges. Dieses Bestreben kann nur zu Antworten führen, die von der Vergangenheit geprägt sind. Und diese Konditionierung nennen wir Wissen, Erfahrung, und die neuen, sich verändernden Fakten werden anhand dieses Wissens interpretiert und umgesetzt. Es besteht also ein Konflikt zwischen dem, *was ist,* und der Erfahrung, die *war.* Die Vergangenheit, also das Wissen, muss zwangsläufig im Widerstreit mit der Realität stehen, die sich immer in der Gegenwart befindet. So wird das Problem also nicht gelöst, sondern es werden die Bedingungen aufrechterhalten, die das Problem verursacht haben.

Ohne Erzeugen von Vorstellungen handeln

Eine Vorstellung ist das Resultat des Denkprozesses, der Denkprozess ist die Reaktion des Gedächtnisses, und das Gedächtnis ist immer konditioniert. Die Erinnerung bleibt immer in der Vergangenheit und wird in der Gegenwart durch irgendeine Erfahrung zum Leben erweckt. Das Gedächtnis hat kein Eigenleben, es wird in der Gegenwart erst lebendig, wenn es mit einer Herausforderung konfrontiert wird. Und ob die Erinnerung nun schlummert oder aktiv ist, sie ist immer konditioniert, nicht wahr? Deshalb muss man ganz anders an die Sache herangehen. Sie müssen für sich selbst, in Ihrem Inneren, herausfinden, ob Sie auf der Basis einer Vorstellung handeln und ob Sie auch ohne das Erzeugen von Vorstellungen handeln können.

Ohne Vorstellungen zu handeln ist der Weg der Liebe

Das Denken wird zwangsläufig durch den Denkenden, der ja konditioniert ist, begrenzt. Der Denkende ist immer konditioniert und daher niemals frei. Wenn man anfängt zu denken, folgt unmittelbar eine Vorstellung. Handeln, das auf Vorstellungen beruht, muss unweigerlich zu größerer Verwirrung führen. Wenn wir all das wissen, ist es dann möglich, ohne Vorstellungen zu handeln? Ja, das ist der Weg der Liebe. Liebe ist keine Vorstellung, keine Emotion, keine Erinnerung. Sie duldet keinen Aufschub und ist kein Mittel zum Selbstschutz. Wir können den Weg der Liebe nur wahrnehmen, wenn wir die Mechanismen des Denkens und Vorstellens verstehen. Ist es nun also möglich, auf die anderen Wege zu verzichten und den Weg der Liebe zu erkennen, der die einzige Erlösung ist? Kein anderer Weg, ob politisch oder religiös, wird das Problem lösen. Das ist keine Theorie, über die Sie nachdenken müssen, um sie dann für Ihr Leben zu übernehmen. Es muss in der gegenwärtigen Wirklichkeit stattfinden …

… Haben Sie eine Vorstellung, wenn Sie lieben? Akzeptieren Sie nicht einfach, was ich sage, betrachten Sie es, untersuchen Sie es, gehen Sie ihm auf den Grund, denn wir haben alle anderen Wege ausprobiert und keine Lösung für unser Elend gefunden. Politiker versprechen vielleicht eine Lösung, die so genannten religiösen Organisationen versprechen vielleicht zukünftiges Glück, aber jetzt haben wir es nicht, und die Zukunft ist relativ unwichtig, wenn ich hungrig bin. Wir haben alles andere versucht, und wir können den Weg der Liebe nur kennen, wenn wir den Weg der Vorstellungen kennen und die Vorstellungen aufgeben – und das bedeutet zu handeln.

Widerstreit der Gegensätze

Ich frage mich, ob es so etwas wie das Böse gibt. Bitte seien Sie aufmerksam, versuchen Sie, mir zu folgen, lassen Sie uns das gemeinsam untersuchen. Wir behaupten, dass es Gut und Böse gibt. Es gibt Neid und Liebe, und wir sagen, dass Neid böse ist und Liebe gut. Warum spalten wir das Leben auf, warum nennen wir dieses gut und jenes böse und schaffen so einen Konflikt zwischen Gegensätzen? Nicht, dass es keinen Neid, keinen Hass, keine Brutalität im Geist und Herzen des Menschen gäbe, die Abwesenheit von Mitgefühl und Liebe, aber warum teilen wir das Leben ein in das, was wir gut nennen, und das, was wir böse nennen? Gibt es nicht in Wirklichkeit nur ein Ganzes, nämlich einen Geist, der unaufmerksam ist? Wenn man nämlich vollkommen aufmerksam ist, das heißt, wenn der Geist völlig bewusst, wach, achtsam ist, existieren Gut und Böse nicht, sondern nur ein erwachter Zustand. Güte ist dann keine Eigenschaft, keine Tugend, sondern ein Zustand der Liebe. Wenn Liebe da ist, gibt es kein Gut und Böse, sondern nur Liebe. Wenn Sie einen anderen Menschen wirklich lieben, denken Sie nicht über Gut oder Böse nach, Ihr ganzes Sein ist dann von dieser Liebe erfüllt. Nur wenn die totale Aufmerksamkeit, die Liebe, aufhört, entsteht der Konflikt zwischen dem, was ich bin, und dem, was ich sein sollte. Dann ist das, was ich bin, das Böse, und das, was ich sein sollte, das so genannte Gute.

… Beobachten Sie einmal Ihren eigenen Geist, und Sie werden Folgendes feststellen: Sobald er aufhört, daran zu denken, etwas zu werden, tritt ein Stillstand ein, der nichts mit Stagnation zu tun hat, sondern ein Zustand vollkommener Aufmerksamkeit ist, und das ist Güte.

Jenseits der Dualität

Sind Sie sich der Dualität nicht bewusst? Sind ihre Auswirkungen nicht offensichtlich, ist das damit verbundene Leid nicht erdrückend? Aber wer hat sie geschaffen, wenn nicht jeder Einzelne von uns? So wie wir das Gute geschaffen haben, wie gering es auch sein mag, so haben wir auch das Böse geschaffen, wie groß es auch sein mag. Gut und Böse sind Teil von uns, existieren aber auch unabhängig von uns. Wenn wir neidisch, habgierig und hasserfüllt denken und fühlen, tragen wir zum Bösen bei, das uns verändert und entzweit. Dieses Problem mit Gut und Böse, dieses konfliktträchtige Problem, lässt uns nie los, weil wir es erschaffen. Es ist zu einem Teil von uns geworden, dieses Wollen und Nichtwollen, Lieben und Hassen, Verlangen und Entsagen. Wir erschaffen fortwährend diese Dualität der Gegensätze, in der unser Denken und Fühlen gefangen sind. Denken und Fühlen können nur über das Gute und sein Gegenteil hinausgehen, wenn sie deren Ursache verstehen – Verlangen. Im Verstehen von inneren Vorzügen und Schwächen liegt die Freiheit von beidem. Gegensätze können nicht miteinander vereint werden, man muss durch Auflösen des Verlangens über sie hinausgehen. Jeder Gegensatz muss in allen Bewusstseinsschichten so umfassend und tief wie möglich durchdacht und erfühlt werden. Dieses Durchdenken und Erfühlen führt zu einem neuen Verständnis, welches nicht das Produkt des Verlangens oder der Zeit ist.

Es gibt Böses in der Welt, zu dem wir beitragen, so wie wir zum Guten beitragen. Die Menschen scheinen sich eher im Hass zu vereinigen als im Guten. Ein weiser Mensch erkennt die Ursachen von Gut und Böse und befreit Denken und Fühlen davon durch Verstehen.

Die Rechtfertigung des Bösen

Die gegenwärtige weltweite Krise ist in der Tat außergewöhnlich, beispiellos. Natürlich gab es im Laufe der Menschheitsgeschichte immer wieder unterschiedliche Krisen – gesellschaftliche, nationale, politische Krisen kommen und gehen. Ökonomische Rezessionen und Depressionen kommen, werden korrigiert und setzen sich in anderer Form fort. Wir wissen das, wir sind mit diesen Vorgängen vertraut. Doch die gegenwärtige Krise ist anders, nicht wahr? Sie ist vor allem anders, weil es dabei nicht um Geld oder andere greifbare Dinge geht, sondern um Vorstellungen. Diese Krise ist außergewöhnlich, weil sie sich auf der Ebene der Entwicklung von Ideen abspielt. Wir streiten über Ideen, wir rechtfertigen Mord. Überall auf der Welt wird Mord als Mittel zu einem guten Zweck gerechtfertigt, und das allein ist schon beispiellos in der Geschichte. Früher wurde das Böse als das Böse angesehen, Mord wurde als Mord angesehen, aber jetzt dient Mord als Mittel zum Erreichen eines edlen Zieles. Mord, ob die Ermordung eines Einzelnen oder einer Gruppe, wird gerechtfertigt, weil der Mörder oder die Gruppe, die er repräsentiert, den Mord als Mittel zum Erzielen eines Resultats rechtfertigt, das dem Wohl der Menschheit dienen soll. Das heißt, wir opfern die Gegenwart für die Zukunft – und es spielt keine Rolle, welcher Mittel wir uns bedienen, solange es unser erklärtes Ziel ist, ein Ergebnis hervorzubringen, das wir als nützlich für die Menschheit bezeichnen. Man geht also davon aus, dass ein falsches Mittel zu einem richtigen Ziel führt und rechtfertigt das falsche Mittel, indem man Vorstellungen entwickelt. … Wir haben wunderbare Ideengebäude, mit denen wir das Böse rechtfertigen, und das ist sicherlich so noch nie da gewesen. Das Böse ist das Böse und kann nichts Gutes hervorbringen. Krieg ist kein Weg zum Frieden.

Güte hat kein Motiv

Führt es wirklich zur Güte, wenn ich aus einem bestimmten Motiv heraus gut sein will? Oder ist Güte völlig frei von dem Drang, gut zu sein, hinter dem ja immer ein Motiv steckt? Ist »gut« das Gegenteil von »schlecht«, von »böse«? Jeder Teil eines Gegensatzes trägt den Samen seines eigenen Gegenteils in sich, nicht wahr? Hier ist Habgier, und dort das Ideal der Genügsamkeit. Wenn der Geist Genügsamkeit anstrebt, wenn er versucht, nicht habgierig zu sein, ist er immer noch habgierig, denn er will etwas sein. Habgier bedeutet Verlangen, Aneignen, Ausdehnen, und wenn der Geist sieht, dass es sich nicht auszahlt, habgierig zu sein, will er nicht habgierig sein, also ist das Motiv immer noch dasselbe, nämlich etwas sein oder sich aneignen zu wollen. Wenn der Geist will, dass er nichts will, ist die Wurzel des Wollens, der Wunsch, immer noch vorhanden. Somit ist Güte also nicht das Gegenteil des Bösen, sondern ein vollkommen anderer Zustand. Und was ist das für ein Zustand?

Offenkundig hat Güte kein Motiv, weil jedes Motiv aus dem Selbst kommt. Es ist die egozentrische Aktivität des Geistes. Was meinen wir also mit Güte? Güte kann auf jeden Fall nur da sein, wenn vollkommene Aufmerksamkeit da ist. Aufmerksamkeit hat kein Motiv. Wenn es ein Motiv für die Aufmerksamkeit gibt – ist es dann wirklich Aufmerksamkeit? Wenn ich aufmerksam bin, um etwas zu erreichen, dann ist das, was ich erreicht habe, sei es gut oder schlecht, nicht Aufmerksamkeit – es ist eine Ablenkung. Eine Abtrennung. Güte ist nur möglich in einem Zustand völliger Aufmerksamkeit, in dem es kein Bemühen gibt, etwas zu sein oder nicht zu sein.

Menschliche Entwicklung

Müssen wir Trunkenheit kennen, um zu wissen, was Nüchternheit bedeutet? Müssen wir Hass verspürt haben, um zu wissen, was Mitgefühl ist? Müssen wir Kriege durchmachen, uns selbst und andere zerstören, um zu wissen, was Frieden ist? Das ist offensichtlich eine völlig falsche Denkweise, nicht wahr? Zuerst geht man davon aus, dass es eine Entwicklung, ein Wachstum, eine Bewegung vom Bösen zum Guten hin gibt, und dann passt man sein Denken an dieses Schema an. Natürlich gibt es physisches Wachstum, die kleine Pflanze wird zu einem großen Baum, es gibt technologischen Fortschritt, von der Erfindung des Rades bis hin zum Düsenflugzeug. Aber gibt es auch psychischen Fortschritt, psychische Entwicklung? Darüber sprechen wir – ob es ein Wachstum, eine Weiterentwicklung des »Ich« gibt, die beim Bösen beginnt und mit dem Guten endet. Kann das »Ich«, das ja das Zentrum des Bösen ist, durch einen Entwicklungsprozess, durch Zeit, jemals edel oder gut werden? Offensichtlich nicht. Das, was böse ist, das »Ich« der Psyche, wird immer böse bleiben. Aber das wollen wir nicht wahrhaben. Wir glauben, dass das [veränderte] »Ich« im Laufe der Zeit durch Wachstum und Veränderung letztendlich Wirklichkeit werden wird. Das ist unsere Hoffnung, das ist unsere Sehnsucht – dass das »Ich« durch Zeit vervollkommnet wird. Was ist dieses »Ich«, dieses »Selbst«? Es ist ein Name, eine äußere Form, eine Reihe von Erinnerungen, Hoffnungen, Frustrationen, Sehnsüchten, Schmerzen, Sorgen, vorübergehenden Freuden. Wir wollen, dass dieses »Ich« überdauert und vollkommen wird, und deshalb sagen wir, dass es jenseits dieses »Ichs« ein übergeordnetes »Ich«, ein höheres Selbst gibt, eine spirituelle Wesenheit, die zeitlos ist, aber da wir uns das haben einfallen lassen, befindet sich diese »spirituelle« Wesenheit immer noch im Bereich der Zeit, oder nicht? Wenn wir darüber nachdenken können, befindet es sich offenkundig auf der Ebene des Denkvermögens.

Unbeschäftigt sein

Kann der Geist frei von der Vergangenheit, frei vom Denken sein – nicht von guten oder schlechten Gedanken? Wie finde ich das heraus? Ich kann es nur herausfinden, indem ich betrachte, womit der Geist beschäftigt ist. Wenn mein Geist mit dem Guten oder dem Schlechten beschäftigt ist, befasst er sich nur mit der Vergangenheit. Er ist nicht frei von ihr. Es ist also wichtig herauszufinden, auf welche Weise der Geist beschäftigt ist – wenn er überhaupt mit etwas beschäftigt ist, dann immer mit der Vergangenheit, weil unser ganzes Bewusstsein die Vergangenheit ist. Die Vergangenheit existiert nicht nur an der Oberfläche, sondern auch auf der höchsten Ebene, und das Gewicht des Unbewussten ist ebenfalls die Vergangenheit …

Kann der Geist ohne Beschäftigung sein? Das heißt, kann er vollkommen frei und unbelastet sein und die Erinnerungen, die guten und schlechten Gedanken, vorüberziehen lassen, ohne auszuwählen? In dem Moment, da der Geist mit einem Gedanken – gut oder schlecht – beschäftigt ist, beschäftigt er sich mit der Vergangenheit. … Wenn Sie wirklich zuhören – nicht nur die Worte hören, sondern ihren tiefen Sinn verstehen –, werden Sie erkennen, dass es eine Stabilität gibt, die nicht aus dem Bewusstsein kommt, sondern die Freiheit von der Vergangenheit ist.

Doch man kann die Vergangenheit nie ablegen. Man beobachtet sie, während sie im Geiste vorüberzieht, aber man beschäftigt sich nicht mit ihr. Auf diese Weise ist der Geist frei, zu beobachten und nicht auszuwählen. Wenn wir in diesem Strom der Erinnerungen wählen, ist der Geist beschäftigt, und sobald er beschäftigt ist, ist er in der Vergangenheit gefangen, und wenn er mit der Vergangenheit befasst ist, ist er unfähig, etwas Wirkliches, Wahres, Neues, Ursprüngliches, Unverfälschtes zu sehen.

Denken erzeugt Bemühen

»Wie kann ich frei von schlechten Gedanken, bösen und eigenwilligen Gedanken bleiben?« Gibt es den Denkenden, denjenigen, der vom Denken, von den schlechten oder eigenwilligen Gedanken getrennt ist? Bitte beobachten Sie Ihren eigenen Geist. Wir sagen: »Da ist das Ich, das Selbst, das sagt, ›dies ist ein eigenwilliger Gedanke‹, ›dies ist schlecht‹, ›ich muss diesen Gedanken kontrollieren‹, ›ich muss mich an jenen Gedanken halten.‹« Das kennen wir. Ist dieser Jemand, dieses Ich, dieser Denker, dieser Urteilende, derjenige, der urteilt, der Zensor, etwas anderes als all das, was da geschieht? Ist das Ich etwas anderes als das Denken, als der Neid, als das Böse? Das Ich, das sagt, dass es etwas anderes ist als dieses Böse, versucht ununterbrochen, das Ich zu besiegen, das Ich abzuschütteln und etwas zu werden. Dadurch findet dieser Kampf statt, das Bemühen, Gedanken abzulegen, nicht eigenwillig zu sein.

Wir haben also durch unser Denken dieses Problem des Bemühens geschaffen. Können Sie folgen? Und dann bringen wir Disziplin ins Spiel, Kontrolle der Gedanken – das Ich kontrolliert die Gedanken, die nicht gut sind, das Ich, das versucht, neidlos, gewaltlos, dies oder jenes zu werden. Also haben Sie diesen Prozess des Bemühens in Gang gebracht, wenn das Ich da ist und das, was es kontrolliert. Das ist die Realität unserer täglichen Existenz.

März

Abhängigkeit

♦

Bindung

♦

Beziehungen

♦

Angst

Ein freier Geist ist demütig

Haben Sie sich jemals mit der Frage psychischer Abhängigkeit auseinander gesetzt? Wenn Sie dieser Frage wirklich auf den Grund gehen, werden Sie feststellen, dass die meisten von uns schrecklich einsam sind. Die meisten von uns sind geistig sehr oberflächlich, hohl und wissen nicht, was Liebe bedeutet. Und so hängen wir aufgrund dieser Einsamkeit, aufgrund dieses Mangels, aufgrund dieser Entbehrungen des Lebens an etwas, wir hängen an der Familie; wir sind abhängig von ihr. Und wenn sich die Frau oder der Mann von uns abwendet, sind wir eifersüchtig. Eifersucht hat nichts mit Liebe zu tun; aber die Art von Liebe, die die Gesellschaft in der Familie bejaht, wird zu etwas Ehrbarem erklärt. Das ist nur ein weiterer Abwehrmechanismus, eine andere Art und Weise, vor uns selbst zu fliehen. Jede Form von Widerstand führt also zu Abhängigkeit. Und ein Geist, der abhängig ist, kann niemals frei sein.

Es ist aber notwendig, dass Sie frei sind, denn Sie werden feststellen, dass ein freier Geist das wahre Wesen der Demut besitzt. Ein solcher Geist, der frei und daher demütig ist, kann lernen – ein Geist, der Widerstand leistet, dagegen nicht. Lernen ist ein außergewöhnlicher Vorgang – wirkliches Lernen, nicht bloßes Ansammeln von Wissen. Das Ansammeln von Wissen ist etwas ganz anderes. Was wir Wissen nennen, ist vergleichsweise einfach, denn wir bewegen uns dabei vom Bekannten zum Bekannten. Wirkliches Lernen aber führt uns vom Bekannten zum Unbekannten – nur so lernen wir, nicht wahr?

Wir stellen nie die Abhängigkeit in Frage

Warum sind wir abhängig? Psychisch, innerlich sind wir abhängig von einem Glauben, einem System oder einer Philosophie. Wir fragen jemand anders, wie wir uns verhalten sollen. Wir suchen nach Lehrern, die uns ein Lebenskonzept anbieten, das uns Aussicht auf ein wenig Hoffnung, ein wenig Glück verspricht. Also sind wir immer auf der Suche nach irgendeiner Abhängigkeit, Sicherheit, oder nicht? Ist es dem menschlichen Geist jemals möglich, sich von dieser Neigung zur Abhängigkeit zu befreien? Was nicht bedeutet, dass der Geist Unabhängigkeit erreichen muss – das wäre nur die Reaktion auf die Abhängigkeit. Wir sprechen nicht von Unabhängigkeit, von der Freiheit von einem bestimmten Zustand. Wenn wir die Sache untersuchen können, ohne in die Reaktion zu verfallen, Freiheit von einem bestimmten Zustand der Abhängigkeit anzustreben, können wir ihr viel eher auf den Grund gehen. ... Wir akzeptieren die Notwendigkeit von Abhängigkeit; wir behaupten, sie sei unvermeidbar. Wir haben uns noch nie gefragt, warum jeder von uns irgendeine Art von Abhängigkeit sucht. Ist es nicht so, dass wir eigentlich im tiefsten Inneren nach Sicherheit, nach Dauerhaftigkeit verlangen? Da wir uns in einem Zustand der Verwirrung befinden, wünschen wir uns, dass uns jemand aus dieser Verwirrung herausführt. So sind wir also immer damit beschäftigt, wie wir dem Zustand, in dem wir uns befinden, entkommen oder ihm ausweichen können. Durch den Versuch, diesen Zustand zu vermeiden, schaffen wir zwangsläufig irgendeine Art von Abhängigkeit, die zu unserer Autorität wird. Wenn unsere Sicherheit, unser inneres Wohlergehen von einem anderen Menschen abhängen, ergeben sich natürlich unzählige Probleme aus dieser Abhängigkeit. Und dann versuchen wir, diese Probleme zu lösen, die mit der Bindung einhergehen. Aber wir stellen nie die Abhängigkeit an sich in Frage, wir gehen diesem Problem nie auf den Grund. Wenn wir dieses Problem wirklich intelligent und ganz bewusst untersuchen können, werden wir vielleicht herausfinden, dass das eigentliche Problem gar nicht die Abhängigkeit ist – dass sie nur eine Möglichkeit ist, vor einem viel tieferen Problem wegzulaufen.

Es gibt einen tieferen Grund für unsere Abhängigkeit

Wir wissen, dass wir abhängig sind – von unserer Beziehung zu Menschen oder von einer Vorstellung oder einem Denksystem. Warum?

... Ich glaube nicht, dass Abhängigkeit das eigentliche Problem ist. Ich denke, dass es eine andere, tiefere Ursache für unsere Abhängigkeit gibt. Und wenn wir diesen Faktor aufdecken können, werden sowohl die Abhängigkeit als auch der Kampf um Freiheit nur noch geringe Bedeutung haben, dann werden alle Probleme dahinschwinden, die im Zusammenhang mit Abhängigkeit auftreten. Was ist also diese tiefere Ursache? Ist es der Widerwille, die Angst des Geistes vor der Vorstellung, allein zu sein? Und kennt der Geist überhaupt diesen Zustand, den er zu vermeiden sucht? Solange diese Einsamkeit nicht wirklich verstanden, erfühlt, durchdrungen, aufgelöst wird – wie immer Sie es auch nennen wollen –, solange dieses Gefühl der Einsamkeit bestehen bleibt, ist Abhängigkeit unvermeidlich, und man kann nie frei sein. Man kann nie für sich selbst herausfinden, was wahr ist, was [wahre] Religion ist.

Tiefe Bewusstheit entwickeln

Abhängigkeit setzt das Hin und Her zwischen Distanz und Gebundenheit in Gang, einen ständigen Konflikt, der nicht verstanden wird und aus dem es kein Entkommen zu geben scheint. Sie müssen sich der Mechanismen von Gebundenheit und Abhängigkeit bewusst werden, ohne sie zu verdammen, ohne darüber zu urteilen. Dann werden Sie die Bedeutung dieses Konflikts zwischen Gegensätzen erkennen. Wenn Sie sich all dessen zutiefst bewusst werden und Ihr Denken gezielt darauf ausrichten, die volle Bedeutung von Bedürfnis und Abhängigkeit zu verstehen, wird der bewusste Teil ihres Geistes dafür offen und sich darüber im Klaren sein. Und dann wird sich das Unbewusste mit seinen verborgenen Motiven und Absichten dem Bewussten mitteilen. Wenn das geschieht, müssen Sie jede Regung des Unbewussten genau untersuchen und verstehen. Und wenn Sie das immer wieder tun und so der Mitteilungen Ihres Unbewussten gewahr werden, nachdem das Bewusste das Problem so klar wie möglich durchdacht hat, dann werden das Bewusste und das Unbewusste – selbst wenn Sie Ihre Aufmerksamkeit auf andere Dinge richten – das Problem der Abhängigkeit oder jedes andere Problem zusammen lösen. So entsteht ein Zustand ständiger Bewusstheit, der mit viel Geduld und ganz sanft zur inneren Einheit und Ganzheit führt. Und wenn Sie körperlich gesund sind und sich richtig ernähren, wird Ihnen dadurch ein erfülltes Dasein ermöglicht.

Beziehungen

Beziehungen, die auf wechselseitigen Bedürfnissen beruhen, bringen nur Konflikte mit sich. Wie stark die gegenseitige Abhängigkeit auch sein mag, wir benutzen einander zu einem bestimmten Zweck, um etwas Bestimmtes zu erreichen. Aber mit einem Ziel und Zweck vor Augen ist es keine Beziehung. Vielleicht benutze ich Sie, und Sie benutzen mich. Und durch dieses Benutzen verlieren wir den Kontakt zueinander. Eine Gesellschaft, die darauf beruht, dass die Menschen sich gegenseitig benutzen, schafft die Grundlage für Gewalt. Wenn wir einen anderen Menschen benutzen, haben wir dabei nur vor Augen, was wir durch ihn gewinnen wollen. Das Ziel, der Gewinn, verhindert Beziehung und Verbundenheit. Hinter dem Benutzen einer anderen Person, wie befriedigend und angenehm es auch sein mag, steckt immer Angst. Um diese Angst zu vermeiden, müssen wir besitzen. Aus diesem Besitzen ergeben sich Eifersucht, Misstrauen und ständige Konflikte. Eine solche Beziehung kann nie glücklich machen.

Eine Gesellschaft, deren Zusammenhalt nur auf Bedürfnissen beruht, seien es physische oder psychische, muss Konflikte, Verwirrung und Elend hervorbringen. Die Gesellschaft ist ein Spiegel Ihrer Beziehungen zu anderen Menschen, in denen das Brauchen und Benutzen vorherrschen. Wenn Sie einen anderen Menschen benutzen, um Ihre physischen oder psychischen Bedürfnisse zu befriedigen, ist das in Wirklichkeit überhaupt keine Beziehung. Sie haben in Wahrheit gar keinen Kontakt, keine Verbindung zu dem anderen. Wie können Sie mit dem anderen verbunden sein, wenn er wie ein Möbelstück Ihrer Bequemlichkeit und Ihrem Wohlbefinden dient? Es ist also sehr wichtig, die Bedeutung von Beziehung im täglichen Leben zu verstehen.

Das »Ich« ist der Besitz

Entsagung und Selbstaufopferung sind keine Gesten menschlicher Größe, die man loben und nachahmen sollte. Wir besitzen, weil wir ohne Besitz gar nicht existieren. Es gibt die unterschiedlichsten Besitztümer. Ein Mensch, der über keinerlei materiellen Besitz verfügt, hängt vielleicht an Wissen oder Ideologien. Ein anderer mag an Werten wie Tugend hängen, wieder ein anderer an seinem Erfahrungsschatz und der Nächste an Namen und Ruhm. Ohne Besitz ist das »Ich« nicht vorhanden, das Ich ist der Besitz, das Möbelstück, die Tugend, der berühmte Name. In seiner Furcht davor, nicht zu existieren, hängt der Geist am Namen, an Möbelstücken, an ideellen Werten, und er wird diese wieder fallen lassen, um auf eine höhere Ebene zu gelangen, denn das Höhere ist das Befriedigendere, das Dauerhaftere. Die Angst vor der Ungewissheit, vor dem Nichtsein, führt zu Gebundenheit und Verhaftetsein, zum Besitzdenken. Wenn der Besitz sich als unbefriedigend oder mühevoll erweist, geben wir ihn zugunsten einer angenehmeren Bindung auf. Der höchste, befriedigendste Besitz ist das Wort »Gott« oder der Ersatz dafür, der Staat.

… Solange Sie nicht bereit sind, nichts zu sein, was Sie ja in Wirklichkeit sind, müssen Sie unweigerlich Leid und Gegensätzlichkeit hervorrufen. Die Bereitschaft, nichts zu sein, hat nichts mit Entsagung, innerem oder äußerem Zwang zu tun, sondern mit dem Erkennen der Wahrheit, dessen, was ist. Die Wahrheit zu sehen, zu erkennen, was ist, macht frei von der Angst vor Unsicherheit, jener Angst, die Gebundenheit und Verhaftetsein verursacht und zur Illusion der Bindungslosigkeit oder Entsagung führt. Die Liebe zu dem, was ist, ist der Beginn von Weisheit. Nur Liebe teilt, nur Liebe kann verbinden. Entsagung und Selbstopferung dagegen sind Wege in die Isolation und Selbsttäuschung.

Auszubeuten heißt ausgebeutet werden

Da die meisten von uns in der einen oder anderen Form nach Macht streben, hat sich das hierarchische Prinzip etabliert, gibt es den Novizen und den Eingeweihten, den Schüler und den Meister, und selbst unter den Meistern gibt es noch unterschiedliche Grade spirituellen Wachstums. Die meisten von uns lieben es, andere auszubeuten und ausgebeutet zu werden, und dieses System gibt uns offen oder versteckt die Mittel dazu an die Hand. Auszubeuten heißt ausgebeutet werden. Der Wunsch, andere zur Befriedigung Ihrer eigenen psychischen Bedürfnisse zu benutzen, führt zu Abhängigkeit, und wenn Sie abhängig sind, müssen Sie festhalten, besitzen. Und was Sie besitzen, besitzt Sie. Ohne unterschwellige oder offensichtliche Abhängigkeit, ohne den Besitz von Dingen, Menschen und Vorstellungen, sind Sie leer, etwas Bedeutungsloses. Sie wollen aber etwas sein, und um sich nicht der nagenden Furcht, nichts zu sein, auszusetzen, gehören Sie zu dieser oder jener Organisation, folgen dieser oder jener Ideologie, sind Teil dieser oder jener Gemeinde oder Kirche. Auf diese Weise werden Sie ausgebeutet und beuten wiederum andere aus.

Das Streben nach innerem Losgelöstsein

Es gibt nur Gebundenheit oder Verhaftetsein, so etwas wie inneres Losgelöstsein gibt es überhaupt nicht. Der Verstand erfindet Loslösen als Reaktion auf den Schmerz der Gebundenheit. Wenn Sie auf Gebundenheit reagieren, indem Sie sich »loslösen« möchten, hängen sie wieder an etwas anderem. Der ganze Vorgang gehört also immer noch zur Gebundenheit. Sie hängen an Ihrer Frau, Ihrem Mann, Ihren Kindern, an Ideen, an der Tradition, an Autoritäten und so weiter, und Ihre Reaktion auf diese Gebundenheit ist inneres Loslösen. Das Streben nach Losgelöstsein ist die Folge von Schmerz und Leid. Sie wollen dem Schmerz der Gebundenheit entfliehen, und Ihre Flucht besteht darin, etwas zu finden, von dem Sie glauben, dass es gut ist, wenn Sie daran hängen. Es gibt also nur Gebundenheit, und nur ein törichter Geist kultiviert inneres Loslösen. In allen Schriften lesen wir: »Sei ungebunden, sei losgelöst«, aber was ist hier die Wahrheit? Wenn Sie Ihren eigenen Geist beobachten, werden Sie etwas Erstaunliches feststellen: nämlich, dass sich Ihr Geist durch das Streben nach innerem Losgelöstsein an etwas anderes bindet.

An etwas zu hängen ist Selbstbetrug

Wir sind die Dinge, die wir besitzen, wir sind das, woran wir hängen. Verhaftetsein ist nichts Edles. An Wissen zu hängen unterscheidet sich nicht von irgendeiner anderen befriedigenden Sucht. An etwas zu hängen bedeutet, dass man mit sich selbst beschäftigt ist, ob auf der niedrigsten oder der höchsten Ebene. An etwas zu hängen ist Selbstbetrug, eine Flucht vor der Hohlheit des Selbst. Das, woran wir hängen – materieller Besitz, Menschen, Ideologien –, wird ungeheuer wichtig, denn ohne die vielen Dinge, die seine Leere füllen, existiert das Selbst nicht. Die Angst vor dem Nichtsein ist der Grund für das Besitzstreben. Und Angst führt immer in die Selbsttäuschung, zu Hörigkeit gegenüber [den eigenen] Überlegungen und Schlussfolgerungen. Überlegungen und Schlussfolgerungen, ob materieller oder ideeller Art, verhindern das Aufblühen der Intelligenz, jener Freiheit, in der allein sich die Wirklichkeit offenbaren kann. Ohne diese Freiheit wird Schlauheit mit Intelligenz verwechselt. Schlauheit ist immer komplex und destruktiv. Es ist diese dem Selbstschutz dienende Schlauheit, die die Gebundenheit herbeiführt. Und wenn das Verhaftetsein dann Schmerz verursacht, ist es dieselbe Schlauheit, die nach innerem Losgelöstsein strebt und sich im Stolz und in der Eitelkeit der Entsagung sonnt. Die Vorgehensweisen der Schlauheit zu verstehen, die Vorgehensweisen des Selbst, ist der Anfang von Intelligenz.

Sehen Sie den Tatsachen ins Auge, und schauen Sie, was geschieht …

Wir alle haben schon einmal die Erfahrung großer Einsamkeit gemacht, in der Bücher, Religion, alles sich verbraucht hat und wir innerlich ungeheuer leer und einsam sind. Die meisten von uns sind nicht in der Lage, sich dieser Leere, dieser Einsamkeit zu stellen, und deshalb laufen wir vor ihr davon. Abhängigkeit ist eine der Möglichkeiten, in die wir uns flüchten, weil wir es nicht aushalten, mit uns allein zu sein. Wir brauchen das Radio oder Bücher oder das Gespräch mit anderen, das unaufhörliche Geschwätz über dieses und jenes, über Kunst und Kultur. Wir gelangen also zu dem Punkt, an dem wir dieses eigenartige Gefühl der eigenen Abgetrenntheit kennen lernen. Auch wenn wir vielleicht einen sehr guten Beruf ausüben, uns wie verrückt in die Arbeit stürzen, Bücher schreiben: Im Innern ist dieses fürchterliche Vakuum. Wir wollen es füllen, und Abhängigkeit ist eine Möglichkeit, das zu tun. Wir benutzen Abhängigkeit, Amüsement, den Dienst in der Kirchengemeinde, Religion, Alkohol, Frauen und alles mögliche andere, um diese Leere zu füllen oder zuzudecken. Wenn wir erkennen, dass der Versuch, sie zuzudecken, absolut sinnlos, völlig vergeblich ist – nicht nur mit Worten, nicht nur aus Überzeugung und damit aus Zustimmung und Entschlossenheit – wenn wir die totale Absurdität dieses Versuchs wirklich sehen, … dann stehen wir vor einer Tatsache. Es geht nicht um die Frage, wie wir uns von Abhängigkeiten befreien können, das ist keine Tatsache, sondern nur eine Reaktion auf eine Tatsache. … Warum sehe ich nicht der Tatsache ins Auge und schaue, was geschieht?

Nun taucht das Problem mit dem Beobachter und dem Beobachteten auf. Der Beobachter sagt: »Ich bin innerlich leer. Ich mag das nicht«, und läuft davor weg. Er sagt: »Ich bin etwas anderes als die Leere.« Aber der Beobachter ist die Einsamkeit. Es ist nicht so, dass Leere von einem Beobachter wahrgenommen wird. Der Beobachter ist das, was er beobachtet. Wenn das [diese Wahrnehmung] eintritt, findet eine ungeheure Umwälzung im Denken und im Fühlen statt.

An etwas zu hängen ist Flucht

Versuchen Sie einmal, sich Ihrer Konditionierung bewusst zu sein. Sie können sie nur indirekt wahrnehmen, in ihrem Verhältnis zu etwas anderem. Sie können sich Ihrer Konditionierung nicht in Form eines abstrakten Begriffes bewusst sein, denn dann ist das nur ein Wort, ohne große Bedeutung. Wir sind uns nur der Konflikte bewusst. Ein Konflikt besteht, wenn eine Herausforderung und die Antwort darauf nicht miteinander in Einklang stehen. Dieser Konflikt ist die Folge unserer Konditionierung. Konditionierung ist Gebundenheit: Hängen an der Arbeit, an der Tradition, am Besitz, an Menschen, an Vorstellungen und so weiter. Gäbe es Konditionierung, wenn es kein Verhaftetsein gäbe? Natürlich nicht. Warum hängen wir also an etwas? Ich hänge an meinem Land, weil ich durch die Identifikation mit ihm jemand werde. Ich identifiziere mich mit meiner Arbeit, und die Arbeit wird wichtig. Ich bin meine Familie, mein Besitz. Ich hänge an ihnen. Das Objekt, an dem ich hänge, bietet mir die Möglichkeit, meiner eigenen inneren Leere zu entfliehen. An etwas zu hängen ist Flucht, und eben diese Flucht stärkt die Konditionierung.

Allein sein

Allein zu sein, was keine Philosophie der Einsamkeit ist, bedeutet, sich in einem Zustand der Rebellion gegen den gesamten Stand der Dinge in der Gesellschaft zu befinden – nicht nur in dieser Gesellschaft, sondern in der kommunistischen, in der faschistischen, in jeder Form von Gesellschaft mit organisierter Brutalität und organisierter Macht. Und das setzt ein außergewöhnlich klares Erkennen der Auswirkungen von Macht voraus. Haben Sie je Soldaten beim Drill gesehen? Das sind keine Menschen mehr, sondern Maschinen, es sind Ihre Söhne und meine Söhne, die da in der Sonne stehen. Das geschieht hier wie in Amerika, in Russland und überall auf der Welt – nicht nur auf staatlicher Ebene, sondern auch im klösterlichen Bereich, in der Zugehörigkeit zu Klöstern, Orden oder anderen Gruppen, die erstaunlich große Macht ausüben. Und nur ein Mensch, der nichts angehört, kann allein sein. Allein zu sein ist nichts, was man kultivieren kann. Können Sie das sehen? Wenn Sie all das erkennen, sind Sie draußen, und kein Gouverneur oder Präsident wird Sie zum Abendessen einladen. Aus diesem Alleinsein erwächst Demut. Nur dieses Alleinsein kennt die Liebe – nicht die Macht. Der ehrgeizige Mensch, ob religiös oder weltlich, wird nie wissen, was Liebe ist. Wenn man all das sieht, ist man fähig, in innerer Ganzheit zu leben und aus innerer Ganzheit zu handeln.

Verlangen ist immer Verlangen

Um nicht leiden zu müssen, üben wir uns im Loslassen. Da wir vorgewarnt sind, dass es früher oder später Leiden mit sich bringt, wenn wir an etwas hängen, wollen wir davon frei werden. An etwas zu hängen ist befriedigend, aber weil wir den darin enthaltenen Schmerz erkennen, wollen wir uns auf andere Weise Befriedigung verschaffen: durch Loslassen. Loslassen ist dasselbe wie an etwas zu hängen, solange das zur Befriedigung führt. Wir suchen also eigentlich nach Befriedigung – und zwar mit allen Mitteln.

Wir hängen an etwas oder sind davon abhängig, weil es Vergnügen bereitet, Sicherheit gibt, Macht oder ein Gefühl des Wohlbefindens verschafft, obwohl es auch Leid und Angst mit sich bringt. Auch nach dem Loslassen streben wir um unseres Wohlbefindens willen: damit wir nicht verletzt, nicht innerlich verwundet werden. Unser Streben gilt also dem Vergnügen, der Befriedigung. Wir müssen versuchen, diesen Vorgang zu verstehen, ohne zu urteilen oder zu rechtfertigen, denn solange wir ihn nicht verstehen, führt kein Weg aus unserer Verwirrung und inneren Zerrissenheit hinaus. Kann unsere Sehnsucht, unser Verlangen je gestillt werden, oder ist es ein Fass ohne Boden? Ob unser Verlangen nun dem Niedrigen oder dem Höheren gilt, Verlangen ist immer Verlangen, ein loderndes Feuer, und was es verzehren kann, wird bald zu Asche; aber das Verlangen nach Befriedigung bleibt, alles verzehrend, und hört nie auf. An etwas zu hängen und sich lösen zu wollen bindet uns gleichermaßen, und beides muss überwunden werden.

Eine Intensität frei von aller Gebundenheit

Im Zustand der Leidenschaft ohne Ursache ist diese Intensität frei von jeglicher Gebundenheit. Aber wenn Leidenschaft eine Ursache hat, besteht eine Gebundenheit, und mit der Gebundenheit beginnt das Leid. Die meisten von uns hängen an etwas. Wir hängen an einem Menschen, einem Land, einem Glauben oder einer Vorstellung. Und wenn uns das Objekt, an dem wir hängen, genommen wird oder auf andere Weise seine Bedeutung für uns verliert, fühlen wir uns innerlich leer, unvollständig. Diese Leere versuchen wir dann dadurch zu füllen, dass wir uns an etwas anderes klammern, das dann wieder zum Gegenstand unserer Leidenschaft wird.

Beziehungen sind ein Spiegel

Nur in Beziehungen entfaltet sich das Geschehen, das zeigt, was ich bin, nicht wahr? Eine Beziehung ist ein Spiegel, in dem ich mich sehe, wie ich bin. Da aber die meisten von uns nicht mögen, was sie sind, fangen sie an, das, was sie im Spiegel der Beziehung wahrnehmen, im Positiven oder Negativen zu kontrollieren. Das heißt, ich entdecke etwas innerhalb der Beziehung, im Verlauf, in den Auswirkungen der Beziehung, und ich mag es nicht. Also fange ich an, das, was ich nicht mag oder als unangenehm empfinde, zu verändern. Ich will es ändern – und das bedeutet, dass ich bereits eine feste Vorstellung davon habe, was oder wie ich sein sollte. Aber in dem Moment, da ich eine feste Vorstellung davon habe, was ich sein sollte, kann ich nicht verstehen, was ich bin. Sobald ich ein Bild davon habe, wie ich sein möchte oder sein sollte oder nicht sein sollte – einen Maßstab, dem entsprechend ich mich verändern möchte –, gibt es natürlich keine Möglichkeit zu verstehen, was ich in dem Moment bin, in dem ich mit anderen in Beziehung stehe.

Ich denke, es ist wirklich wichtig, das zu verstehen, denn ich glaube, dass die meisten von uns an diesem Punkt in die Irre gehen. Wir wollen nicht wissen, was wir in irgendeinem Moment der Beziehung wirklich sind. Wenn wir nur daran interessiert sind, uns zu verbessern, können wir uns oder das, was ist, nicht verstehen.

Die Funktion von Beziehungen

Beziehungen sind unweigerlich schmerzhaft, was sich im täglichen Leben zeigt. Wenn in einer Beziehung keine Spannung herrscht, ist sie keine Beziehung mehr und wird zu einem angenehmen Schlafzustand, einem Betäubungsmittel – was die meisten auch wollen und bevorzugen. Der Konflikt besteht zwischen diesem Verlangen nach Bequemlichkeit und dem, was tatsächlich ist, zwischen Illusion und Wirklichkeit. Wenn Sie die Illusion als solche erkennen und ablegen, können Sie Ihre Aufmerksamkeit auf das Verstehen der Beziehung richten. Aber wenn Sie Sicherheit in der Beziehung suchen, wird sie zu einer Investition in die Bequemlichkeit, in die Illusion – und das Großartige an einer Beziehung ist ihre Unsicherheit. Strebt man in einer Beziehung nach Sicherheit, kann sie ihre Funktion nicht erfüllen, und das zeitigt seine eigenen sonderbaren Auswirkungen und Katastrophen.

Der Sinn einer Beziehung liegt darin, den Zustand des eigenen Wesens zu offenbaren. Eine Beziehung ist ein Prozess der Selbstenthüllung, der Selbsterkenntnis. Diese Selbstenthüllung ist schmerzhaft und verlangt ständige Anpassung und Beweglichkeit im Denken und Fühlen. Es ist ein schmerzhafter Kampf mit Phasen von Klarheit und Frieden … Aber die meisten von uns vermeiden oder verdrängen die Spannungen in Beziehungen, weil sie die Annehmlichkeit und Bequemlichkeit einer befriedigenden Abhängigkeit, eine Sicherheit ohne Herausforderungen und einen sicheren Hafen bevorzugen. Dann werden die Familie oder andere Beziehungen zu einer Zuflucht für Gedankenlose.

Wenn sich Unsicherheit in die Abhängigkeit einschleicht, was unweigerlich geschieht, wird diese Beziehung fallen gelassen und eine neue in der Hoffnung eingegangen, nun dauerhafte Sicherheit zu finden. Aber es gibt keine Sicherheit in Beziehungen, und so bringt Abhängigkeit nur Angst mit sich. Wenn wir den Zusammenhang zwischen Sicherheit und Angst nicht verstehen, werden unsere Beziehungen zu einem Hindernis, das uns gefangen hält, zu einer fortwährenden Unwissenheit. Dann ist das ganze Dasein Kampf und Schmerz, und es gibt keinen Ausweg, außer im richtigen Denken, welches sich durch Selbsterkenntnis einstellt.

Wie ist wahre Liebe möglich?

Das Bild, dass Sie von einem Menschen haben, das Bild, das Sie von Ihren Politikern haben, dem Premierminister, Ihrem Gott, Ihrer Frau, Ihren Kindern – dieses Bild wird angeschaut. Und dieses Bild ist durch Ihre Beziehung entstanden oder durch Ihre Ängste oder Hoffnungen. Die sexuellen oder anderen Freuden, die Sie mit Ihrer Frau oder Ihrem Mann geteilt haben, die Wut, die Schmeicheleien, der Trost, die Bequemlichkeit und alles, was Ihr Familienleben mit sich bringt – es ist ein schreckliches Leben –, haben in Ihnen ein Bild Ihrer Frau oder Ihres Mannes entstehen lassen. Und mit diesem Bild im Kopf schauen Sie den anderen an. Ihre Frau oder Ihr Mann hat ebenfalls ein Bild von Ihnen. Somit ist die Beziehung zwischen Ihnen und Ihrer Frau, zwischen Ihnen und dem Politiker in Wirklichkeit eine Beziehung zwischen zwei Bildern, nicht wahr? Das ist eine Tatsache. Wie können zwei Bilder, die das Produkt von Gedanken, von Vergnügungen und so weiter sind, Zuneigung oder Liebe füreinander empfinden?

Die Beziehung zwischen zwei Personen, ob sehr nah oder fern, ist eine Beziehung zwischen Bildern, Vorstellungen, Erinnerungen. Und wie kann es darin wahre Liebe geben?

Wir sind, was wir besitzen

Um Beziehung zu verstehen, ist ein passives Gewahrsein notwendig, das die Beziehung nicht zerstört. Im Gegenteil, es macht die Beziehung viel lebendiger, viel bedeutungsvoller. Dann besteht in einer solchen Beziehung die Möglichkeit echter Zuneigung; da ist eine Wärme, ein Gefühl der Nähe, das nicht bloße Sentimentalität oder Sinnlichkeit ist. Und wenn wir uns allem so nähern können, wenn wir zu allem auf diese Weise in Beziehung treten können, werden unsere Probleme leicht zu lösen sein – die Probleme, die mit Eigentum und Besitz einhergehen. Denn wir sind, was wir besitzen. Der Mensch, der Geld besitzt, ist Geld. Der Mensch, der sich mit seinen Besitztümern identifiziert, ist seine Besitztümer oder das Haus oder die Möbelstücke. Genauso ist es mit Ideen und Vorstellungen oder mit Personen. Und wenn wir besitzergreifend sind, besteht keine Beziehung. Aber die meisten von uns wollen etwas besitzen, weil wir nichts anderes haben, wenn wir nichts besitzen. Wir sind leere Hüllen, wenn wir nichts besitzen, wenn wir unser Leben nicht mit Möbeln, mit Musik, mit Wissen, mit diesem oder jenem füllen. Diese Hülle macht eine Menge Lärm, und diesen Lärm nennen wir Leben und sind damit zufrieden. Und wenn es einen Bruch, eine Störung gibt, wenn wir etwas davon verlieren, leiden wir, denn dann sehen wir uns plötzlich, wie wir sind – eine leere Hülle, ohne große Bedeutung. Sich also all dessen bewusst zu sein, was in einer Beziehung enthalten ist, ist bereits Handeln. Und dieses Handeln birgt die Chance zu einer echten Beziehung, die Möglichkeit, ihre große Tiefe, ihre große Bedeutung zu entdecken und zu erkennen, was Liebe ist.

In Beziehung stehen

Ohne Beziehungen gibt es kein Dasein. Zu sein heißt, in Beziehung zu stehen. ... Die meisten von uns scheinen das nicht zu erkennen: dass die Welt aus meinen Beziehungen zu anderen besteht, ob zu einem oder zu vielen. Mein Problem ist ein Beziehungsproblem. Was ich bin, projiziere ich [in die Außenwelt], und wenn ich mich selbst nicht verstehe, zieht sich die Verwirrung in immer größeren Kreisen durch alle meine Beziehungen. Beziehungen kommt also eine außerordentlich große Bedeutung zu, nicht der Beziehung zur so genannten Masse, sondern den Beziehungen zum Kreis meiner Familie und meiner Freunde, wie klein dieser auch sein mag: meine Beziehung zu meiner Frau, meinen Kindern, meinen Nachbarn. In einer Welt der riesigen Organisationen, der Mobilisierung riesiger Menschenmengen, der Massenbewegungen haben wir Angst, im kleinen Maßstab zu handeln. Wir haben Angst, als Einzelne unser eigenes Fleckchen Erde in Ordnung zu bringen. Wir sagen: »Was kann ich allein schon tun? Ich muss mich einer großen Bewegung anschließen, um etwas zu verändern.« Doch das Gegenteil ist der Fall. Echte Umwälzungen finden nicht durch Massenbewegungen statt, sondern durch die innerliche Neubewertung von Beziehungen – das allein ist wirkliche Neugestaltung, ein radikaler, ununterbrochener Wandel. Wir haben Angst, im Kleinen anzufangen. Weil das Problem so umfassend ist, meinen wir, wir müssten mit großen Menschenmassen, mit einer großen Organisation, mit Massenbewegungen dagegen angehen. Zweifellos müssen wir das Problem zunächst im kleinen Rahmen anpacken, und der kleine Rahmen ist das »Ich« und das »Du«. Wenn ich mich selbst verstehe, verstehe ich dich, und aus diesem Verstehen erwächst Liebe. Liebe ist das fehlende Element. Es herrscht ein Mangel an Zuneigung, an Wärme in unseren Beziehungen, und weil wir diese Liebe, diese Zärtlichkeit, diese Großzügigkeit, diese Barmherzigkeit in unseren Beziehungen vermissen, flüchten wir in Massenaktionen, die nur weitere Verwirrung stiften, weiteres Elend mit sich bringen. Wir füllen unsere Herzen mit Plänen für die Verbesserung der Welt und schauen nicht auf die einzige Lösung, und das ist Liebe.

Sie und ich sind das Problem, nicht die Welt

Die Welt ist nicht etwas, das unabhängig von Ihnen oder mir existiert. Die Welt und die Gesellschaft entspricht der Beziehung, die wir zueinander herstellen oder herzustellen versuchen. Sie und ich sind also das Problem, und nicht die Welt, denn die Welt ist ein Abbild von uns selbst, und um die Welt zu verstehen, müssen wir uns selbst verstehen. Diese Welt ist nicht von uns getrennt; wir sind die Welt, und unsere Probleme sind die Probleme der Welt.

Allein leben ist unmöglich

Wir wollen vor unserer Einsamkeit und der mit ihr verbundenen panikartigen Angst flüchten, also machen wir uns voneinander abhängig, wir bereichern unser Leben mit Kameradschaft und so weiter. Wir sind die treibende Kraft, und die anderen werden zu Schachfiguren in unserem Spiel, und wenn sich die Schachfigur umdreht und eine Gegenleistung verlangt, sind wir schockiert und betrübt. Wenn unsere eigene Festung stark ist, ohne einen Schwachpunkt, hat dieser Beschuss von außen kaum Konsequenzen für uns. Die sonderbaren Neigungen, die sich mit zunehmendem Alter zeigen, müssen verstanden und korrigiert werden, solange wir noch zu distanzierter und toleranter Selbstbeobachtung und Selbsterforschung fähig sind. Wir müssen unsere Ängste jetzt beobachten und verstehen. Unsere Energien müssen sich nicht nur auf das Verstehen der äußeren Zwänge und Anforderungen richten, für die wir verantwortlich sind, sondern darauf, uns selbst zu verstehen, unsere Einsamkeit, unsere Ängste, Wünsche, Bedürfnisse und Schwächen.

Niemand kann für sich allein leben, denn alles Leben ist Beziehung. Aber ohne persönliche Beziehung zu leben setzt eine hohe Intelligenz voraus, eine beweglichere und gesteigerte Bewusstheit bei der Entdeckung des eigenen Inneren. Eine einsames Dasein ohne diese klare und mitfließende Bewusstheit stärkt die bereits vorherrschenden Neigungen und führt so zu Unausgeglichenheit, zu verzerrten Wahrnehmungen. Jetzt muss man sich der festgefahrenen und eigenbrötlerischen Gewohnheiten des Denkens und Fühlens bewusst werden, die sich mit zunehmendem Alter zeigen, und man muss sie durch Verstehen beseitigen. Nur innerer Reichtum schenkt Frieden und Freude.

Angstfreiheit

Kann sich der Geist vollkommen frei machen von Angst? Jede Form von Angst führt zur Selbsttäuschung, lässt den Geist abstumpfen, oberflächlich werden. Wo Angst ist, kann offenkundig keine Freiheit sein, und ohne Freiheit kann es überhaupt keine Liebe geben. Und die meisten von uns haben Angst vor irgendetwas: Angst vor der Dunkelheit, Angst vor der öffentlichen Meinung, Angst vor Schlangen, Angst vor körperlichen Schmerzen, Angst vor dem Alter, Angst vor dem Tod. Wir haben buchstäblich Dutzende von Ängsten. Ist es dann möglich, vollkommen frei von Angst zu sein?

Wir können sehen, was die Angst mit jedem von uns macht. Sie bringt uns dazu, zu lügen, sie verdirbt uns auf unterschiedliche Weise und lässt uns geistig verarmen. Es gibt dunkle Winkel in unserem Geist, die nie erforscht und ans Licht gebracht werden können, solange wir Angst haben. Körperlicher Selbstschutz, der instinktive Impuls, sich von einer giftigen Schlange oder einem Abgrund fern zu halten oder zu vermeiden, unter die Straßenbahn zu geraten, ist normal und gesund. Aber ich spreche vom Hang zum psychischen Selbstschutz, der uns Krankheiten, den Tod oder Feinde fürchten lässt. Wenn wir auf irgendeine Weise Erfüllung suchen, sei es in der Malerei, in der Musik oder in Beziehungen, was es auch sein mag – ist immer Angst im Spiel. Es kommt also darauf an, sich dieser inneren Vorgänge bewusst zu werden, die uns ausmachen, sie zu beobachten, etwas darüber herauszufinden, und nicht einfach zu fragen, wie wir die Angst loswerden. Wenn Sie nur die Angst loswerden wollen, werden Sie Mittel und Wege finden, vor ihr zu fliehen, aber so ist Angstfreiheit niemals möglich.

Mit der Angst umgehen

Man hat Angst vor der öffentlichen Meinung, davor, nichts zu erreichen, erfolglos zu sein oder keine Chance zu erhalten, und all das ist immer von einem starken Schuldgefühl begleitet: Man hat etwas getan, was man nicht hätte tun sollen – das Schuldgefühl allein schon beim Handeln –, man ist gesund, und andere sind arm und krank, man hat zu essen, und andere haben nichts. Je mehr der Geist forscht, bohrt und hinterfragt, desto größer das Schuldgefühl, die Beklemmung. ... Angst ist der innere Drang, der uns nach einem Meister, einem Guru suchen lässt. Angst ist der Deckmantel der Ehrbarkeit, die wir alle so sehr lieben – wir lieben es, geachtet zu sein. Sind Sie entschlossen, den Mut aufzubringen, sich den Ereignissen des Lebens zu stellen, oder rationalisieren Sie die Angst einfach weg, oder suchen Sie nach Erklärungen, die den in der Angst gefangenen Geist zufrieden stellen? Wie gehen Sie mit der Angst um? Schalten Sie das Radio ein, lesen Sie ein Buch, gehen Sie in die Kirche, klammern Sie sich an irgendein Dogma oder einen Glauben?

Angst ist die zerstörerische Energie im Menschen. Sie verkrüppelt den Geist, verzerrt das Denken, führt zu allen möglichen raffinierten und spitzfindigen Theorien, absurden abergläubischen Vorstellungen, dogmatischen Haltungen und Überzeugungen. Wenn Sie sehen, dass Angst zerstörerisch ist, wie gehen Sie dann vor, um den Geist davon zu reinigen? Sie sagen, dass Sie durch das Eindringen in die Ursache der Angst frei von ihr würden. Ist das wirklich so? Der Versuch, die Ursache der Angst aufzudecken und zu erkennen, lässt die Angst nicht verschwinden.

Die Tür zum Verstehen

Sie können Angst nicht ohne Verstehen auflösen, ohne wirklich die Beschaffenheit der Zeit, das heißt des Denkens, das heißt des Wortes zu sehen. Daraus ergibt sich die Frage, ob es ein Denken ohne das Wort gibt, ohne das Wort, das ja Erinnerung ist. Ohne das Wesen des menschlichen Geistes, die Regungen des Geistes, den Prozess der Selbsterkenntnis wahrzunehmen einfach zu sagen, dass man frei davon sein muss, macht wenig Sinn. Man muss die Angst im Zusammenhang mit dem gesamten Geist betrachten. Und um all diese Dinge zu sehen und ihnen auf den Grund zu gehen, brauchen Sie Energie. Energie kommt nicht aus der Nahrungsaufnahme – das ist ein Teil der physischen Notwendigkeiten. Aber um sehen zu können – in dem Sinne, in dem ich dieses Wort gebrauche –, brauchen Sie enorme Energie. Und diese Energie wird vergeudet, wenn Sie Wortgefechte führen, Widerstand leisten, urteilen, wenn Sie voll gestopft sind mit Meinungen, die Sie am Schauen, am Sehen hindern – Ihre Energie wird durch all das verbraucht. Wenn Sie nun diese Erkenntnis, dieses Sehen betrachten und überdenken, öffnen Sie wieder die Tür.

Angst lässt uns gehorchen

Warum tun wir das alles – gehorchen, folgen, nachahmen? Warum? Weil wir Angst davor haben, unsicher zu sein. Wir wollen sicher sein – wir wollen finanziell absichert sein, wir wollen moralisch sicher sein – wir wollen anerkannt sein, wollen in einer sicheren Position sein und wollen nie mit Problemen, Schmerz und Leid konfrontiert werden, wir wollen in einem sicheren Gehege leben. Es ist also die Angst, die uns bewusst oder unbewusst dazu bringt, dem Meister, dem Führer, dem Priester, der Regierung zu gehorchen. Angst hält uns auch davon ab, Dinge zu tun, die anderen schaden, denn das würde Bestrafung nach sich ziehen. Hinter all diesen Aktivitäten, Begierden und Bestrebungen lauert also der Wunsch nach Sicherheit. Wenn die Angst nicht aufgelöst wird, wenn man nicht frei von Angst ist, hat es also kaum eine Bedeutung, wenn man gehorcht oder wenn andere einem gehorchen. Es ist aber von großer Bedeutung, diese Angst von Tag zu Tag zu verstehen und zu sehen, wie sie sich auf verschiedene Arten zeigt. Nur wenn wir frei von Angst sind, ist in uns jene Fähigkeit zu verstehen, jene Form des Alleinseins, bei der kein Wissen und keine Erfahrungen angesammelt werden. Nur das schenkt uns außerordentliche Klarheit bei der Beschäftigung mit dem Wirklichen.

Auge in Auge mit der Tatsache

Haben wir Angst vor einer Tatsache oder vor unserer Vorstellung von der Tatsache? Haben wir Angst vor etwas, wie es ist, oder vor dem, was wir *glauben*, wie es sei? Nehmen wir beispielsweise den Tod. Haben wir Angst vor der Tatsache des Todes oder vor unserer Vorstellung vom Tod? Die Tatsache ist eine Sache und die Vorstellung davon eine andere. Fürchte ich mich vor dem Wort »Tod« oder vor der Tatsache selbst? Weil ich Angst vor dem Wort, der Vorstellung habe, verstehe ich nie die Tatsache, schaue ich nie die Tatsache an, bin ich nie in direkter Beziehung mit der Tatsache. Aber nur wenn ich in vollkommener Verbindung mit der Tatsache stehe, ist keine Angst da. Wenn ich nicht mit der Tatsache in Berührung bin, ist die Angst da. Und ich bin nicht in Berührung mit der Tatsache, solange ich eine Vorstellung, eine Meinung, eine Theorie über die Tatsache habe. Ich muss mir also ganz im klaren darüber sein, ob ich Angst vor dem Wort, der Vorstellung oder der Tatsache habe. Wenn ich der Tatsache ins Auge schaue, gibt es nichts darüber zu verstehen: Die Tatsache ist da und ich kann mich damit befassen. Habe ich aber Angst vor dem Wort, muss ich das Wort verstehen und mir viele Gedanken über die Bedeutung des Wortes, des Begriffes machen.

Meine Meinung, meine Vorstellung, meine Erfahrung, mein Wissen über die Tatsache erzeugt die Angst. Solange die Tatsache in Worte gekleidet wird, solange man ihr einen Namen gibt und sie somit identifiziert oder bewertet, solange der Verstand als Beobachter die Tatsache beurteilt, gibt es zwangsläufig Angst. Denken ist das Produkt der Vergangenheit. Es kann nur durch Worte, durch Symbole, durch Bilder existieren. Solange der Verstand die Tatsache betrachtet oder interpretiert, gibt es zwangsläufig Angst.

Mit der Angst in Kontakt kommen

Es gibt physische Angst. Wenn Sie eine Schlange sehen, ein wildes Tier, verspüren Sie instinktiv Angst. Das ist eine normale, gesunde, natürliche Angst. Es ist eigentlich keine Angst, sondern der Wunsch, sich zu schützen – das ist normal. Aber sich psychisch zu schützen – das heißt, der Wunsch, sich immer sicher zu sein – erzeugt Angst. Ein menschlicher Geist, der immer danach strebt, sich sicher zu sein, ist eigentlich tot, denn es gibt keine Sicherheit und Gewissheit im Leben, es gibt keine Dauerhaftigkeit. ... Wenn Sie in direkten Kontakt mit der Angst kommen, laufen bestimmte Nervenreaktionen ab und was sonst noch dazugehört. Und dann, wenn der Geist nicht länger mit Hilfe von Worten oder durch irgendwelche Aktivitäten zu fliehen versucht, gibt es keine Trennung mehr zwischen dem Beobachter und dem, was als Angst beobachtet wird. Nur der Geist, der flieht, trennt sich von der Angst ab. Aber wenn ein direkter Kontakt zur Angst besteht, gibt es keinen Beobachter, niemanden, der sagt: »Ich habe Angst.« In dem Moment, in dem Sie direkt in Kontakt mit dem Leben, mit irgendetwas, sind, existiert keine Trennung – und es ist diese Trennung, die zu Konkurrenzkampf, Ehrgeiz und Angst führt.

Es geht also nicht um die Frage: »Wie wird man frei von Angst?« Wenn Sie nach einem Weg, einer Methode, einem System suchen, um die Angst loszuwerden, werden Sie immer in der Angst gefangen bleiben. Aber wenn Sie die Angst verstehen – was nur möglich ist, wenn Sie direkt mit ihr in Kontakt kommen, so wie Sie in direktem Kontakt mit Ihrem Hunger sind oder wie Sie in direktem Kontakt sind, wenn der Verlust Ihres Arbeitsplatzes droht – dann tun Sie etwas. Nur dann werden Sie feststellen, dass jegliche Angst aufhört – wir meinen jegliche Angst, nicht diese oder jene Angst.

Angst ist die Weigerung, das anzunehmen, was ist

Die Angst sucht sich verschiedene Fluchtwege. Einer der üblichen ist die Identifikation, nicht wahr? Die Identifikation mit dem Vaterland, mit der Gesellschaft, mit irgendeiner Vorstellung. Ist Ihnen schon einmal aufgefallen, wie Sie reagieren, wenn Sie eine Militärparade oder eine religiöse Prozession sehen oder wenn die Gefahr besteht, dass das Land angegriffen wird? Dann identifizieren Sie sich mit Ihrem Land, mit einer Person, einer Ideologie. Zu anderen Zeiten identifizieren Sie sich mit Ihrem Kind, mit Ihrer Frau, mit einer bestimmten Art zu handeln oder nicht zu handeln. Identifikation ist ein Prozess der Selbstvergessenheit. Solange ich mir des »Ich« bewusst bin, weiß ich, dass Schmerz, Kampf und Angst meine ständigen Begleiter sind. Aber wenn ich mich zumindest vorübergehend mit etwas Größerem identifizieren kann, mit etwas Lohnendem, mit Schönheit, mit dem Leben, mit der Wahrheit, mit einem Glauben, mit Wissen, kann ich dem »Ich« zumindest zeitweise entfliehen, nicht wahr? Wenn ich über »mein Land« spreche, vergesse ich mich selbst für eine Weile, nicht wahr? Wenn ich etwas über Gott sagen kann, vergesse ich mich. Wenn ich mich mit meiner Familie identifizieren kann oder mit einer Gruppe, einer bestimmten Partei, einer bestimmten Ideologie, kann ich zeitweise entkommen.

Wissen wir jetzt, was Angst ist? Ist Angst nicht die Weigerung, das anzunehmen, was ist? Wir müssen das Wort »Annehmen« verstehen. So wie ich das Wort gebrauche, meine ich damit nicht das Bemühen, etwas zu akzeptieren. Es ist keine Frage des Akzeptierens, wenn ich wahrnehme oder erkenne, was ist. Wenn ich nicht klar erkenne, was ist, bringe ich den Vorgang der Akzeptierens ins Spiel. Deshalb ist Angst die Weigerung das anzunehmen, was ist.

Die von der Zeit geschaffene Unordnung

Zeit heißt, sich von dem, was ist, hin zu dem zu bewegen, »was sein sollte«. Ich habe Angst, aber eines Tages werde ich frei von der Angst sein, also braucht es Zeit, um angstfrei zu werden – das glauben wir zumindest. Denn von dem, was ist, zu dem, »was sein sollte«, zu kommen, benötigt Zeit. Zeit beinhaltet auch das Bemühen in der Spanne zwischen dem, was ist, und dem, »was sein sollte«. Ich mag die Angst nicht, und ich werde mich bemühen, sie zu verstehen, zu analysieren, auseinander zu nehmen, oder ich werde ihre Ursache aufdecken, oder ich flüchte einfach ganz und gar vor ihr. All das ist mit einem Bemühen meinerseits verbunden – und Bemühen ist etwas, mit dem wir vertraut sind. Wir erleben ständig einen Konflikt zwischen dem, was ist und dem, »was sein sollte«. Das, »was sein sollte«, ist eine Vorstellung, und die Vorstellung ist frei erfunden, sie ist nicht das, »was ich bin«. Letzteres ist die Tatsache, und das, »was ich bin«, kann nur verändert werden, wenn ich die Unordnung erkenne und verstehe, die von der Zeit erzeugt wird.

… Ist es mir also möglich, augenblicklich völlig frei von Angst zu sein? Wenn ich der Angst erlaube fortzubestehen, werde ich ununterbrochen Unordnung schaffen. Das zeigt uns, dass Zeit ein Element der Unordnung ist und nicht ein Mittel, um schließlich und endlich angstfrei zu werden. Es gibt also keinen allmählichen Prozess, durch den man die Angst loswird, so wie man auch das Gift des Nationalismus nicht durch einen allmählichen Prozess loswerden kann. Wenn Nationalismus vorherrscht und Sie sagen, dass alle Menschen eines Tages Brüder sein werden, finden in der Zeitspanne bis dahin Kriege statt, gibt es Hass, Elend und diese fürchterliche Trennung zwischen den Menschen – also schafft Zeit Unordnung.

Wie schaue ich die Wut an?

Ich schaue sie mir offensichtlich als Beobachter an, der wütend ist. Ich sage: »Ich bin wütend.« Im Moment der Wut existiert jedoch kein »Ich«, das »Ich« kommt unmittelbar danach ins Spiel – und das bedeutet Zeit. Kann ich die Tatsache ohne den Faktor Zeit anschauen, der dasselbe ist wie der Gedanke, wie das Wort? Das geschieht, wenn man ohne den Beobachter schaut. Sehen Sie, wohin es mich geführt hat. Ich fange jetzt an, eine Art des Schauens zu erkennen – ein Wahrnehmen ohne Meinung, ohne Schlussfolgerung, ohne Urteil, ohne Wertung. Deshalb erkenne ich, dass »Sehen« ohne Denken, ohne das Wort möglich ist. Der Geist befindet sich also jenseits der Umklammerung der Vorstellungen, des Konflikts der Dualität und all dieser Dinge. Ist es mir also möglich, die Angst nicht als isolierte Tatsache anzuschauen?

Wenn Sie eine Tatsache isoliert betrachten, die nicht die Tür zum ganzen Universum des Geistes geöffnet hat, dann lassen Sie uns zu dieser Tatsache zurückkehren und noch einmal von vorne anfangen, indem wir uns eine andere Tatsache vornehmen, so dass Sie selbst anfangen, diesen erstaunlichen Raum des Geistes zu sehen, so dass Sie den Schlüssel haben, dass Sie die Tür öffnen und dort eindringen können …

… Wenn Sie eine Angst betrachten – die Angst vor dem Tod, die Angst vor dem Nachbarn, die Angst vor Ihrem dominanten Ehepartner, Sie kennen das ganze Problem mit der Dominanz –, wird das die Tür öffnen? Das ist alles, worauf es ankommt – nicht, wie man frei davon wird –, denn in dem Augenblick, wenn man die Tür öffnet, wird die Angst vollkommen weggefegt. Der menschliche Geist ist das Produkt der Zeit, und Zeit ist das Wort – wie außergewöhnlich, darüber nachzudenken! Zeit ist Denken, und das Denken erzeugt Angst. Es ist das Denken, das die Angst vor dem Tod erzeugt. Und es ist die Zeit, die ja das Denken ist, die die ganzen Verwicklungen und Feinheiten der Angst in der Hand hat.

Die Wurzel aller Angst

Das Verlangen, etwas zu werden, verursacht Angst. Etwas zu sein, etwas zu erreichen und damit abhängig zu sein hat Angst zur Folge. Der angstfreie Zustand hat nichts mit Verneinung zu tun, er ist weder das Gegenteil von Angst, noch ist er Mut. Im Verstehen der Ursache der Angst liegt ihr Ende, nicht darin, mutig zu werden, denn alles Werden trägt die Saat der Angst bereits in sich. Die Abhängigkeit von Dingen, Menschen oder Vorstellungen gebiert Angst, und Abhängigkeit entsteht aus Unwissenheit, aus Mangel an Selbsterkenntnis, aus innerer Armut. Angst sät Unsicherheit in Geist und Herz und verhindert Kommunikation und Verstehen. Dadurch, dass wir uns unserer selbst bewusst werden, beginnen wir die Ursache der Angst zu entdecken und somit zu verstehen, und zwar nicht nur die oberflächlichen Ängste, sondern die tief sitzenden ursächlichen und sich anhäufenden Ängste. Angst ist sowohl angeboren als auch erworben. Sie steht immer im Zusammenhang mit der Vergangenheit, und um das Denken und Fühlen davon zu befreien, muss man die Vergangenheit durch die Gegenwart verstehen. Die Vergangenheit will stets die Gegenwart gebären, die zu dem Gedächtnisinhalt wird, der die Identität des »Mich« und »Mein«, des »Ich« bildet. Das Selbst ist die Wurzel aller Angst.

April

Verlangen

♦

Sex

♦

Ehe

♦

Leidenschaft

Es gibt nur das Verlangen

Es gibt kein vom Verlangen getrenntes Wesen; es gibt nur das Verlangen; da ist niemand, der Verlangen hat. Das Verlangen nimmt zu verschiedenen Zeiten unterschiedliche Formen an, je nachdem, welche seiner Interessen im Vordergrund stehen. Die Erinnerung an diese unterschiedlichen Interessen trifft auf das Neue, was zu einem Konflikt führt, und so tritt der Wählende auf den Plan und etabliert sich als ein vom Verlangen getrenntes Wesen. Aber dieses Wesen unterscheidet sich nicht von seinen Eigenschaften. Jenes Wesen, das seine Leere füllen oder seiner Unvollständigkeit und Einsamkeit entfliehen will, ist nichts anderes als das, was es zu meiden sucht. *Es ist dies.* Es kann nicht vor sich selbst weglaufen, es kann nur versuchen, sich selbst zu verstehen. Es *ist* seine eigene Einsamkeit, seine innere Leere, aber solange es diese als etwas von ihm Getrenntes betrachtet, wird es in seiner Selbsttäuschung und seinen endlosen Konflikten gefangen bleiben. Nur wenn dieses Wesen unmittelbar erfährt, dass es seine eigene Einsamkeit ist, kann es von der Angst frei sein. Angst existiert nur in Bezug auf eine Vorstellung, und die Vorstellung ist die Reaktion der Erinnerung in Form von Denken. Denken ist die Folge der Erfahrung, und obwohl es über die Leere nachsinnen und in Bezug auf sie bestimmte Empfindungen haben kann, kann es die Leere nicht direkt kennen. Das Wort »Einsamkeit« mit seinen Erinnerungen an Schmerz und Angst verhindert es, die Einsamkeit von neuem zu erfahren. Das Wort ist die Erinnerung, und wenn das Wort keine Bedeutung mehr hat, entsteht eine ganz andere Beziehung zwischen dem Erfahrenden und dem, was er erfährt. Dann ist es ein direkter Kontakt, er erfolgt nicht über ein Wort, über die Erinnerung. Dann ist der Erfahrende die Erfahrung, und nur dadurch ist Freiheit von Angst möglich.

Das Verlangen verstehen

Wir müssen das Verlangen verstehen, und es ist sehr schwierig, etwas zu verstehen, das so vital, so fordernd und drängend ist, denn die Erfüllung des Verlangens bringt die Leidenschaft mit ihrer Lust und ihrem Schmerz mit sich. Und wenn man das Verlangen verstehen will, darf man nicht wählen. Man kann das Verlangen nicht als gut oder schlecht, edel oder unedel bewerten oder sagen: »Dieses Verlangen will ich behalten und jenes nicht.« All das muss man beiseite tun, wenn man die Wahrheit des Verlangens – seine Schönheit, seine Hässlichkeit oder was auch immer – entdecken will.

Das Verlangen muss verstanden werden

Lassen Sie uns mit der Betrachtung des Verlangens fortfahren. Wir kennen doch das Verlangen, das in sich widersprüchlich, quälend ist, das uns in verschiedene Richtungen zieht? Wir kennen den Schmerz, die Aufgewühltheit, die Beklemmung, die das Verlangen begleiten, und seine Disziplinierung und Beherrschung. Und in unserem endlosen Kampf mit ihm verzerren und verformen wir es bis zur Unkenntlichkeit, aber es ist da, ständig auf der Lauer, wartend, drängend. Sie können machen, was Sie wollen, Sie können es sublimieren, davor weglaufen, es leugnen oder akzeptieren, sich ihm völlig ausliefern – es ist immer da. Und wir wissen, wie uns die spirituellen Lehrer und andere gesagt haben, dass wir wunschlos sein sollen, dass wir uns im Loslassen üben sollen, frei von Verlangen sein sollen – was wirklich absurd ist, denn das Verlangen muss verstanden und nicht zerstört werden. Wenn Sie das Verlangen zerstören, können Sie gleich das Leben zerstören. Und wenn Sie das Verlangen verfälschen, formen, kontrollieren, beherrschen oder unterdrücken, so zerstören Sie vielleicht etwas außerordentlich Schönes.

Das Wesen des Verlangens

... Was geschieht, wenn Sie das Verlangen nicht verurteilen, nicht als gut oder schlecht bewerten, sondern einfach nur bewusst wahrnehmen? Ich frage mich, ob Sie wissen, was es bedeutet, irgendetwas bewusst wahrzunehmen. Die meisten von uns nehmen Dinge nicht wirklich wahr, weil sie so daran gewöhnt sind, zu verdammen, zu beurteilen, zu werten, sich zu identifizieren, auszuwählen. Auswählen verhindert offensichtlich Bewusstheit, weil Auswählen immer die Folge eines Konflikts ist. Sich des Raumes bewusst zu sein, den man betritt, der Möbel, des Teppichs oder dass er fehlt und so weiter – es einfach zu sehen, sich all dessen bewusst zu sein, ohne irgendein Urteil, eine Wertung –, das ist sehr schwierig. Haben Sie je versucht, einen Menschen, eine Blume, eine Vorstellung, ein Gefühl zu betrachten, ohne auszuwählen, ohne jegliches Urteil?

Und wenn man dasselbe mit dem Verlangen macht, wenn man damit lebt – es nicht verleugnet oder sagt: »Was soll ich mit diesem Verlangen machen. Es ist so hässlich, so zügellos, so aggressiv?«, es nicht benennt, nicht mit einem Symbol verbindet, nicht mit einem Wort zudeckt – ist es dann immer noch so beunruhigend? Ist es dann etwas, das man loswerden oder zerstören muss? Wir wollen es zerstören, weil ein Wunsch mit einem anderen kollidiert, was zu Konflikten, Nöten und Widersprüchen führt. Und man kann beobachten, wie man versucht, diesem unaufhörlichen Konflikt zu entkommen. Kann man also das Verlangen in seiner Ganzheit wahrnehmen? Mit Ganzheit meine ich nicht einen oder viele Wünsche, sondern das Wesen des Verlangens an sich.

Warum sollte man keinen Spaß haben?

Sie sehen einen herrlichen Sonnenuntergang, einen herrlichen Baum, einen breiten, gewundenen Fluss oder ein schönes Gesicht, und der Anblick entzückt Sie, bereitet Ihnen großes Vergnügen. Was ist verkehrt daran? Mir scheint, dass die Verwirrung und das Leiden einsetzen, wenn dieses Gesicht, diese Wolke, dieser Berg zu einer Erinnerung wird, und diese Erinnerung dann nach mehr Dauerhaftigkeit des Vergnügens verlangt. Wir wollen, dass sich solche Dinge wiederholen. Das kennen wir alle. Etwas hat mir großes Vergnügen bereitet, oder Sie haben sich über etwas gefreut, und wir wollen, dass es sich wiederholt. Ob es sich dabei um sexuelle Freuden, Kunstgenuss, intellektuelles Vergnügen oder etwas ganz anderes handelte, wir wollen, dass es sich wiederholt, und ich glaube, das ist der Punkt, an dem das Vergnügen anfängt, den Geist zu vernebeln und falsche Werte schafft, keine wirklichen.

Es geht also darum, das Vergnügen zu verstehen, und nicht, es loszuwerden – das ist zu dumm. Niemand kann das Vergnügen loswerden. Aber es ist sehr wichtig, sein Wesen und seine Beschaffenheit zu verstehen, denn wenn das Leben nur aus Vergnügen besteht, wenn man das will, dann ist es mit Leid und Verwirrung verbunden, mit den Illusionen, den falschen Werten, die wir schaffen, und dann kann es keine Klarheit geben.

Eine gesunde, normale Reaktion

… Ich muss herausfinden, warum das Verlangen eine solche Macht in meinem Leben hat. Es mag in Ordnung sein oder nicht. Ich muss es herausfinden. Ich erkenne das. Ein Verlangen macht sich bemerkbar, und das ist eine Reaktion, eine gesunde, normale Reaktion, andernfalls wäre ich tot. Ich sehe etwas Schönes, und ich sage: »Meine Güte, das möchte ich haben.« Täte ich das nicht, wäre ich bereits tot. Aber das ständige Streben danach verursacht Schmerz. Das ist mein Problem, dass es neben Vergnügen auch Schmerz gibt. Ich sehe eine sehr schöne Frau, und es wäre absurd zu sagen: »Nein, sie ist nicht schön.« Es ist eine Tatsache. Aber was gibt dem Vergnügen Dauer? Eindeutig das Denken, daran zu denken. …

Ich denke darüber nach. Es ist nicht mehr die direkte Beziehung zum Objekt – das Verlangen –, sondern das Denken verstärkt nun dieses Verlangen, indem es über das Objekt nachdenkt, indem es Bilder, Vorstellungen erzeugt. …

Das Denken mischt sich ein und sagt: »Bitte, du musst das haben. Das lässt dich wachsen. Das ist wichtig. Das ist nicht wichtig. Das ist entscheidend für dein Leben. Das ist nicht entscheidend für dein Leben.«

Aber ich kann es auch betrachten und ein Verlangen verspüren, und dabei bleibt es – ohne dass sich das Denken einmischt.

Kleine Dinge loslassen

Haben Sie je versucht, auf ein Vergnügen freiwillig, ohne sich zu zwingen, zu verzichten, ihm gegenüber zu sterben? Normalerweise wollen Sie nicht sterben, wenn es so weit ist. Der Tod kommt und nimmt Sie mit sich fort. Das ist kein freiwilliger Akt, außer beim Selbstmord. Aber haben Sie je versucht, freiwillig, leichten Herzens zu sterben? Haben Sie je dieses Gefühl verspürt, das man hat, wenn man ein Vergnügen aufgibt? Offensichtlich nicht! Im Moment sind es Ihre Ideale, Ihre Vergnügungen, Ihre Ambitionen, die dem Leben eine so genannte Bedeutung verleihen. Leben ist Lebendigkeit, Überfluss, Fülle, sich Überlassen. Es ist nicht das Gefühl, dass das »Ich« eine Bedeutung hat. Da ist nur der Verstand aktiv. Wenn Sie damit experimentieren, kleine Dinge loszulassen – dann ist das schon genug. Einfach auf kleine Vergnügungen zu verzichten – leichten Herzens, mühelos, mit einem Lächeln –, das reicht schon, denn dann werden Sie feststellen, dass Ihr Geist auf viele Dinge verzichten kann, allen Erinnerungen gegenüber sterben kann. Maschinen übernehmen bereits die Funktionen des Gedächtnisses – die Computer –, aber der menschliche Geist ist mehr als eine rein mechanische Gewohnheit des Assoziierens und Erinnerns. Doch er kann nicht dieses Andere sein, wenn er nicht allem gegenüber stirbt, was er kennt und weiß.

Um die Wahrheit all dessen erkennen zu können, ist ein junger Geist unabdingbar, ein Geist, der nicht nur im Bereich der Zeit arbeitet. Der junge Geist stirbt gegenüber allem. Können Sie diese Wahrheit unmittelbar erkennen, unmittelbar spüren? Vielleicht erkennen Sie nicht ihre ganze außerordentliche Bedeutung, die ungeheuer feinen Einzelheiten, die Schönheit dieses Sterbens, den Reichtum, der damit verbunden ist, aber schon dadurch, dass Sie zuhören, wird der Samen gesät und die Bedeutung dieser Worte schlägt Wurzeln – nicht nur an der Oberfläche, auf der Ebene des Bewussten, sondern auch in allen Schichten des Unbewussten.

Sex

Sex ist ein Problem, weil das Selbst in diesem Akt vollkommen abwesend zu sein scheint. In dem Moment sind Sie glücklich, weil das Ichbewusstsein aufhört, weil Ihr »Ich« verschwunden ist. Und da man sich mehr davon wünscht – mehr von diesem Zustand der Selbstvergessenheit, in dem man ohne Vergangenheit oder Zukunft vollkommen glücklich ist –, da man nach diesem vollkommenen Glück der totalen Verschmelzung, Vereinigung verlangt, wird dies natürlich ungeheuer wichtig. Ist es nicht so? Weil es etwas ist, das mir ungetrübte Freude, völlige Selbstvergessenheit schenkt, will ich immer mehr davon. Und warum will ich mehr davon? Weil ich ansonsten überall Konflikte habe, überall, in allen anderen Lebensbereichen wird das Selbst gestärkt. Überall, im wirtschaftlichen, gesellschaftlichen, religiösen Bereich, bläst sich das Ichbewusstsein immer mehr auf, und das bedeutet Konflikt. Schließlich sind Sie sich Ihrer selbst nur bewusst, wenn ein Konflikt besteht. Das eigentliche Wesen des Ichbewusstseins ist eine Folge des Konfliktzustandes. …

Sex ist also nicht das Problem. Die Frage ist vielmehr, wie man frei vom Selbst sein kann. Sie haben einen Geschmack von jenem Seinszustand bekommen, in dem das Selbst nicht existiert, und sei es auch nur für ein paar Sekunden oder nur für einen Tag. Und wo das Selbst ist, ist Konflikt, Leid, Streit. Also ist da ein ständiges Verlangen nach mehr von diesem ichlosen Zustand.

Die absolute Flucht

Was meinen wir, wenn wir vom Problem mit dem Sex sprechen? Ist es der Akt, oder sind es die Gedanken über den Akt? Es ist sicherlich nicht der Akt an sich. Der sexuelle Akt ist für Sie ebenso wenig ein Problem wie das Essen, aber wenn Sie den ganzen Tag über ans Essen oder irgendetwas anderes denken, weil Sie nichts anderes haben, an das Sie denken können, wird es für Sie zu einem Problem. ... Warum bauschen Sie die Sache auf, was Sie ja offensichtlich tun? Filme, Zeitschriften, Artikel, die Kleidung der Frauen, alles regt Sie dazu an, an Sex zu denken. Und warum bauscht der Geist diese Sache auf, warum denkt er überhaupt über Sex nach? Warum, meine Damen und Herren? Es ist Ihr Problem. Warum? Warum ist Sex zu einem zentralen Thema in Ihrem Leben geworden? Es gibt doch so viele andere Dinge, die Ihre Aufmerksamkeit fordern, aber Sie sind ganz mit Ihren Gedanken an Sex beschäftigt. Was ist da los, warum beschäftigt das Ihren Geist so stark? Weil es die absolute Fluchtmöglichkeit ist, nicht wahr? Es ist eine Möglichkeit, sich selbst vollkommen zu vergessen. Für diese kurze Zeit, zumindest für den Augenblick, können Sie sich selbst vergessen – und es gibt keine andere Möglichkeit, sich selbst zu vergessen. Alles andere, alles, was Sie in Ihrem Leben tun, stärkt das »Ich«, das Selbst. Ihr Beruf, Ihre Religion, Ihre Götter, Ihre Führer, Ihr politisches und wirtschaftliches Handeln, Ihre Fluchtwege, Ihre gesellschaftlichen Aktivitäten, Ihr Eintritt in eine Partei und Ihre Ablehnung einer anderen – all das betont und stärkt das »Ich«. ... Wenn es nur eine einzige Sache in Ihrem Leben gibt, die Ihnen einen Weg zur absoluten Flucht bietet, die Möglichkeit, sich selbst völlig zu vergessen, und sei es auch nur für ein paar Sekunden, dann klammern Sie sich daran, weil das der einzige Moment ist, in dem Sie glücklich sind. ...

Sex wird also zu einem äußerst schwierigen und komplexen Problem, solange Sie den Geist, der über das Problem nachdenkt, nicht verstehen.

Wir haben die Sexualität zu einem Problem gemacht

Warum verwandeln wir alles, was wir berühren, in ein Problem? ... Warum ist Sex zu einem Problem geworden? Warum sind wir bereit, mit Problemen zu leben? Warum setzen wir Ihnen kein Ende? Warum lassen wir unsere Probleme nicht los, anstatt sie Tag für Tag, Jahr für Jahr mit uns herumzuschleppen? Natürlich ist Sex ein wichtiges Thema, auf das ich gleich noch näher eingehen werde, aber die wichtigste Frage ist doch: Warum machen wir das Leben zu einem Problem? Arbeiten, Sex, Geld verdienen, Denken, Fühlen, Erfahren, eben all das, womit wir uns im Leben beschäftigen – warum ist es ein Problem? Liegt das nicht im Wesentlichen daran, dass wir die Dinge immer von einem bestimmten Standpunkt aus betrachten? Unser Denken ist immer von einem Zentrum zur Peripherie hin ausgerichtet, aber die Peripherie ist für die meisten von uns das Zentrum, und so berühren wir von allem immer nur die Oberfläche. Aber das Leben ist nicht oberflächlich. Es fordert von uns, vollständig zu leben. Da wir jedoch nur oberflächlich leben, kennen wir nur oberflächliche Reaktionen. Alles, was wir an der Peripherie tun, muss unweigerlich zu Problemen führen, und das ist unser Leben – wir leben an der Oberfläche, und wir geben uns damit zufrieden, dort mit all den damit verbundenen Problemen zu leben. Probleme existieren also, solange wir an der Oberfläche, an der Peripherie leben – wobei die Peripherie das »Ich« mit seinen Gefühlsregungen ist, das nach außen verlagert oder subjektiviert werden kann, das sich mit dem Universum identifizieren kann, mit dem Vaterland oder mit irgendetwas anderem, was sich der Geist ausgedacht hat. Solange wir also in den Grenzen des menschlichen Geistes leben, muss es Komplikationen geben, muss es Probleme geben. Und das ist alles, was wir kennen.

Was verstehen Sie unter Liebe?

Liebe ist das, worüber man nichts wissen kann. Sie kann nur wahr werden, wenn das Bekannte verstanden und überschritten wird. Nur wenn der Geist frei vom Bekannten ist, wird es Liebe geben. Wir müssen uns der Liebe also verneinend [durch Ausschließen dessen, was sie nicht ist] nähern und nicht positiv [durch Bestimmen dessen, was sie ist].

Was ist für die meisten von uns Liebe? Wenn wir lieben, steckt darin immer Besitzergreifen, Dominanz oder Unterwerfung. Dieses Besitzen bringt Eifersucht und Verlustangst mit sich, und diesen Besitzerinstinkt legalisieren wir. Besitzergreifen führt zu Eifersucht und den vielen anderen Konflikten, die wir zur Genüge kennen. Besitzergreifen hat also nichts mit Liebe zu tun. Liebe ist auch nicht sentimental. Sentimental und emotional zu sein schließt Liebe aus. Sensibilität und Emotionen sind lediglich Gefühlsaufwallungen.

... Aber allein die Liebe kann Irrsinn, Verwirrung und Streit überwinden. Kein System, keine Theorie, weder aus der linken noch aus der rechten Ecke, kann dem Menschen Frieden und Glück bringen. Wo Liebe ist, gibt es kein Besitzdenken und keinen Neid, sondern Barmherzigkeit und Mitgefühl, und zwar nicht bloß theoretisch, sondern ganz konkret – für Ihre Frau und für Ihre Kinder, für Ihren Nachbarn und für Ihre Hausangestellten. ... Allein die Liebe kann Erbarmen und Schönheit, Ordnung und Frieden hervorbringen. Die Liebe mit all ihren Segnungen ist da, wenn »Sie« nicht mehr da sind.

So lange wir besitzen, können wir nicht lieben

Wir kennen Liebe als Erregung der Gefühle, nicht wahr? Wenn wir sagen, dass wir lieben, kennen wir gleichzeitig Eifersucht, Angst und Sorge. Wenn Sie sagen, dass Sie jemanden lieben, gehört all das dazu: Eifersucht, der Wunsch, den anderen zu besitzen, zum Eigentum zu machen, zu beherrschen, die Verlustangst und so weiter. All das nennen wir Liebe, denn wir kennen keine Liebe ohne Angst, ohne Neid, ohne Besitzen. Wir machen lediglich viele Worte um jenen Zustand der Liebe, der frei von Angst ist. Wir nennen diese Liebe überpersönlich, rein, göttlich oder Gott weiß was. Tatsache ist jedoch, dass wir eifersüchtig, herrschsüchtig, besitzergreifend sind. Wir werden jenen Zustand der Liebe nur kennen lernen, wenn Eifersucht, Neid, Besitzergreifen, Dominieren ein Ende haben. Solange wir besitzen wollen, können wir nicht lieben. ... Wann denken Sie an die Person, die Sie lieben? Sie denken an sie, wenn sie dahingegangen ist, wenn sie weg ist, wenn sie Sie verlassen hat. ... Sie vermissen den Menschen, von dem Sie sagen, dass Sie ihn lieben, also nur, wenn Sie beunruhigt sind, wenn Sie leiden, aber solange Sie diese Person besitzen, brauchen Sie nicht an sie zu denken, denn Besitzen beruhigt ...

Die Gedanken kommen, wenn Sie beunruhigt sind – und Sie müssen zwangsläufig beunruhigt sein, solange ihre Gedanken das sind, was Sie Liebe nennen. Liebe kommt ganz sicher nicht aus dem menschlichen Geist, und weil die Dinge des menschlichen Geistes den Raum in unserem Herzen eingenommen haben, haben wir keine Liebe. Die Dinge des menschlichen Geistes sind Eifersucht, Neid, Ehrgeiz, der Wunsch, jemand zu sein, Erfolg zu haben. Diese Dinge füllen Ihr Herz, und dann sagen Sie, dass Sie lieben. Aber wie können Sie lieben, wenn Sie all diese verwirrenden Elemente in sich tragen? Wie kann eine reine Flamme da sein, wenn es qualmt?

Liebe ist keine Pflicht

Wenn Liebe da ist, gibt es keine Pflicht. Wenn Sie Ihre Frau lieben, teilen Sie alles mit ihr – Ihren Besitz, Ihre Sorgen, Ihre Ängste, Ihre Freude. Sie beherrschen sie nicht. Sie sind nicht der Mann, und sie ist nicht die Frau, die man benutzt und dann wegwirft, wie eine Art Gebärmaschine, die dafür sorgen soll, dass Ihr Name erhalten bleibt. Wenn Liebe da ist, wird das Wort »Pflicht« bedeutungslos. Nur ein Mensch ohne Liebe im Herzen spricht von Rechten und Pflichten, und in diesem Land sind Pflichten und Rechte an die Stelle der Liebe getreten. Regeln und Vorschriften sind wichtiger geworden als die Wärme der Zuneigung. Wenn Liebe da ist, ist das Problem einfach. Wenn keine Liebe da ist, wird das Problem sehr kompliziert. Wenn ein Mann seine Frau und seine Kinder liebt, kann er unmöglich im Sinne von Pflichten und Rechten denken. Prüfen Sie Ihr eigenes Herz und Ihren Geist, meine Herren. Ich weiß, Sie gehen mit einem Lachen darüber hinweg, das ist einer der Tricks der Gedankenlosen – über etwas zu lachen und es beiseite zu schieben. Ihre Frau teilt nicht Ihre Verantwortung, Ihre Frau hat keinen Anteil an Ihrem Vermögen, Ihr gehört nicht die Hälfte von allem, was Sie besitzen, weil Sie eine Frau als weniger wertvoll betrachten als sich selbst, als jemanden, den man sich hält und nach Belieben zur Befriedigung der eigenen sexuellen Wünsche benutzt, wenn einem danach ist. Deshalb haben Sie die Worte »Rechte« und »Pflichten« erfunden. Und wenn die Frau dagegen rebelliert, hauen Sie ihr diese Worte um die Ohren. Eine stagnierende Gesellschaft, eine verfallende Gesellschaft spricht von Pflichten und Rechten. Wenn Sie wirklich Ihr Herz und ihren Geist prüfen, werden Sie feststellen, dass Sie nicht lieben.

Eine Sache des menschlichen Geistes

Was wir Liebe nennen, ist eine Sache des menschlichen Geistes. Schauen Sie sich einmal selbst an, meine Damen und Herren, und Sie werden sehen, dass das, was ich sage, offenkundig wahr ist. Andernfalls wäre unser Leben, wären unsere Ehen, unsere Beziehungen völlig anders. Wir hätten eine neue Gesellschaft. Wir binden uns an einen anderen Menschen nicht, indem wir miteinander verschmelzen, sondern durch einen Vertrag, den wir Liebe und Ehe nennen. Liebe verschmilzt nicht, passt sich nicht an – sie ist weder persönlich noch unpersönlich, sie ist ein Seinszustand. Der Mensch, der mit etwas Größerem verschmelzen will, der sich mit einem anderen vereinigen will, meidet Leid und Verwirrung, aber der Geist befindet sich immer noch im Zustand der Trennung, und das bedeutet inneren Zerfall. Liebe kennt weder Verschmelzen noch das Gegenteil davon, sie ist weder persönlich noch unpersönlich, sie ist ein Seinszustand, in den der menschliche Geist niemals gelangen kann. Er kann ihn beschreiben, ihm einen Begriff zuordnen, einen Namen geben, aber das Wort, die Beschreibung ist nicht Liebe. Nur wenn der Geist ganz still wird, kann er erkennen, was Liebe ist, aber man kann diesen Zustand der Stille nicht kultivieren.

Wenn man ans Heiraten denkt

Wir versuchen, das Problem der Ehe zu verstehen, zu der ja eine sexuelle Beziehung, Liebe, Kameradschaft und Verbundenheit gehören. Wenn es an Liebe mangelt, wird eine Ehe zu etwas Schändlichem, nicht wahr? Dann verkommt sie zur reinen Bedürfnisbefriedigung. Zu lieben ist eines der schwierigsten Unterfangen, oder nicht? Liebe kann nur zum Vorschein kommen, kann überhaupt nur existieren, wenn das Selbst abwesend ist. Ohne Liebe wird eine Beziehung zur Qual. Wie befriedigend oder oberflächlich sie auch sein mag, sie wird zu einer langweiligen Routineangelegenheit, zu einer Gewohnheit mit allem, was damit verbunden ist. Dann erhalten sexuelle Probleme ein ungeheures Gewicht. Wenn man darüber nachdenkt, ob heiraten nun notwendig ist oder nicht, muss man zuerst einmal verstehen, was Liebe ist. Zweifellos ist Liebe keusch und rein. Ohne Liebe können Sie nicht keusch sein. Vielleicht leben Sie als Mann oder Frau im Zölibat, aber das hat nichts mit Keuschheit oder mit Reinheit zu tun, wenn keine Liebe da ist. Wenn Sie ein Ideal der Keuschheit haben, das heißt, wenn Sie keusch werden wollen, hat das ebenfalls nichts mit Liebe zu tun, denn es geht nur um den Wunsch, etwas zu werden, was Sie als edel betrachten, oder was Ihnen Ihrer Meinung nach helfen wird, die Wirklichkeit zu entdecken. Das hat überhaupt nichts mit Liebe zu tun. Zügellosigkeit ist nicht keusch, sie bringt nur Erniedrigung und Elend mit sich. Dasselbe gilt für das Streben nach einem Ideal. Beide Wege schließen Liebe aus, bei beiden geht es nur darum, etwas zu werden, in etwas zu schwelgen, und deshalb werden Sie wichtig. Und wo Sie wichtig sind, ist keine Liebe da.

Liebe kann sich nicht anpassen

Liebe hat nichts mit dem menschlichen Geist zu tun, oder? Liebe ist auch nicht nur der sexuelle Akt, nicht wahr? Liebe ist etwas, das der menschliche Geist unmöglich erfassen kann. Liebe ist etwas, das sich nicht in Worte fassen lässt. Aber Sie gehen Beziehungen ohne Liebe ein, Sie heiraten ohne Liebe. Und dann, in dieser Ehe, »passen sie sich aneinander an«. Eine schöne Redensart! Sie passen sich aneinander an, und das ist ebenfalls ein intellektueller Prozess, nicht wahr? ... Diese Anpassung ist eindeutig ein Denkvorgang. Das gilt für alle Anpassungen. Aber Liebe kann sich ganz sicher nicht anpassen. Sie wissen doch, oder etwa nicht, dass es keine »Anpassung« gibt, wenn Sie einen anderen Menschen lieben. Es findet nur eine vollkommene Vereinigung statt. Nur wenn keine Liebe da ist, beginnen wir uns anzupassen. Und diese Anpassung nennen wir Ehe. Und deshalb scheitert die Ehe, weil sie selbst die Quelle des Konflikts ist, ein Kampf zwischen zwei Menschen. Das ist ein außerordentlich vielschichtiges Problem, wie alle Probleme, aber in diesem Fall ist es noch schwieriger, weil die Lust und die Triebe so stark sind. Daher kann ein Mensch, der sich nur anpasst, nie keusch sein. Ein Mensch, der sein Glück im Sex sucht, kann nie einen reinen Geist haben. Auch wenn es vielleicht in jenem Akt vorübergehend zu einer Selbstverleugnung oder Selbstvergessenheit kommt, lässt bereits das Streben nach diesem Glück, das aus dem menschlichen Geist kommt, diesen Geist unrein werden. Keuschheit, Reinheit zeigt sich nur dort, wo Liebe ist.

Lieben heißt rein sein

Das sexuelle Problem ist kein einfaches Problem und kann nicht auf der Ebene gelöst werden, auf der es entsteht. Der Versuch, es auf der rein biologischen Ebene zu lösen, ist absurd. Und wenn man sich ihm über die Religion nähert oder versucht, es so zu lösen, als ginge es dabei bloß um physische Anpassung, um die Hormone, oder wenn man es tabuisiert und verdammt, dann ist das alles ziemlich unreif, kindisch und dumm. Dieses Problem erfordert höchste Intelligenz. Sich selbst in der Beziehung zu einem anderen Menschen zu verstehen erfordert eine viel beweglichere und feinsinnigere Intelligenz als das Verstehen der Natur. Aber wir wollen ohne Intelligenz verstehen. Wir wollen eine sofortige Wirkung sehen, eine unmittelbare Lösung, und das Problem wird immer gewichtiger. … Liebe ist nicht bloß Denken. Gedanken sind nur die äußerlichen Aktivitäten des Gehirns. Liebe ist etwas viel Tieferes, viel Tiefgründigeres, und die Tiefgründigkeit des Lebens kann nur in der Liebe entdeckt werden. Ohne Liebe ist unser Leben bedeutungslos – und das ist der traurige Teil unserer Existenz. Wir altern und bleiben dabei unreif. Unsere Körper werden alt, fett und hässlich, und wir bleiben ahnungslos. Obwohl wir davon lesen und reden, haben wir nie den Duft des Lebens kennen gelernt. Bloßes Lesen und Reden weist auf einen absoluten Mangel an jener Herzenswärme hin, die das Leben reich macht. Und ohne diese Qualität der Liebe kann man machen, was man will; man kann sich jeder Gesellschaft anschließen, jedes Gesetz erlassen, aber man wird dieses Problem nicht lösen. Zu lieben bedeutet, rein zu sein.

Der Intellekt allein ist nicht keusch, nicht rein. Ein Mensch, der versucht, im Denken keusch zu sein, ist unkeusch, denn er hat keine Liebe. Nur ein Mensch, der liebt, ist keusch und rein und kann nicht verdorben werden.

Ständiges Denken ist Energieverschwendung

Das Leben der meisten von uns besteht aus Mühsal und Kampf. Und die Anstrengung, der Kampf, die Mühsal sind reine Energieverschwendung. Zu allen Zeiten im Lauf der Geschichte hat der Mensch behauptet, man müsse, um die Wirklichkeit oder Gott – oder wie er es auch nennen mag – zu finden, im Zölibat leben. Das heißt, man legt ein Keuschheitsgelübde ab, unterdrückt und kontrolliert sein Verlangen und kämpft sein Leben lang gegen sich selbst, um das Gelübde einzuhalten. Stellen Sie sich einmal diese Energieverschwendung vor! Schwelgerei ist ebenfalls Energieverschwendung, und sie erhält eine viel größere Bedeutung, wenn man sein Verlangen unterdrückt. Die Anstrengung, die es kostet, das eigene Verlangen zu unterdrücken, zu kontrollieren und zu verleugnen, verzerrt das Denken, und diese Verzerrung gibt Ihnen ein gewisses Gefühl von Enthaltsamkeit, das sie hart macht. Bitte hören Sie aufmerksam zu. Beobachten Sie das bei sich selbst, und beobachten Sie die Menschen um sich herum. Und beobachten Sie diese Energieverschwendung, diesen Kampf. Nicht die Begleiterscheinungen des Sex, nicht der eigentliche Akt ist eine Energieverschwendung, sondern die Wunschvorstellungen, die Bilder, das Vergnügen – die ständigen Gedanken daran sind es. Und die meisten Menschen verschwenden ihre Energie entweder durch Verleugnung oder durch ein Keuschheitsgelübde oder indem sie ständig daran denken.

Der Idealist kann nicht erfahren, was Liebe ist

Diejenigen, die versuchen, enthaltsam zu leben, um Gott zu finden, sind unkeusch, weil sie nach einem Resultat oder Gewinn streben und so die Sexualität durch das Ziel, das Resultat ersetzen – was aus Angst geschieht. In Ihren Herzen ist keine Liebe und kann auch keine Reinheit sein, aber nur ein reines Herz ist fähig, die Wirklichkeit zu entdecken. Ein diszipliniertes Herz, ein unterdrücktes Herz kann nicht erfahren, was Liebe ist. Es kann die Liebe nicht kennen, wenn es in Gewohnheiten gefangen ist, in starken Empfindungen – religiösen oder körperlichen, psychischen oder sinnlichen. Der Idealist ist ein Nachahmer, und deshalb kann er nicht lieben. Er kann nicht großzügig sein, kann sich nicht vollkommen hingeben, ohne an sich selbst zu denken. Nur wenn Geist und Herz von der Last der Angst befreit sind, von der Routine der gewohnten Empfindungen, nur wenn Großzügigkeit und Mitgefühl da sind, ist Liebe da. Solche Liebe ist keusch, ist rein.

Die Leidenschaft verstehen

Ist das ein religiöses Leben, wenn man sich selbst bestraft? Ist die Kasteiung des Körpers oder des Geistes ein Zeichen für tiefes Verstehen? Ist Selbstquälerei ein Weg zur Wahrheit? Hat Keuschheit etwas mit Verleugnung zu tun? Glauben Sie, dass Entsagung Sie weiterbringen wird? Glauben Sie wirklich, Frieden ließe sich über Konflikte erreichen? Sind nicht die Mittel ungleich wichtiger als das Ziel? Das Ziel mag irgendwann sein, aber die Mittel sind jetzt. Die Realität, das, was ist, muss verstanden werden, es darf nicht durch feste Absichten, Ideale und schlaues Rationalisieren unterdrückt werden. Leid ist nicht der Weg zum Glück. Das, was wir Leidenschaft nennen, muss verstanden und nicht unterdrückt oder sublimiert werden, und es ist nicht gut, einen Ersatz dafür zu suchen. Was Sie auch tun, welchen Kunstgriff Sie sich auch einfallen lassen – es wird nur verstärken, was nicht geliebt und verstanden wurde. Das zu lieben, was wir Leidenschaft nennen, bedeutet, sie zu verstehen. Lieben heißt, in direkter, enger Verbindung zu sein. Und Sie können nicht etwas lieben, wenn Sie es eigentlich ablehnen, bestimmte Vorstellungen oder Meinungen darüber haben. Wie können Sie die Leidenschaft lieben und verstehen, wenn Sie ein Gelübde gegen sie abgelegt haben? Ein Gelübde ist eine Form von Widerstand, und alles, dem Sie Widerstand leisten, besiegt Sie irgendwann. Die Wahrheit kann nicht erobert werden. Sie können sie nicht erstürmen. Sie wird Ihnen aus den Händen gleiten, wenn Sie versuchen, sie zu ergreifen und festzuhalten. Die Wahrheit kommt ganz still, ohne Ihr Wissen. Was Sie wissen, ist nicht die Wahrheit, es ist nur eine Vorstellung, ein Symbol. Der Schatten ist nicht das Wirkliche.

Weg und Ziel sind eins

Nichts ist notwendig, um Befreiung zu erlangen. Sie können sie nicht durch Feilschen, Opfern oder Ausmerzen erreichen. Sie können sie nicht kaufen. Wenn Sie versuchen, sie auf solchen Wegen zu erreichen, bekommen Sie nur etwas Weltliches und somit etwas Unechtes. Wahrheit kann man nicht kaufen, es gibt keine Mittel und Wege zur Wahrheit. Wenn es Mittel und Wege gäbe, wäre das, was dabei herauskommt, nicht die Wahrheit, denn der Weg und das Ziel sind eins, sie sind nicht voneinander getrennt. Keuschheit als Weg zur Befreiung, zur Wahrheit, ist eine Verleugnung der Wahrheit. Keuschheit ist nicht die Münze, mit der man die Wahrheit kaufen kann. …

Warum glauben wir, dass Keuschheit unentbehrlich ist? … Was meinen wir mit Sex? Nicht bloß den eigentlichen Akt, sondern auch unsere Gedanken, Gefühle und Erwartungen rund um den Sex oder unsere Flucht davor – das ist unser Problem. Unser Problem ist die Empfindung und Erregung, dass wir immer mehr davon wollen. Beobachten Sie sich selbst, nicht Ihren Nachbarn. Warum drehen sich Ihre Gedanken so häufig um Sex? Keuschheit ist nur möglich, wenn Liebe da ist, und ohne Liebe gibt es keine Keuschheit. Ohne Liebe ist Keuschheit einfach Lust in anderer Form. Keusch zu werden bedeutet dann einfach, etwas anderes zu werden. Es ist dasselbe, wie mächtig zu werden, ein erfolgreicher Anwalt, Politiker oder was auch immer – die Veränderung findet auf derselben Ebene statt. Das ist keine Keuschheit, sondern das Endergebnis eines Traumes, das Resultat eines ständigen Widerstandes gegen ein bestimmtes Verlangen. … Keuschheit hört also auf, ein Problem zu sein, wenn Liebe da ist. Dann ist das Leben kein Problem. Das Leben muss ganz und gar in der Fülle der Liebe gelebt werden. Und diese Umwälzung wird eine neue Welt entstehen lassen.

Vollkommenes Loslassen

Vielleicht haben Sie noch nie diesen Bewusstseinszustand erlebt, in dem man alles aufgibt, ein vollständiges Loslassen. Ohne tiefe Leidenschaft können Sie nicht alles loslassen, nicht wahr? Sie können nicht intellektuell und emotional alles aufgeben. Vollkommenes Loslassen ist mit Sicherheit nur dann möglich, wenn eine tiefe Leidenschaft vorhanden ist. Erschrecken Sie nicht bei diesem Wort, denn ein Mensch, der nicht leidenschaftlich ist, der keine Intensität besitzt, kann niemals fühlen oder verstehen, was Schönheit ist. Der Geist, der etwas in Reserve hält, der ein persönliches Interesse hat, der sich an Status, Macht, Prestige klammert, der Geist, der ehrbar ist, was schrecklich ist – ein solcher Geist kann sich nie aufgeben.

Diese reine Flamme der Leidenschaft

In den meisten von uns ist kaum ein Funken Leidenschaft vorhanden. Vielleicht kennen wir Lust, vielleicht verspüren wir ein Verlangen nach etwas, vielleicht wollen wir vor etwas flüchten, und all das gibt uns eine gewisse Intensität. Aber solange wir nicht aufwachen und uns in diese Flamme der Leidenschaft, die keine Ursache hat, vortasten, werden wir nicht in der Lage sein, das zu verstehen, was wir Leiden nennen. Verstehen setzt Leidenschaft voraus, die Intensität vollkommener Aufmerksamkeit. Da, wo Leidenschaft für etwas Bestimmtes existiert, was Widersprüchlichkeit und Konflikt auslöst, kann diese reine Flamme der Leidenschaft nicht brennen. Aber sie muss vorhanden sein, um das Leiden zu beenden, um es vollkommen aufzulösen.

Schönheit jenseits des Fühlens

Wie kann es Schönheit ohne Leidenschaft geben? Ich meine nicht die Schönheit von Bildern, Gebäuden, gemalten Frauenkörpern und all das. Diese Dinge haben ihre eigene Art von Schönheit. Etwas von Menschenhand Geschaffenes, eine Kathedrale, ein Tempel, ein Bild, ein Gedicht oder eine Statue kann schön sein oder auch nicht. Aber es gibt eine Schönheit, die über das Fühlen und Denken hinausgeht, die nicht wahrgenommen, erkannt, oder verstanden werden kann, wenn keine Leidenschaft da ist. Verstehen Sie das Wort Leidenschaft also nicht falsch. Es ist kein hässliches Wort. Es ist nichts, was Sie sich kaufen oder über das Sie romantisch daherreden können. Es hat nicht das Geringste mit Emotionen oder Gefühlen zu tun. Es hat auch nichts mit Ehrbarkeit zu tun. Es ist eine Flamme, die alles Falsche verbrennt. Und wir haben immer so viel Angst davor, dieser Flamme zu erlauben, die Dinge zu verzehren, die uns ans Herz gewachsen sind, die wir wichtig nennen.

Eine Leidenschaft für alles

Die meisten von uns gebrauchen das Wort Leidenschaft nur im Hinblick auf eine Sache: Sex. Oder wir leiden leidenschaftlich und versuchen, dieses Leiden aufzulösen. Aber ich gebrauche das Wort Leidenschaft im Sinne eines Bewusstseinszustandes, eines Seinszustandes, eines Zustandes Ihres inneren Kerns, falls es so etwas gibt, der sehr stark empfindet, höchst empfänglich ist – empfänglich sowohl für den Schmutz, das Elend, die Armut als auch für den enormen Reichtum, die Korruption, für die Schönheit eines Baumes, eines Vogels, für das Fließen des Wassers oder für einen Teich, in dem sich der Abendhimmel spiegelt. Es ist notwendig, all das intensiv und stark zu fühlen. Denn ohne Leidenschaft wird das Leben leer, oberflächlich und ziemlich bedeutungslos. Wenn Sie die Schönheit eines Baumes nicht sehen und diesen Baum nicht lieben können, wenn Sie kein intensives Interesse für ihn aufbringen können, leben Sie nicht wirklich.

Liebe ist Leidenschaft, das kann ich Ihnen versichern

Sie können nicht empfindsam und empfänglich sein, wenn Sie nicht leidenschaftlich sind. Fürchten Sie sich nicht vor dem Wort Leidenschaft. Die meisten religiösen Schriften, Gurus, Swamis und spirituellen Führer sagen: »Sei frei von Leidenschaft.« Aber wie können Sie, wenn Sie keine Leidenschaft haben, empfänglich für das Hässliche, das Schöne, die raschelnden Blätter, den Sonnenuntergang, ein Lächeln, ein Weinen sein? Wie können Sie empfindsam sein ohne ein Gefühl der Leidenschaft, das mit innerem Loslassen verbunden ist? Bitte hören Sie mir zu, und fragen Sie nicht, wie man Leidenschaft erlangt. Ich weiß, dass Sie alle leidenschaftlich genug sind, wenn es darum geht, eine gute Stelle zu bekommen oder irgendeinen armen Teufel zu hassen oder eifersüchtig auf jemanden zu sein. Aber ich spreche von etwas ganz anderem – einer Leidenschaft, die liebt. Liebe ist ein Zustand, in dem es kein »Ich« gibt. Liebe ist ein Zustand, in dem es kein Verurteilen gibt, wo man nicht sagt, dass Sex richtig oder falsch ist, dass etwas gut und irgendetwas anderes schlecht ist. Liebe hat nichts mit all diesen Gegensätzlichkeiten zu tun. In der Liebe existiert keine Gegensätzlichkeit. Und wie kann man lieben, wenn man nicht leidenschaftlich ist? Wie kann man ohne Leidenschaft empfindsam sein? Empfindsam zu sein bedeutet, Ihren Nachbarn wahrzunehmen, der neben Ihnen sitzt. Es bedeutet, die Hässlichkeit der Stadt zu sehen, mit ihrem Elend, ihrem Dreck, ihrer Armut, und die Schönheit des Flusses, des Meeres, des Himmels. Wie können Sie empfänglich für all das sein, wenn Sie nicht leidenschaftlich sind? Wie können Sie ein Lächeln oder eine Träne wahrnehmen? Liebe ist Leidenschaft, das kann ich Ihnen versichern.

Ein leidenschaftlicher Geist forscht

Es ist einleuchtend, dass Leidenschaft notwendig ist, und es fragt sich, wie man diese Leidenschaft wieder zum Leben erwecken kann. Damit wir uns nicht missverstehen: Ich meine Leidenschaft in jeder Hinsicht, nicht nur sexuelle Leidenschaft, die eine sehr triviale Angelegenheit ist. Und die meisten von uns geben sich damit zufrieden, weil jede andere Leidenschaft zerstört wurde – im Büro, in der Fabrik, durch die Ausübung eines bestimmten Berufes, durch das Einhalten von festgelegten Abläufen, durch das Erlernen bestimmter Techniken. Deshalb ist keine Leidenschaft mehr übrig. Es gibt keinen schöpferischen Drang und kein schöpferisches Freisetzen. Deshalb wird Sex so wichtig für uns, und dabei verlieren wir uns in belangloser Leidenschaft, die zu einem großen Problem für den engstirnigen, tugendhaften Geist wird – oder sie wird bald zur Gewohnheit und stirbt ab. Ich gebrauche das Wort Leidenschaft für etwas Umfassendes. Ein leidenschaftlicher Mensch, dem etwas sehr am Herzen liegt, gibt sich nicht mit irgendeinem kleinen Job zufrieden – sei es der Job eines Premierministers, eines Kochs oder was auch immer. Ein leidenschaftlicher Geist forscht, sucht, schaut, fragt, will unbedingt wissen und versucht für seine Unzufriedenheit nicht bloß ein Objekt zu finden, durch das er eine Erfüllung für sich erfährt, um dann schlafen zu gehen.

Kleingeistigkeit

Ein leidenschaftlicher Geist tastet sich an die Dinge heran, sucht, durchbricht Hindernisse, akzeptiert keine Tradition. Dieser Geist hat keine feste Meinung, glaubt nicht, etwas erreicht zu haben, sondern er ist jung und immer auf dem Weg.

Aber wie kommt nun ein solcher Bewusstseinszustand zustande? Es muss einfach geschehen. Ein Kleingeist kann bestimmt nicht daran arbeiten. Ein Kleingeist, der leidenschaftlich zu werden versucht, wird nur alles auf seine eigene Kleinkariertheit reduzieren. Es muss passieren, und es kann nur passieren, wenn der Geist seine eigene Kleinkariertheit sieht und nicht versucht, etwas dagegen zu tun. Drücke ich mich klar genug aus? Wahrscheinlich nicht. Aber wie ich bereits sagte: Jeder begrenzte Geist, wie eifrig er auch sein mag, wird immer ein Kleingeist bleiben, das ist ganz offensichtlich. Ein begrenzter Geist bleibt auch dann ein begrenzter Geist, wenn er zum Mond fliegen, sich Techniken aneignen, schlau argumentieren und sich verteidigen kann. Wenn also der begrenzte Geist sagt: »Ich muss leidenschaftlich sein, damit ich etwas tun kann, das der Mühe wert ist«, wird auch seine Leidenschaft sehr begrenzt sein, nicht wahr? Er wird beispielsweise immer noch wütend über eine kleine Ungerechtigkeit, oder er denkt, dass eine unbedeutende kleine Reform, die in einem unbedeutenden kleinen Dorf von einem unbedeutenden kleinen Geist durchgeführt wird, die ganze Welt verändern würde. Wenn der begrenzte Geist all das erkennt, dann verändert sich seine ganze Wahrnehmung, seine ganze Aktivität.

Verlorene Leidenschaft

Das Wort ist nicht die Sache, die es beschreibt. Das Wort »Leidenschaft« ist nicht Leidenschaft. Sie zu spüren und darin gefangen zu sein, ohne eigenen Willen, ohne zu lenken, ohne Absicht, dieser Sache, genannt Verlangen, zu lauschen, den eigenen Wünschen zu lauschen, den vielen starken oder schwachen Wünschen, die man hat – wenn Sie das tun, werden Sie feststellen, welchen immensen Schaden Sie anrichten, wenn Sie Ihr Verlangen unterdrücken, wenn Sie es verfälschen, wenn Sie es erfüllen wollen, wenn Sie etwas dagegen tun wollen, wenn Sie eine feste Meinung darüber haben.

Die meisten Menschen haben diese Leidenschaft verloren. Wahrscheinlich hatte man sie einmal als junger Mensch – man wollte reich werden, berühmt, wollte ein bürgerliches oder ehrbares Leben führen – es war vielleicht ein vages Grummeln. Und die Gesellschaft – die das ist, was Sie sind – unterdrückt diese Leidenschaft. Und so muss man sich an Leute wie Sie anpassen, die innerlich tot sind, die ehrbar sind, in denen kein Funken Leidenschaft mehr ist, und dann wird man ein Teil davon und verliert dadurch diese Leidenschaft.

Grundlose Leidenschaft

Im Zustand grundloser Leidenschaft existiert eine Intensität, die völlig frei ist und an nichts hängt. Aber wenn die Leidenschaft eine Ursache hat, ist eine Gebundenheit da, und mit der Gebundenheit beginnt das Leid. Die meisten von uns hängen an etwas. Wir klammern uns an eine Person, an ein Land, an einen Glauben, an eine Vorstellung, und wenn uns das Objekt, an dem wir hängen, genommen wird oder anderweitig seine Bedeutung für uns verliert, fühlen wir uns innerlich leer, unzulänglich. Diese Leere versuchen wir dann zu füllen, indem wir uns an etwas anderes klammern, das wiederum zum Gegenstand unserer Leidenschaft wird.

Erforschen Sie Ihr eigenes Herz und Ihren eigenen Geist. Ich bin nur ein Spiegel, in dem Sie sich selbst betrachten. Wenn Sie nicht hineinschauen wollen, ist das in Ordnung. Aber wenn Sie schon schauen wollen, dann betrachten Sie sich selbst klar, schonungslos und mit voller Intensität – nicht in der Hoffnung, Ihre Nöte, Ängste und Schuldgefühle aufzulösen, sondern um diese außerordentliche Leidenschaft zu verstehen, die immer zum Leiden führt.

Wenn Leidenschaft eine Ursache hat, wird sie zur Lust. Wenn die Leidenschaft etwas Bestimmtem gilt – einer Person, einer Idee, irgendeiner Art von Erfüllung –, dann erwächst aus dieser Leidenschaft ein Widerspruch, ein Konflikt, ein Bemühen. Sie bemühen sich, einen bestimmten Zustand zu erreichen oder aufrechtzuerhalten oder einen Zustand wiederzuerlangen, der einmal war und vorüber ist. Aber die Leidenschaft, von der ich spreche, führt weder zu Widersprüchen noch zu Konflikten. Sie steht überhaupt nicht in Beziehung zu irgendeiner Ursache und ist deshalb auch keine Wirkung.

Mai

Intelligenz

♦

Gefühle

♦

Worte

♦

Konditionierung

Ein Geist voll Unschuld

Die Wahrheit, der wahre Gott – der wirkliche Gott, nicht der, den der Mensch sich gemacht hat – will keinen Geist, der zerstört wurde, der kleinkariert, oberflächlich, engstirnig und begrenzt ist. Es erfordert einen gesunden Geist, um die Wahrheit erkennen zu können. Es braucht einen reichen Geist – nicht reich an Wissen, sondern voll Unschuld –, einen Geist, der von keiner Erfahrung getrübt ist, einen Geist, der frei von der Zeit ist. Die Götter, die Sie zu Ihrem Trost erfunden haben, akzeptieren Quälerei, sie akzeptieren einen Geist, der abgestumpft wurde. Aber das Wirkliche, das Wahre will das nicht. Es will ein ganzes, vollständiges menschliches Wesen, dessen Herz voll, reich und klar ist, fähig zu intensivem Fühlen, fähig, die Schönheit eines Baumes wahrzunehmen, das Lächeln eines Kindes und den Todeskampf einer Frau, die noch nie eine vollständige Mahlzeit hatte.

Sie müssen dieses außergewöhnliche Einfühlungsvermögen besitzen, diese Empfindsamkeit für alles – für ein Tier, für die Katze, die über die Mauer spaziert, für den Schmutz, den Dreck der Menschen, die in Armut und in Verzweiflung leben. Sie müssen empfindsam sein – und das bedeutet, intensiv zu fühlen, aber nicht in eine bestimmte Richtung, das heißt, es handelt sich nicht um eine Gefühlsregung, die kommt und geht, sondern um eine Empfindsamkeit des gesamten Nervensystems, der Augen, des Körpers, der Ohren, der Stimme. Sie müssen immer ganz empfänglich sein. Nur wenn Sie in diesem Sinne vollkommen empfindsam sind, können Sie intelligent sein. Intelligenz entsteht aus Feinfühligkeit und Beobachtung.

Welche Rolle spielen Emotionen in unserem Leben?

Wie entstehen Emotionen? Ganz einfach. Sie entstehen durch Reize, über die Nerven. Sie stechen mir eine Nadel ins Fleisch, und ich springe auf. Sie schmeicheln mir, und ich bin entzückt. Sie beleidigen mich, und ich mag das nicht. Emotionen entstehen über unsere Sinne. Und die meisten von uns funktionieren über die Emotion des Vergnügens, das ist offensichtlich. Sie wollen als Hindu anerkannt werden. Dann gehören Sie zu einer Gruppe, einer Gemeinschaft, einer Tradition, wie alt sie auch sein mag. Und das mögen Sie – die Bhagavad Gita, die Upanischaden und all die alten, hoch aufgetürmten Traditionen. Ebenso mag der Moslem seine Tradition. Unsere Emotionen entstehen durch Reize, durch unser Umfeld und so weiter. Das ist ziemlich offensichtlich.

Welche Rolle spielen Emotionen in unserem Leben? Sind Emotionen das Leben? Verstehen Sie? Sind Vergnügen oder Verlangen Liebe? Wenn Emotion Liebe ist, dann ist es etwas, das sich ständig verändert. Nicht wahr? Wissen Sie das nicht alles?

... Man muss also erkennen, dass Emotionen, Sentimentalität, Begeisterung, das Gefühl, gut zu sein, und all das nicht das Geringste mit echter Zuneigung und Mitgefühl zu tun haben. Alle sentimentalen Gefühle, alle Emotionen haben mit dem Denken zu tun und bringen deshalb Vergnügen und Schmerz mit sich. Liebe kennt keinen Schmerz, kein Leid, weil sie nicht das Resultat von Vergnügen oder Verlangen ist.

Die Intelligenz befreien

Das Erste, was Sie tun sollten, wenn ich das vorschlagen darf, ist herauszufinden, warum Sie auf eine bestimmte Weise denken und warum Sie auf eine bestimmte Art fühlen. Versuchen Sie nicht, es zu ändern, versuchen Sie nicht, Ihre Gedanken und Gefühle zu analysieren, sondern machen Sie sich bewusst, warum Sie in bestimmten Bahnen denken und welche Motive hinter Ihrem Handeln stecken. Obwohl Sie das Motiv durch Analyse aufdecken können, obwohl Sie durch Analysieren etwas herausfinden können, wird es nicht real sein. Sie werden das Motiv nur dann wirklich wahrnehmen, wenn Sie, während Ihre Gedanken und Gefühle sich regen, sich ihrer höchst bewusst sind. Dann werden Sie ihre außerordentliche Subtilität, ihre Feinheit und Flüchtigkeit erkennen. Solange es für Sie »muss« und »darf nicht« gibt, werden Sie unter diesem Zwang niemals dem raschen Schweifen des Denkens und Fühlens auf die Spur kommen. Und ich bin sicher, dass Sie in der Schule des »Muss« und »Darf nicht« aufgezogen wurden. Und damit wurde Ihr Denken und Fühlen zerstört. Sie wurden durch Systeme, Methoden und durch Ihre Lehrer in Fesseln gelegt und verkrüppelt. Lassen Sie also dieses ganze »Muss« und »Darf nicht« hinter sich. Das bedeutet nicht, dass Sie zügellos und ausschweifend werden sollen, sondern, dass Sie sich des Geistes bewusst werden sollen, der unablässig sagt: »Ich muss« und »ich darf nicht«. Wie eine Blume, die sich am Morgen öffnet, stellt sich dann Intelligenz ein, ist da, wird tätig und führt zum Verstehen.

Intellekt im Gegensatz zu Intelligenz

Das Schulen des Intellekts führt nicht zu Intelligenz. Intelligenz kommt hingegen zum Vorschein, wenn man in vollkommener Harmonie handelt, wenn Intellekt und Gefühl vollkommen in Einklang sind. Es besteht ein riesiger Unterschied zwischen Intellekt und Intelligenz. Der Intellekt ist lediglich das Denken, das unabhängig vom Gefühl tätig ist. Wird der Intellekt ohne Rücksicht auf die Gefühle in eine bestimmte Richtung trainiert, kann man zwar einen brillanten Verstand haben, aber man hat keine Intelligenz, denn Intelligenz besitzt die ihr innewohnende Fähigkeit, sowohl zu fühlen als auch logisch zu denken. In der Intelligenz sind beide Fähigkeiten in gleichem Maße vorhanden, intensiv und harmonisch.

... Wenn Sie Ihre Gefühle in geschäftliche Angelegenheiten einbringen, können Sie Ihre Geschäfte Ihrer Meinung nach nicht ordentlich oder ehrlich führen. Also unterteilen Sie Ihren Geist in verschiedene Bereiche. Ein Bereich ist für Ihre religiösen Interessen zuständig, ein anderer für Ihr Gefühlsleben, ein dritter für Ihre geschäftlichen Interessen, die nichts mit Ihrem intellektuellen oder Gefühlsleben zu tun haben. Für Ihr Geschäftsdenken dient das Leben lediglich zur Geldbeschaffung für Ihren Lebensunterhalt. Und so setzt sich diese chaotische Existenz, diese Unterteilung Ihres Lebens unaufhörlich fort. Würden Sie im Geschäftsleben wirklich Ihre Intelligenz einsetzen, das heißt, würden Ihr Fühlen und Denken harmonisch zusammenarbeiten, könnte es sein, dass Ihre Geschäfte scheitern. Das wäre sogar wahrscheinlich. Und Sie würden sie wahrscheinlich scheitern lassen, wenn Sie wirklich fühlten, wie absurd, grausam und ausbeuterisch diese Art zu leben ist.

Solange Sie dem Leben in seiner Ganzheit nicht wirklich mit Ihrer Intelligenz begegnen, anstatt nur mit Ihrem Intellekt, kann kein System der Welt den Menschen vor seinem unaufhörlichen, mühseligen Kampf um sein täglich Brot bewahren.

Sentimentalität und Emotion säen Grausamkeit

Wir können sehen, dass da, wo es um Liebe geht, weder Emotionen noch Sentimentalität einen Platz haben. Sentimentalität und Emotion sind bloße Reaktionen auf Vorlieben oder Abneigungen. Ich mag dich und bin völlig begeistert von dir, ich liebe diesen Ort, oh, er ist so wunderschön und so weiter – was bedeutet, dass ich den anderen nicht mag. So führen Emotionen und Sentimentalität zu Grausamkeit. Haben Sie sich das schon einmal angesehen? Die Identifikation mit dem Fetzen Stoff, den wir Nationalflagge nennen, ist ein emotionaler und sentimentaler Faktor, für den wir einander zu töten bereit sind. Und das nennen wir dann Vaterlandsliebe, Liebe zum Nächsten …? Wir können sehen, dass dort, wo Emotionen und Sentimentalität ins Spiel kommen, keine Liebe existiert. Emotionen und Sentimentalität führen zur Grausamkeit des Mögens und Nichtmögens. Und wir können auch sehen, dass da, wo Eifersucht herrscht, keine Liebe ist, das ist offensichtlich. Ich beneide dich, weil du einen besseren Job hast, ein schöneres Haus, weil du besser aussiehst, intelligenter, aufgeweckter bist. Also bin ich eifersüchtig auf dich. Ich sage allerdings nicht, dass ich eifersüchtig bin, sondern konkurriere mit dir, was ja eine Form der Eifersucht, des Neids ist. Eifersucht und Neid haben also nichts mit Liebe zu tun, und ich lösche sie aus. Ich spreche nicht weiter darüber, wie man sie auslöscht und in der Zwischenzeit fortfährt, neidisch zu sein – ich lösche sie wirklich aus, wie der Regen den Staub von einem Blatt wäscht, ich wasche sie einfach ab.

Wir müssen alle unsere Emotionen loslassen

Was meinen wir mit »Emotion«? Ist es eine Empfindung, eine Reaktion auf eine Sinneswahrnehmung? Hass, Hingabe, das Gefühl von Liebe oder Sympathie für einen anderen – das sind Emotionen. Manche, wie Liebe und Sympathie, bezeichnen wir als positiv, während wir andere, wie beispielsweise Hass, als negativ betrachten und loswerden wollen. Ist Liebe das Gegenteil von Hass? Und ist Liebe eine Emotion, eine Empfindung, ein Gefühl, das durch die Erinnerung aufrechterhalten wird?

... Was meinen wir also mit Liebe? Liebe hat jedenfalls nichts mit Erinnerung zu tun. Es fällt uns schwer, das zu verstehen, weil Liebe für die meisten von uns gleichbedeutend mit Erinnerung ist. Was meinen Sie denn, wenn Sie sagen, dass Sie Ihren Mann oder Ihre Frau lieben? Lieben Sie das, was Ihnen Vergnügen bereitet? Lieben Sie das, womit Sie sich identifiziert haben und was Sie als zu Ihnen gehörend erkennen? Das sind Tatsachen, ich erfinde nichts, schauen Sie also bitte nicht so entsetzt.

... Es ist das Bild, das Begriffssymbol »meine Frau« oder »mein Mann«, das wir lieben oder zu lieben glauben, nicht die lebendige Person. Ich kenne meine Frau oder meinen Mann überhaupt nicht; und ich kann diesen Menschen auch nie kennen lernen, solange Kennen Wiedererkennen bedeutet. Denn Wiedererkennen beruht auf Erinnerung – der Erinnerung an Vergnügen und Schmerz, der Erinnerung an Dinge, für die ich gelebt habe, gelitten habe, die ich besitze und an denen ich hänge. Wie kann ich lieben, wenn da Angst, Schmerz, Einsamkeit und der Schatten der Verzweiflung herrschen? Wie kann ein ehrgeiziger Mensch lieben? Und wir sind alle sehr ehrgeizig, wie ehrbar das auch aussehen mag.

Um also wirklich herauszufinden, was Liebe ist, müssen wir die Vergangenheit, all unsere Emotionen, die guten wie die schlechten, sterben lassen, loslassen – mühelos loslassen, wie wir etwas Giftiges loslassen würden, weil wir erkennen, was es ist.

Man muss intensiv fühlen

In unserer modernen Welt gibt es so viele Probleme, dass man zwangsläufig nicht mehr zu intensivem Fühlen fähig ist. Mit »Fühlen« meine ich nicht Sentimentalität oder Emotionalität, nicht bloße Erregung, sondern diese Qualität des Wahrnehmens, des Hörens, Zuhörens, Fühlens, wenn ein Vogel auf einem Baum sein Lied singt, wenn sich ein Blatt im Sonnenlicht bewegt. So intensiv und tief zu fühlen fällt den meisten von uns sehr schwer, weil wir so viele Probleme haben. Alles, was wir anfassen, scheint sich in ein Problem zu verwandeln. Und die Probleme des Menschen nehmen offenbar kein Ende, er scheint völlig unfähig zu sein, sie zu lösen, denn je mehr Probleme existieren, desto spärlicher werden seine Gefühle.

Mit »Fühlen« meine ich Aufgeschlossenheit für die Krümmung eines Astes wie für den Schmutz und Dreck auf der Straße, die Empfänglichkeit für das Leid eines anderen Menschen, den ekstatischen Zustand beim Betrachten eines Sonnenuntergangs. Das sind keine sentimentalen Gefühle, keine bloßen Emotionen. Emotionen oder Sentimentalität werden zu Grausamkeit, die Gesellschaft kann sie sich zunutze machen. Und durch Sentimentalität wird man zum Sklaven der Gesellschaft. Aber man muss intensiv fühlen. Das Gefühl für Schönheit, das Gefühl für ein Wort, die Stille zwischen zwei Wörtern und die klare Wahrnehmung eines Klanges – all das erzeugt Gefühle. Und man muss starke Gefühle haben, weil der Geist nur durch die Gefühle höchst empfindsam wird.

Beobachten, ohne zu denken

Es gibt kein Fühlen ohne Denken, und hinter dem Denken steckt das Vergnügen. Diese Dinge gehören also zusammen: das Vergnügen, die Worte, das Denken, das Fühlen; sie sind nicht voneinander getrennt. Beobachten ohne Denken, ohne Gefühle, ohne Worte ist reine Energie. Energie wird durch Worte, Assoziationen, Denken, Vergnügen und Zeit zerstreut, deshalb haben wir keine Energie, um zu schauen.

Die Gesamtheit des Fühlens

Was ist Fühlen? Fühlen ist wie Denken. Ein Gefühl ist eine Empfindung. Ich sehe eine Blume und reagiere darauf; ich mag sie, oder ich mag sie nicht. Das Mögen oder Nichtmögen wird von meinem Denken diktiert, und mein Denken ist eine Reaktion, die auf meiner Erinnerung basiert. Ich sage also: »Ich mag diese Blume«, oder »ich mag diese Blume nicht«; »Ich mag dieses Gefühl«, oder »ich mag dieses Gefühl nicht«. ... Hat nun Liebe etwas mit Gefühlen zu tun? Gefühl ist Empfindung, das ist klar – eine Empfindung des Mögens oder Nichtmögens, von Gut oder Schlecht, gutem Geschmack und so weiter. Haben diese Gefühle etwas mit Liebe zu tun? ... Haben Sie schon einmal Ihre Straße aufmerksam wahrgenommen, haben Sie beobachtet, wie Sie in Ihrem Haus leben, wie Sie sitzen, wie Sie sprechen? Und haben Sie bemerkt, was all Ihre Heiligen tun, die Sie so verehren? Für sie bedeutet Leidenschaft Sex, und deshalb verneinen sie Leidenschaft, sie verneinen Schönheit – in dem Sinne, dass sie diese Dinge ausklammern. Und so haben Sie mit den Empfindungen auch die Liebe ausgeklammert, denn Sie sagen: »Empfindungen machen mich zum Gefangenen, ich werde zum Sklaven meines sexuellen Verlangens, deshalb muss ich es bleiben lassen.« Dadurch haben Sie die Sexualität zu einem riesigen Problem gemacht. ... Wenn Sie vollkommen verstanden haben, was Fühlen bedeutet, wenn Sie es nicht teilweise, sondern in seiner Ganzheit verstanden haben, werden Sie wissen, was Liebe ist. Wenn Sie die Schönheit eines Baumes sehen können, wenn Sie die Schönheit eines Lächelns sehen können, wenn Sie sehen können, wie die Sonne hinter den Mauern Ihrer Stadt untergeht – wirklich umfassend sehen können – dann wissen Sie, was Liebe ist.

Wenn Sie dieses Gefühl nicht benennen

Wenn Sie ein Gefühl beobachten, dann endet dieses Gefühl. Aber obwohl das Gefühl endet, ist da immer noch ein Widerspruch, wenn es einen Beobachter, einen Zuschauer, einen Zensor, einen Denkenden gibt, der vom Gefühl getrennt bleibt. Es ist also sehr wichtig, zu verstehen, wie wir ein Gefühl betrachten.

Nehmen wir beispielsweise ein weit verbreitetes Gefühl: die Eifersucht. Wir alle wissen, was es bedeutet, eifersüchtig zu sein. Wie schauen Sie also Ihre Eifersucht an? Wenn Sie sich dieses Gefühl anschauen, sind Sie der Beobachter der Eifersucht, Sie beobachten sie wie etwas von Ihnen Getrenntes. Sie versuchen, etwas an der Eifersucht zu ändern, oder Sie erklären, warum Ihre Eifersucht gerechtfertigt ist und so weiter. Da ist also jemand, ein Zensor, ein von der Eifersucht getrenntes Wesen, das die Eifersucht beobachtet. Für den Augenblick verschwindet die Eifersucht vielleicht, aber sie kommt wieder, und sie kommt deshalb wieder, weil Sie nicht wirklich sehen, dass die Eifersucht ein Teil von Ihnen ist.

… Was ich damit meine, ist, dass Sie das Gefühl in dem Augenblick in den Rahmen des Alten eingefügt haben, da Sie ihm einen Namen geben, es mit einem Etikett versehen. Und das Alte ist der Beobachter, das getrennte Wesen, das aus Worten, Vorstellungen, Meinungen über Richtig und Falsch besteht. … Aber wenn Sie dieses Gefühl nicht benennen, was ungeheure Bewusstheit und unmittelbares Verstehen erfordert – dann werden Sie feststellen, dass es keinen Beobachter, keinen Denkenden, kein Zentrum gibt, von dem aus Sie urteilen, und dass Sie nicht von dem Gefühl getrennt sind. Es gibt kein »Ich«, das es fühlt.

Emotionen führen nirgendwo hin

Ob Sie nun von Ihren Emotionen oder Ihrem Intellekt geleitet werden, beides führt in die Verzweiflung, weil es nirgendwo hinführt. Aber Sie erkennen, dass Liebe nicht Vergnügen ist, dass Liebe nicht Verlangen ist.

Wissen Sie, was Vergnügen ist? Wenn Sie etwas anschauen oder wenn Sie ein Gefühl haben, dann bereitet es Ihnen Vergnügen, über dieses Gefühl nachzudenken, ständig in Gedanken dabei zu verweilen, und dieses Vergnügen ist es, wonach Sie verlangen und was Sie immer und immer wiederholen. Wenn ein Mensch sehr ehrgeizig ist oder ein wenig ehrgeizig, bereitet ihm das Vergnügen. Wenn ein Mensch im Namen des Vaterlandes, im Namen einer Idee nach Macht, Status oder Prestige strebt, dann bereitet ihm das Vergnügen. Er hat überhaupt keine Liebe im Herzen, und deshalb bringt er Leid in die Welt. Er beschwört innen und außen Krieg herauf.

Man muss also erkennen, dass Emotionen, Sentimentalität, Begeisterung, das Gefühl, gut zu sein, und all das, nichts mit wirklicher Zuneigung oder echtem Mitgefühl zu tun haben. Jegliche Sentimentalität, alle Emotionen haben mit Denken zu tun und bringen deshalb Vergnügen und Schmerz mit sich. Liebe kennt keinen Schmerz, kein Leid, weil sie nicht das Resultat von Vergnügen oder Verlangen ist.

Erinnerung verneint Liebe

Ist es möglich zu lieben, ohne zu denken? Was meinen Sie mit »denken«? Denken ist eine Reaktion auf Erinnerungen an Schmerz oder Vergnügen. Es kann kein Denken ohne die Überreste geben, die in einer vollständigen Erfahrung verschwinden. Liebe ist etwas anderes als Emotion und Gefühl. Liebe kann nicht in den Bereich des Denkens gebracht werden, Emotion und Gefühl hingegen schon. Liebe ist eine Flamme ohne Rauch, immer frisch, schöpferisch, freudvoll. Eine solche Liebe ist gefährlich für die Gesellschaft, für Beziehungen. Also mischt sich das Denken ein, verändert und lenkt sie, legalisiert sie, macht sie ungefährlich. Dann kann man damit leben. Wissen Sie nicht, dass Sie, wenn Sie jemanden lieben, die ganze Menschheit lieben? Wissen Sie nicht, wie gefährlich es ist, den Menschen zu lieben? Dann gibt es keine Grenzen, keine Nationalität. Dann gibt es kein Verlangen nach Macht und Status, und die wahren Werte zählen. Ein solcher Mensch ist eine Gefahr für die Gesellschaft.

Damit Liebe existieren kann, muss der Erinnerungsprozess enden. Erinnerungen entstehen nur, wenn eine Erfahrung nicht vollständig, nicht restlos verstanden wird. Erinnerung ist nur ein Überbleibsel der Erfahrung; sie ist das Resultat einer Herausforderung, die nicht ganz erfasst wurde. Das Leben ist ein Vorgang, der aus Herausforderungen und den Reaktionen darauf besteht. Die Herausforderung ist immer neu, aber die Reaktion ist immer alt. Diese Reaktion, die unsere Konditionierung ist, die das Produkt der Vergangenheit ist, muss verstanden und nicht unter Kontrolle gebracht oder verworfen werden. Es bedeutet, jeden Tag neu in Fülle und vollständig zu leben. So voll und ganz zu leben ist nur möglich, wenn Liebe da ist, wenn Ihr Herz voll ist – aber nicht von Worten oder von den Dingen, die der menschliche Geist geschaffen hat. Nur wenn Liebe da ist, hört der Erinnerungsprozess auf. Dann ist jeder Augenblick eine Wiedergeburt.

Geben Sie dem Gefühl keinen Namen

Was geschieht, wenn Sie nicht benennen? Sie betrachten eine Emotion, eine Empfindung direkter und haben deshalb eine ganz andere Beziehung dazu – wie zu einer Blume, wenn Sie sie nicht benennen. Sie sind gezwungen, sie mit neuen Augen anzuschauen. Wenn Sie einer Gruppe von Menschen keinen Namen geben, sind Sie gezwungen, jedes einzelne Gesicht anzuschauen und diese Menschen nicht als Masse zu behandeln. Deshalb sind Sie viel wacher, beobachten viel genauer, verständnisvoller. Sie empfinden mehr Mitgefühl, Liebe. Aber wenn Sie sie als Masse sehen, ist das vorbei.

Wenn Sie die Gefühle nicht mit Etiketten versehen, müssen Sie jedes Gefühl anschauen, während es auftaucht. Wenn Sie ein Gefühl mit einem Etikett versehen, unterscheidet es sich dann vom Etikett? Oder ruft das Etikett das Gefühl wach? …

Wenn ich ein Gefühl nicht benenne, das heißt, wenn mein Denken nicht nur auf der Basis von Worten funktioniert oder wenn ich nicht in Worten, Bildern oder Symbolen denke, wie es die meisten von uns tun – was geschieht dann? Dann ist der Geist offensichtlich nicht bloß der Beobachter. Wenn der Geist nicht in Worten, Symbolen, Bildern denkt, gibt es keinen vom Denken, also vom Wort getrennten Denkenden. Dann ist der Geist still, nicht wahr? – nicht zum Schweigen gebracht, sondern einfach still. Wenn der Geist wirklich still ist, kann man mit den auftauchenden Gefühlen unmittelbar umgehen. Nur wenn man die Gefühle benennt und dadurch verstärkt, werden sie aufrechterhalten. Sie werden im Zentrum gespeichert, von wo aus wir sie mit weiteren Etiketten versehen, um sie entweder zu stärken oder mitzuteilen.

Bleiben Sie bei einem Gefühl, und schauen Sie, was geschieht

Sie bleiben nie schlicht und einfach bei einem Gefühl, sondern umgeben es stets mit dem ganzen Schwall von Worten. Das Wort verfälscht das Gefühl. Das Denken kreist um das Gefühl, überschattet es, überwältigt es mit tiefen Ängsten und Sehnsüchten. Sie bleiben nie ausschließlich bei einem Gefühl: nicht beim Hass oder bei jenem erstaunlichen Gefühl der Schönheit. Wenn ein Hassgefühl auftaucht, sagen Sie, wie schlecht das doch ist. Es herrscht der Zwang, der Kampf, es zu überwinden, das Chaos der Gedanken, die darum kreisen. …

Versuchen Sie, bei dem Gefühl des Hasses, des Neids, der Eifersucht oder dem Gift des Ehrgeizes zu bleiben, denn das ist schließlich die Realität Ihres täglichen Lebens, obwohl Sie vielleicht gerne mit Liebe oder mit dem Wort Liebe leben möchten. Da Sie aber Hass fühlen, das Gefühl haben, jemanden mit einer Geste oder einem scharfen Wort verletzen zu wollen, sollten Sie versuchen, bei diesem Gefühl zu bleiben. Können Sie das? Haben Sie es je versucht? Versuchen Sie einmal, bei einem Gefühl zu bleiben, und schauen Sie, was geschieht. Sie werden es erstaunlich schwierig finden. Ihr Geist wird das Gefühl nicht einfach in Ruhe lassen. Er mischt sich ein mit seinen Erinnerungen, seinen Assoziationen, seinen Geboten und Verboten, seinem unaufhörlichen Geschwätz. Heben Sie eine Muschel auf. Können Sie sie betrachten, sich über ihre filigrane Schönheit wundern, ohne zu sagen, wie hübsch sie ist oder zu welcher Art sie gehört? Können Sie ohne eine Regung des Geistes schauen? Können Sie mit dem Gefühl leben, das hinter dem Wort ist, und ohne das Gefühl, das vom Wort hervorgerufen wird? Wenn Sie das können, werden Sie etwas Außergewöhnliches entdecken, eine Bewegung jenseits des Maßes der Zeit, einen Frühling, der keinen Sommer kennt.

Das Verstehen der Worte

Ich weiß nicht, ob Sie je über diesen ganzen Prozess des Verbalisierens oder Benennens nachgedacht haben. Wenn ja, ist es wirklich eine höchst erstaunliche Sache, eine sehr anregende und interessante Angelegenheit. Wenn wir irgendetwas, das wir erleben, sehen oder fühlen, einen Namen geben, erhält das Wort eine große Bedeutung. Und das Wort ist Zeit. Zeit ist Raum, und das Wort ist sein Zentrum. Denken bedeutet, in Worte fassen. Wir denken in Worten. Aber kann der Geist frei vom Wort sein? Fragen Sie nicht: »Wie kann ich frei davon werden?« Das ist sinnlos. Aber stellen Sie sich die Frage einmal selbst und erkennen Sie, wie sklavisch Sie an Begriffen wie »Indien«, »Bhagavad Gita«, »Kommunismus«, »Christ«, »Russe«, »Amerikaner«, »Engländer«, »niedrigere Kaste«, »höhere Kaste« hängen. Das Wort »Liebe«, das Wort »Gott«, das Wort »Meditation« – was für eine ungeheure Bedeutung haben wir diesen Begriffen gegeben, und wie sehr sind wir zu ihren Sklaven geworden.

Erinnerung trübt die Wahrnehmung

Spekulieren Sie nur, oder erfahren Sie wirklich etwas, während wir hier über diese Dinge sprechen? Sie wissen nicht, was ein religiöser Geist ist, nicht wahr? Nach dem, was Sie gesagt haben, wissen Sie nicht, was das bedeutet. Vielleicht haben Sie eine Ahnung, einen Schimmer, so wie Sie ein Stück vom klaren blauen Himmel sehen, wenn die Wolkendecke aufbricht. Aber von dem Moment an, wo Sie den blauen Himmel gesehen haben, haben Sie eine Erinnerung daran, Sie wollen mehr davon, und deshalb verlieren Sie sich darin. Je mehr Sie das Wort als Erinnerung speichern wollen, desto mehr verlieren Sie sich darin.

Worte ziehen Grenzen

Gibt es ein Denken ohne das Wort? Wenn der Geist nicht mit Worten und Begriffen vollgestopft ist, ist das Denken nicht dasselbe, wie wir es kennen, sondern eine Aktivität ohne das Wort, ohne das Symbol, und deshalb hat es keine Grenzen – das Wort bildet die Grenze.

Das Wort erzeugt die Beschränkung, die Grenze. Und ein Geist, der nicht mit Hilfe von Worten arbeitet, hat keine Beschränkung, keine Grenzen, er ist nicht gebunden. … Nehmen Sie zum Beispiel das Wort »Liebe«, und schauen Sie, was es in Ihnen auslöst, beobachten Sie sich selbst. In dem Moment, wo ich das Wort erwähne, fangen Sie an zu lächeln und richten sich auf, Sie fühlen etwas. Das Wort ruft also alle möglichen Vorstellungen wach, alle möglichen Einteilungen wie »fleischlich«, »spirituell«, »weltlich«, »unendlich« und so weiter. Finden Sie heraus, was Liebe ist. Um aber herauszufinden, was Liebe ist, muss der Geist auf jeden Fall frei von diesem Wort und seiner Bedeutung sein.

Über die Worte hinausgehen

Damit wir einander verstehen, ist es meiner Ansicht nach notwendig, dass wir uns nicht in Worten und Begriffen verstricken, denn ein Wort wie Gott kann beispielsweise für Sie eine bestimmte Bedeutung haben, während es für mich vielleicht eine vollkommen andere oder überhaupt keine Bedeutung hat. Es ist also fast unmöglich zu kommunizieren, wenn wir nicht beide die Absicht haben, einander zu verstehen und über die bloßen Worte hinauszugehen. Das Wort »Freiheit« weist im Allgemeinen darauf hin, dass man frei von etwas ist, nicht wahr? Gewöhnlich bedeutet es, dass man frei von Habgier, Neid, Nationalismus, Wut oder frei von diesem oder jenem ist. Aber Freiheit kann auch etwas ganz anderes bedeuten: ein Gefühl, frei zu sein. Und ich glaube, dass es sehr wichtig ist, diese Bedeutung zu verstehen.

… Schließlich besteht der Geist unter anderem aus Worten. Kann also der Geist frei von dem Wort »Neid« sein? Experimentieren Sie einmal damit, und Sie werden sehen, dass Begriffe wie »Gott«, »Wahrheit«, »Hass«, »Neid« eine tief greifende Wirkung auf den Geist haben. Kann also der Geist sowohl nervlich als auch psychisch frei von diesen Worten sein? Wenn er nicht frei von ihnen ist, ist er unfähig, dem tatsächlichen Neid ins Auge zu sehen. Wenn der Geist die Tatsache, die er »Neid« nennt, direkt anschauen kann, wirkt diese Tatsache viel rascher als das Bemühen des Geistes, etwas gegen die Tatsache zu unternehmen. Solange der Geist daran denkt, den Neid durch das Ideal der Neidlosigkeit loszuwerden, ist er abgelenkt, er stellt sich nicht der Tatsache. Das Wort »Neid« ist somit eine Ablenkung von der Tatsache. Der Prozess des Wiedererkennens läuft über das Wort ab, und in dem Moment, da ich das Gefühl über das Wort wiedererkenne, verleihe ich diesem Gefühl Dauer.

Eine außergewöhnliche Art des Sehens

Wir fragen also, wie am Anfang, ob der Geist zu diesem außergewöhnlichen Sehen gelangen kann, das nicht von der Peripherie, nicht von außen, von der Begrenzung aus erfolgt. Kann er dahin kommen, ohne danach zu suchen? Das ist der einzige Weg, wie man darauf stoßen kann. Denn wenn der Geist unbeabsichtigt darauf stößt, ist kein Bemühen, kein Suchen, keine Erfahrung damit verbunden. Und auch alle üblichen Vorgehensweisen, in diese Mitte, zu diesem Aufblühen zu kommen, werden verworfen. So wird der Geist geschärft, ganz wach, und ist nicht mehr abhängig von irgendeiner Erfahrung, um sich wach zu halten.

Wenn man sich etwas fragt, kann man das mit Worten tun. Bei den meisten Menschen ist das natürlicherweise mit Worten verbunden. Dabei muss man erkennen, dass das Wort nicht die eigentliche Sache ist – so wie das Wort »Baum« nicht der Baum, nicht die eigentliche Tatsache ist. Es ist erst eine Tatsache, wenn man es berührt, nicht über das Wort, sondern wenn man wirklich in Kontakt damit kommt. Dann ist es etwas Wirkliches – was bedeutet, dass das Wort seine Macht verloren hat, die Menschen zu hypnotisieren. Das Wort »Gott« ist beispielsweise so aufgeladen und hat die Menschen so sehr hypnotisiert, dass sie akzeptieren oder ablehnen und sich wie ein Eichhörnchen in einem Käfig verhalten! Das Wort und das Symbol müssen also außer Acht gelassen werden.

Wahrheit wird unmittelbar wahrgenommen

Die Fähigkeit, sich sprachlich auszudrücken, wurde im Laufe der Jahrhunderte sorgfältig ausgebaut, und zwar in der Beziehung zwischen dem Einzelnen und der Gesellschaft. Das Wort, die sprachliche Ausdrucksfähigkeit, ist also sowohl eine gesellschaftliche als auch eine persönliche Fähigkeit. Um so zu kommunizieren, wie wir es tun, brauche ich ein Gedächtnis, ich brauche Worte, muss die jeweilige Sprache beherrschen, und Sie müssen ebenfalls die Sprache beherrschen. Wir haben uns das über viele Jahrhunderte hinweg angeeignet. Das Wort wird nicht nur in gesellschaftlichen Beziehungen entwickelt, sondern auch als Reaktion innerhalb der Beziehung der Gesellschaft gegenüber dem Einzelnen. Das Wort ist notwendig. Die Frage ist nun: Nachdem es so lange gedauert hat, die Fähigkeit zur Benutzung von Symbolen und Sprache auszubilden, ist es da überhaupt möglich, das alles umgehend auszuradieren? ... Werden wir uns mit Hilfe der Zeit aus dieser sprachlichen Gefangenschaft des Geistes befreien, die über Jahrhunderte aufgebaut wurde? Oder muss sie unmittelbar zerbrechen? Möglicherweise sagen Sie jetzt: »Es braucht Zeit, ich kann das nicht sofort.« Das bedeutet, dass Sie viele Tage brauchen, dass sich das fortsetzt, was bisher war, auch wenn es sich dabei verändert, bis Sie ein Stadium erreichen, wo es nicht mehr weitergeht. Können Sie das so machen? Weil wir Angst haben, weil wir faul oder gleichgültig sind, sagen wir: »Warum soll ich mir über das Ganze Gedanken machen? Das ist mir zu schwierig.« Oder »Ich weiß nicht, was ich tun soll.« Und so verschieben Sie es und verschieben es und verschieben es. Aber Sie müssen erkennen, dass dabei in Wahrheit das Wort fortbesteht und nur modifiziert wird. Wahrheit wird immer unmittelbar wahrgenommen – nicht im Laufe der Zeit. Kann der Geist diesen augenblicklichen Durchbruch bereits durch Hinterfragen erreichen? Kann er die durch Worte entstandene Barriere erkennen, kann er die Bedeutsamkeit der Worte blitzartig erfassen und in jenen Zustand gelangen, wo er nicht mehr in der Zeit gefangen ist? Sie müssen das selbst erfahren haben. Für die meisten ist das jedoch sehr selten.

Subtile Wahrheit

Sie erleben ein blitzartiges Verstehen, diese außerordentliche Schnelligkeit der Einsicht, wenn der Geist ganz still ist, wenn keine Gedanken da sind, wenn der Geist nicht mit seinem eigenen Lärm belastet ist. Irgendetwas zu verstehen – ein modernes Gemälde, ein Kind, Ihre Frau, Ihren Nachbarn oder die Wahrheit, die in allen Dingen ist – setzt voraus, dass der Geist ganz still ist. Aber diese Stille kann man nicht kultivieren, denn wenn Sie die Stille des Geistes ausbilden und verfeinern, ist es kein stiller Geist, sondern ein abgestorbener Geist.

… Je mehr Sie an irgendetwas interessiert sind, je stärker Ihre Absicht ist, etwas zu verstehen, desto einfacher, klarer und freier ist der Geist. Dann hört das ständige Verbalisieren auf. Denn Denken und Wort sind schließlich ein und dasselbe, und es ist das Wort, das sich einmischt. Es ist dieser Schleier der Worte, der Erinnerung ist, der sich zwischen die Herausforderung und die Reaktion schiebt. Das Wort reagiert auf die Herausforderung, und das nennen wir Denken. Der Geist, der ständig daherredet, viele Worte macht, kann die Wahrheit nicht verstehen – gemeint ist die Wahrheit in der direkten Beziehung, keine abstrakte Wahrheit. Es gibt keine abstrakte Wahrheit. Aber die Wahrheit ist sehr subtil, und dieses Subtile ist schwer zu fassen. Sie ist nicht abstrakt. Sie kommt so rasch, so im Verborgenen, der Geist kann sie nicht festhalten. Sie kommt im Dunkeln wie ein Dieb in der Nacht, nicht wenn Sie darauf vorbereitet sind, sie zu empfangen. Ihr Empfangen ist nur eine Einladung an die Besitzgier. Daher kann ein Geist, der im Netz der Worte gefangen ist, die Wahrheit nicht verstehen.

Alles Denken besteht aus einzelnen Teilen

Sie und ich erkennen, dass wir konditioniert sind. Wenn Sie, wie manche Leute, der Meinung sind, dass Konditionierung unvermeidlich ist, gibt es kein Problem. Sie sind ein Sklave und damit Schluss. Aber wenn Sie anfangen, sich zu fragen, ob es überhaupt möglich ist, diese Begrenzung niederzureißen, diese Konditionierung aufzulösen, dann gibt es ein Problem, denn dann müssen Sie dem gesamten Denkprozess auf den Grund gehen, nicht wahr? Wenn Sie nur sagen: »Ich muss mir meiner Konditionierung bewusst sein, ich muss darüber nachdenken, muss sie analysieren, um sie zu verstehen und auszumerzen«, üben Sie Druck aus. Ihr Denken, Ihr Analysieren ist immer noch das Resultat Ihres geistigen Hintergrundes, also können Sie die Konditionierung ganz offensichtlich nicht mittels Ihres Denkens, das ja ein Teil davon ist, auflösen.

Versuchen Sie zunächst einmal, das Problem zu sehen, und fragen Sie nicht nach der Antwort, der Lösung. Tatsache ist, dass wir konditioniert sind und dass alles Denken, mit dem wir diese Konditionierung zu verstehen versuchen, immer nur aus einzelnen Teilen besteht. Deshalb kann es auf diese Weise nie ein vollkommenes Verstehen geben, aber nur im völligen Verstehen der gesamten Vorgänge des Denkens herrscht Freiheit. Die Schwierigkeit besteht darin, dass wir immer innerhalb der Möglichkeiten des menschlichen Geistes funktionieren, das heißt, nur mit dem Instrument des Denkens arbeiten, ob logisch oder unlogisch. Und wie wir gesehen haben, besteht das Denken immer nur aus einzelnen Teilen.

Freiheit vom Selbst

Um den Geist von jeglicher Konditionierung zu befreien, müssen Sie ihn in seiner Ganzheit wahrnehmen, ohne zu denken. Das ist kein Rätsel, experimentieren Sie damit, und Sie werden sehen. Sehen Sie je irgendetwas, ohne zu denken? Haben Sie jemals zugehört oder geschaut, ohne diesen ganzen Reaktionsprozess? Sie werden sagen, dass es unmöglich ist, irgendetwas ohne Denken zu sehen. Sie werden sagen, dass kein menschlicher Geist frei von Konditionierung sein kann. Wenn Sie das sagen, haben Sie sich bereits durch Ihr Denken blockiert, denn in Wirklichkeit wissen Sie es nicht.

Kann ich also schauen, kann der Geist sich seiner eigenen Konditionierung bewusst sein? Ich glaube, dass er es kann. Bitte probieren Sie es. Können Sie sich der Tatsache bewusst sein, dass Sie ein Hindu, ein Sozialist, ein Kommunist oder dies oder jenes sind, sich dessen einfach nur bewusst sein, ohne zu sagen, dass es richtig oder falsch ist? Weil es so schwer ist, einfach nur zu sehen, sagen wir, dass es unmöglich ist. Ich sage: Nur wenn Sie sich Ihres Seins in seiner Ganzheit bewusst sind, ohne irgendwie darauf zu reagieren, verschwindet die Konditionierung vollständig und in ganzer Tiefe – und das ist die wirkliche Freiheit vom Selbst.

Bewusstheit kann die Probleme verbrennen

Denken ist offensichtlich immer konditioniert. So etwas wie freies Denken gibt es nicht. Das Denken kann nie frei sein, denn es ist das Resultat unserer Konditionierung, unserer Herkunft, unserer Kultur, unserer Klimazone, unseres gesellschaftlichen, wirtschaftlichen und politischen Hintergrundes. Welche Bücher Sie lesen und welche Praktiken Sie ausüben, wird von Ihrem geistigen Hintergrund bestimmt, und alles, was Sie denken, muss das Resultat dieses Hintergrundes sein. Wenn es uns also gelingt, bewusst zu sein – und wir können gleich untersuchen, was es bedeutet, bewusst zu sein –, sind wir vielleicht in der Lage, den Geist zu entkonditionieren, ohne den Willen einzusetzen, ohne den Entschluss, ihn zu entkonditionieren. Denn in dem Moment, in dem wir den Entschluss fassen, existiert eine innere Instanz, die etwas wünscht, die sagt: »Ich muss meinen Geist entkonditionieren.« Diese Instanz ist das Produkt unseres Wunsches, ein bestimmtes Ergebnis zu erzielen, also gibt es bereits einen Konflikt. Können wir uns also unserer Konditionierung bewusst sein, einfach nur bewusst? Denn dann gibt es überhaupt keinen Konflikt. Diese Bewusstheit kann, wenn man sie zulässt, die Probleme vielleicht verbrennen.

Es gibt keine edle oder bessere Konditionierung

Lässt nicht das Bestreben des Geistes, sich von seiner Konditionierung zu befreien, ein weiteres Muster des Widerstandes und der Konditionierung entstehen? Da Sie sich des Musters oder der Schablone, in der Sie aufwuchsen, bewusst geworden sind, wollen Sie frei davon sein. Aber konditioniert nicht dieser Wunsch, frei zu sein, den Geist wieder auf eine andere Art und Weise? Das alte Muster verlangt von Ihnen, sich nach Autoritäten zu richten, und nun entwickeln Sie ein neues Muster, das von Ihnen verlangt, sich nicht anzupassen. Sie haben also zwei Muster, die miteinander im Widerstreit stehen. Solange dieser innere Widerspruch besteht, setzt sich die Konditionierung fort.

... Da ist das Bestreben, sich anzupassen, und das Bestreben, frei zu sein. Wie unterschiedlich diese beiden Bestrebungen auf den ersten Blick auch erscheinen – sind sie sich im Grunde nicht doch ähnlich? Und wenn sie sich im Grunde ähneln, dann ist Ihr Streben nach Freiheit sinnlos, denn Sie bewegen sich nur endlos von einem Muster ins nächste. Es gibt keine edle oder bessere Konditionierung, und es ist dieses Verlangen, dieser Wunsch, den man verstehen muss.

Freiheit von der Konditionierung

Der Wunsch, sich selbst von seiner Konditionierung zu befreien, setzt die Konditionierung nur fort. Aber wenn man, anstatt zu versuchen, den Wunsch zu unterdrücken, den gesamten Mechanismus des Wünschens versteht, dann führt allein schon dieses Verstehen zur Befreiung von der Konditionierung. Die Freiheit von der Konditionierung ist kein direktes Resultat. Verstehen Sie? Wenn ich bewusst versuche, mich von meiner Konditionierung zu befreien, dann bringt dieser Wunsch wiederum seine eigene Konditionierung hervor. Ich zerstöre vielleicht eine Form der Konditionierung, aber verfange mich dabei in einer anderen. Durchschaue ich hingegen das Wünschen an sich, was auch den Wunsch, frei zu sein, einschließt, dann löst eben dieses Verstehen jegliche Konditionierung auf. Die Freiheit von der Konditionierung ist ein Nebeneffekt. Sie ist nicht wichtig. Wichtig ist zu verstehen, wie und wodurch Konditionierung entsteht.

Einfach bewusst sein

Jede Form des Ansammelns, ob von Wissen oder Erfahrungen, jedes Ideal, jede Projektion des Geistes, jede Methode, die darauf abzielt, den Geist zu formen – wie er sein sollte und wie er nicht sein sollte – lässt offensichtlich unsere Fähigkeit zu forschen und Dinge zu entdecken verkümmern. …

Ich glaube also, dass unser Forschen nicht auf die Lösung unserer unmittelbaren Probleme ausgerichtet sein sollte, sondern darauf, herauszufinden, ob unser Geist – sowohl der bewusste Teil als auch das Unbewusste, in dem alle Erinnerungen, alle Traditionen, alles ererbte Wissen der menschlichen Rasse gespeichert sind – ob dies alles beiseite gelassen werden kann. Ich glaube, das ist nur möglich, wenn der Geist fähig ist, sich all dessen bewusst zu sein, ohne irgendeinen Anspruch und ohne auf irgendeine Weise unter Druck zu stehen – einfach bewusst zu sein. Ich glaube, es ist eines der schwierigsten Unterfangen, so bewusst zu sein, denn wir sind immer im unmittelbaren Problem und der Suche nach seiner unmittelbaren Lösung verstrickt, und deshalb ist unser Leben so oberflächlich. Auch wenn wir noch so viele Analytiker aufsuchen, noch so viele Bücher lesen, eine Menge Wissen ansammeln, in Kirchen gehen, beten, meditieren, verschiedene spirituelle Praktiken ausüben, ist unser Leben dennoch sehr oberflächlich, weil wir nicht wissen, wie man etwas in ganzer Tiefe ergründet. Ich glaube, der Schlüssel zum Verstehen, zur Fähigkeit, sehr, sehr tief zu gehen und etwas bis zum Ursprung zu ergründen, liegt in der Bewusstheit – sich seiner eigenen Gedanken und Gefühle einfach bewusst zu sein, ohne zu verdammen, ohne zu vergleichen, einfach zu beobachten. Wenn Sie es ausprobieren, werden Sie sehen, wie außerordentlich schwierig das ist, denn wir werden nur dazu erzogen, zu verurteilen, zu akzeptieren, zu vergleichen.

Kein Teil des menschlichen Geistes ist unkonditioniert

Ihr Geist ist durch und durch konditioniert: Es gibt keinen Teil von Ihnen, der nicht konditioniert ist. Das ist eine Tatsache, ob es Ihnen gefällt oder nicht. Vielleicht sagen Sie, dass es einen Teil gibt – den Beobachter, das höhere Selbst, der Atman –, der nicht konditioniert ist. Aber weil Sie darüber nachdenken, befindet er sich im Bereich des Denkens und ist daher konditioniert. Sie können so viele Theorien darüber erfinden, wie Sie wollen, Tatsache ist jedoch, dass Ihr Geist durch und durch konditioniert ist, sowohl der bewusste Teil als auch das Unbewusste, und jede Anstrengung, die er unternimmt, um sich zu befreien, ist ebenfalls konditioniert. Was soll der Geist also tun? Oder besser gesagt, in welchem Zustand befindet sich der Geist, wenn er weiß, dass er konditioniert ist, und erkennt, dass jede Anstrengung, die er unternimmt, um sich zu entkonditionieren, immer noch konditioniert ist?

Wenn Sie also sagen: »Ich weiß, dass ich konditioniert bin«, wissen Sie es dann wirklich, oder ist es nur eine verbale Feststellung? Erkennen Sie es mit der gleichen Durchschlagkraft, mit der Sie eine Kobra sehen? Wenn Sie eine Schlange sehen und wissen, dass es eine Kobra ist, handeln Sie sofort, unmittelbar. Und hat es, wenn Sie sagen: »Ich weiß, dass ich konditioniert bin«, dieselbe lebenswichtige Bedeutung wie Ihre Wahrnehmung der Kobra? Oder ist es nur ein oberflächliches Anerkennen der Tatsache, und kein wirkliches Erfassen der Tatsache? Wenn ich die Tatsache, dass ich konditioniert bin, wirklich erkenne, tut sich unmittelbar etwas. Ich muss mich nicht bemühen, mich zu entkonditionieren. Allein schon die Tatsache, dass ich konditioniert bin, und das Erkennen dieser Tatsache führt zu unmittelbarer Klarheit. Die Schwierigkeit liegt darin, dies nicht in dem Sinne zu erkennen, dass man sich der vollen Bedeutung dieser Tatsache bewusst ist und sieht, dass alles Denken konditioniert ist, wie subtil, wie schlau, wie differenziert oder philosophisch es auch sein mag.

Die Last des Unbewussten

Im Innern, im Unbewussten, lastet das ungeheure Gewicht der Vergangenheit auf Ihnen und schiebt Sie in eine bestimmte Richtung. …

Wie kann man all das ausradieren? Wie kann das Unbewusste unmittelbar gereinigt und von der Vergangenheit befreit werden? Die Analytiker meinen, man könne das Unbewusste durch die Analyse teilweise oder sogar vollständig befreien – durch Untersuchen, Forschen, Beichten, durch die Deutung von Träumen und so weiter – so dass man zumindest zu einem »normalen« Menschen wird und in der Lage ist, sich an das gegenwärtige Umfeld anzupassen. Aber bei der Analyse gibt es immer den Analysierenden und das, was analysiert wird, einen Beobachter, der das, was er beobachtet, interpretiert, und das ist eine Dualität, eine Quelle des Konflikts.

Ich erkenne also, dass bloßes Analysieren des Unbewussten nirgendwo hinführt. Es hilft mir vielleicht, ein bisschen weniger neurotisch zu sein, ein bisschen freundlicher zu meiner Frau, meinem Nachbarn oder etwas ähnlich Oberflächliches, aber davon sprechen wir nicht. Ich sehe, dass der analytische Prozess – der Zeit beinhaltet, Interpretationen und die Aktivität des Denkens in Form eines Beobachters, der das Beobachtete analysiert – das Unbewusste nicht befreien kann. Deshalb lehne ich den analytischen Prozess komplett ab. In dem Moment, in dem ich es als Tatsache erkenne, dass die Analyse mich unter keinen Umständen von der Last des Unbewussten befreien kann, ist es für mich mit der Analyse vorbei. Ich analysiere nicht mehr. Was ist also geschehen? Weil es nun keinen Analysierenden mehr gibt, der von dem, was er analysiert, getrennt ist, *ist* er das, was analysiert wurde. Er ist kein davon getrenntes Etwas. Dann stellt man fest, dass das Unbewusste ziemlich bedeutungslos ist.

Die Pause zwischen den Gedanken

Ich sage also, dass der Geist definitiv frei von jeglicher Konditionierung sein kann – aber es geht nicht darum, dass Sie meine Autorität akzeptieren. Wenn Sie es aufgrund meiner Autorität akzeptieren, werden Sie es niemals selbst herausfinden, es wird nur ein weiterer Ersatz und somit ziemlich bedeutungslos sein. …

Zum Verstehen des gesamten Vorgangs der Konditionierung gelangen Sie nicht durch Analyse oder Innenschau, weil der Analysierende, sobald er ins Spiel kommt, selbst Teil des geistigen Hintergrundes ist, und deshalb ist die Analyse ohne Bedeutung.

… Wie kann der Geist frei werden? Um frei zu sein, muss er nicht nur sehen und verstehen, dass er wie ein Pendel zwischen der Vergangenheit und der Zukunft hin und her schwingt, sondern muss auch den Zwischenraum zwischen den Gedanken wahrnehmen. …

Wenn Sie ganz genau aufpassen, werden Sie feststellen, dass es, obwohl die Reaktionen, die Bewegungen des Denkens so schnell abzulaufen scheinen, zwischen den Gedanken Lücken oder Pausen gibt. Zwischen zwei Gedanken gibt es einen Moment der Stille, der nicht mit dem Denkprozess verbunden ist. Wenn Sie das beobachten, werden Sie feststellen, dass dieser Moment der Stille, diese Pause, außerhalb der Zeit ist. Und die Entdeckung dieses Zeitraums, ihn voll zu erleben, befreit Sie von der Konditionierung – oder, besser gesagt, sie befreit nicht »Sie«, sondern es findet eine Befreiung von der Konditionierung statt. … Nur wenn der Geist das Denken nicht kontinuierlich aufrechterhält, wenn er still ist – mit einer Stille, die nicht herbeigeführt wurde, die keine Ursache hat – nur dann kann man frei vom geistigen Hintergrund sein.

Beobachten Sie, wie sich Gewohnheiten bilden

Ohne Freiheit von der Vergangenheit gibt es überhaupt keine Freiheit, denn der Geist ist niemals neu, frisch, unschuldig. Nur ein frischer, unschuldiger Geist ist frei. Freiheit hat weder etwas mit dem Alter noch mit Erfahrung zu tun. Und mir scheint, dass der eigentliche Schlüssel zur Freiheit im Verstehen des gesamten Entstehungsmechanismus der Gewohnheiten liegt, sowohl der bewussten als auch der unbewussten. Es geht nicht darum, diese Gewohnheiten aufzugeben, sondern darum, die Beschaffenheit von Gewohnheiten vollständig zu erfassen. Sie müssen beobachten, auf welche Weise sich Gewohnheiten bilden und wie durch das Ablehnen oder Bekämpfen einer Gewohnheit eine neue entsteht. Es kommt also darauf an, sich der Gewohnheiten vollkommen bewusst zu sein, denn dann bilden sich, wie Sie selbst sehen werden, keine Gewohnheiten mehr. Indem Sie gegen Gewohnheiten Widerstand leisten, sie bekämpfen oder verleugnen, erhalten Sie diese nur aufrecht. Wenn Sie eine bestimmte Gewohnheit bekämpfen, beleben Sie diese erst richtig, und dann wird Ihr Kampf dagegen zu einer weiteren Gewohnheit. Aber wenn Sie sich der gesamten Beschaffenheit der Gewohnheiten ohne inneren Widerstand einfach bewusst sind, werden Sie feststellen, dass Sie frei von Gewohnheiten sind, und in dieser Freiheit geschieht etwas Neues.

Nur der abgestumpfte, schläfrige Geist schafft Gewohnheiten und hält daran fest. Ein Mensch, der von Augenblick zu Augenblick wach und aufmerksam ist – darauf achtet, was er sagt, wie er seine Hände bewegt, was er denkt, was er fühlt –, wird feststellen, dass sich keine Gewohnheiten mehr bilden. Es ist sehr wichtig, das zu verstehen, denn solange der Geist eine Gewohnheit ablegt und dabei gleichzeitig eine weitere schafft, kann er offensichtlich niemals frei sein. Und nur ein freier Geist kann etwas wahrnehmen, das über ihn selbst hinausgeht.

Juni

Energie

♦

Aufmerksamkeit

♦

Bewusstheit ohne
Auswählen

♦

Gewalt

Energie bringt ihre eigene Disziplin hervor

Die Wirklichkeit erfassen zu wollen erfordert ungeheure Energie, und wenn der Mensch das nicht tut, verschwendet er seine Energie auf Arten und Weisen, die Unheil anrichten, und deshalb muss die Gesellschaft ihn kontrollieren. Ist es möglich, auf der Suche nach Gott oder der Wahrheit Energie freizusetzen und gleichzeitig, während man dem Wahren auf der Spur ist, ein Bürger zu sein, der die grundlegenden Fragen des Lebens erkennt und versteht und den die Gesellschaft nicht zerstören kann?

Der Mensch ist Energie, und wenn er nicht nach Wahrheit sucht, wird diese Energie destruktiv. Deshalb kontrolliert und formt die Gesellschaft den Einzelnen, aber dadurch wird diese Energie erstickt. … Vielleicht haben Sie auch schon eine andere interessante und ganz schlichte Tatsache festgestellt: In dem Moment, wenn Sie etwas wirklich tun wollen, haben Sie die Energie dafür. … Genau diese Energie wird zu dem Instrument, mit dem sie sich selbst kontrolliert. Deshalb brauchen Sie keine äußere Disziplin. Auf der Suche nach der Wirklichkeit schafft sich die Energie ihre eigene Disziplin. Der Mensch, der die Wirklichkeit erfassen möchte, wird von selbst zu einem richtigen Mitbürger, was aber nicht bedeutet, dass er den Vorstellungen irgendeiner Gesellschaft oder Regierung entspricht.

Dualität verursacht Konflikte

Jeglicher Konflikt, ob physisch, psychisch oder intellektuell, ist Energieverschwendung. Es ist außerordentlich schwer, das zu verstehen und sich davon frei zu machen, weil die meisten von uns dazu erzogen wurden zu kämpfen, sich anzustrengen. In der Schule ist dies das Erste, was uns beigebracht wird, sich anzustrengen. Und dieser Kampf, diese Anstrengung setzt sich unser ganzes Leben lang fort – das heißt, um gut zu sein, müssen Sie kämpfen, Sie müssen das Böse bekämpfen, Sie müssen Widerstand leisten, sich kontrollieren. Durch die Erziehung, die Gesellschaft und die Religion wird dem Menschen also beigebracht, zu kämpfen. Man bringt Ihnen bei, dass Sie etwas tun müssen, um Gott zu finden: hart arbeiten, sich disziplinieren, bestimmte Dinge praktizieren, Ihre Seele, Ihren Geist, Ihren Körper quälen und verbiegen, sich verleugnen und unterdrücken. Dass Sie nicht genau hinschauen dürfen. Dass Sie kämpfen, kämpfen, kämpfen müssen auf dieser so genannten spirituellen Ebene – die gar keine spirituelle Ebene ist. Dann ist im Zusammenleben jeder nur auf sich selbst bedacht oder auf seine Familie.

… Wir verschwenden also an allen Ecken und Enden Energie. Und diese Energieverschwendung beruht im Grunde auf einem Konflikt: Dem Konflikt zwischen »Ich sollte« und »Ich sollte nicht«, »Ich muss« und »Ich darf nicht«. Hat man die gegensätzliche Dualität erst einmal geschaffen, sind Konflikte unvermeidlich. Man muss also diesen ganzen Mechanismus der Dualität verstehen – natürlich gibt es Mann und Frau, grün und rot, hell und dunkel, groß und klein, davon spreche ich nicht, das sind Fakten. Aber in dem Bemühen, das auf diese Trennung zwischen der Tatsache und der Vorstellung verwendet wird, steckt die Energieverschwendung.

Das Verhaltensmuster aus einer Vorstellung

Wenn Sie sagen: »Wie kann ich Energie bewahren?«, haben Sie ein Verhaltensmuster aus einer Vorstellung geschaffen – wie man Energie bewahrt –, und dann passen Sie Ihr Leben an dieses Muster an. So entsteht erneut ein Zwiespalt. Nehmen Sie hingegen selbst wahr, wo Sie Ihre Energien verschwenden, werden Sie sehen, dass die Hauptursache der Verschwendung Konflikte sind: dass man ein Problem hat und es nie löst, dass man mit einer fürchterlichen Erinnerung an etwas Vergangenes lebt, dass man traditionsgebunden ist. Man muss die Hintergründe dieser Energieverschwendung verstehen, aber man versteht die Energieverschwendung nicht mit Hilfe von Shankara, Buddha oder irgendeinem Heiligen, sondern dadurch, dass man die täglichen Konflikte im eigenen Leben wirklich beobachtet. Die Hauptursache der Energieverschwendung ist also ein Konflikt – was nicht bedeutet, dass Sie sich zurücklehnen und die Hände in den Schoß legen sollen. Solange die Vorstellung wichtiger ist als die Tatsache, wird immer ein Konflikt bestehen.

Wo innere Widersprüche herrschen, gibt es Konflikte

Sie wissen, dass sich die meisten von uns in einem Konflikt befinden, ein Leben voller Widersprüche führen, nicht nur im Äußeren, sondern auch im Innern. Innere Widersprüche bedeuten Anstrengung. ... Wo Mühe und Anstrengung vorherrschen, kommt es zur Verschwendung – zur Verschwendung von Energie. Wo innere Widersprüche herrschen, gibt es Konflikte. Und wo es Konflikte gibt, gibt es auch das Bemühen, diese Konflikte zu überwinden – was eine weitere Form von Widerstand ist. Wo Sie sich widersetzen, wird auch eine bestimmte Art von Energie hervorgerufen – Sie wissen: Wenn Sie gegen irgendetwas Widerstand leisten, erzeugt eben dieser Widerstand Energie. ...

Jegliches Handeln beruht auf dieser Reibung zwischen dem »Ich muss« und dem »Ich darf nicht«. Und diese Form des Widerstands, diese Art des Konflikts erzeugt Energie. Aber diese Energie ist, wenn Sie ganz genau hinschauen, sehr destruktiv. Sie ist nicht kreativ. ... Die meisten Menschen leben mit inneren Widersprüchen. Und wenn sie eine Begabung haben, ein Talent zum Schreiben oder zum Malen oder zu etwas anderem, dann liefert ihnen die Spannung dieser inneren Widersprüche die Energie, sich auszudrücken, etwas zu erschaffen, zu schreiben, zu sein. Je größer die Spannung, je größer der Konflikt, desto größer die Produktivität, und das nennen wir dann eine Schöpfung. Aber es ist gar keine Schöpfung. Es ist das Ergebnis eines Konflikts. Der Tatsache ins Gesicht zu schauen, dass Sie sich im Konflikt befinden, dass Sie mit inneren Widersprüchen leben, wird jene Form von Energie wachrufen, die nicht aus Widerstand hervorgegangen ist.

Schöpferische Energie

Nun ist die Frage: Gibt es eine Energie, die sich nicht im Bereich des Denkens bewegt, die keine Folge der Energie aus inneren Widersprüchen und Zwängen ist, keine Folge eines Strebens nach Erfüllung aus Frustration? Verstehen Sie die Frage? Ich hoffe, ich kann mich verständlich machen. Denn solange wir nicht jene andere Art von Energie entdecken, die nicht bloß das Produkt des Denkens ist, das die Energie nach und nach erzeugt, und die auch nicht mechanisch ist, solange ist unser Handeln destruktiv, ob wir nun die Gesellschaft reformieren, hervorragende Bücher schreiben, gewiefte Geschäftsleute sind oder nationalistische Trennlinien schaffen und an anderen politischen Aktivitäten teilnehmen. Die Frage ist also, ob es wirklich eine solche Energie gibt – nicht theoretisch, denn wenn wir mit Fakten konfrontiert sind, ist es kindisch und unreif, Theorien vorzubringen. Es ist wie bei einem Menschen, der Krebs hat und operiert werden muss. Da macht es keinen Sinn, darüber zu diskutieren, welche chirurgischen Instrumente man benutzen muss und was sonst noch alles. Sie müssen sich der Tatsache stellen, dass er operiert werden muss. Genauso muss auch der menschliche Geist die Sache ergründen oder in einem Zustand sein, in welchem er kein Sklave des Denkens ist. Schließlich ist alles Denken im Rahmen der Zeit reine Erfindung. Alle technischen Geräte und Apparate, die Düsenflugzeuge, die Raketen, die Erforschung des Atoms und des Weltraums sind das Ergebnis von Wissen und Denken. All das hat nichts mit Erschaffen zu tun. Etwas erfinden und geistige Fähigkeiten sind nicht dasselbe, wie etwas Neues zu erschaffen. Das Denken kann niemals schöpferisch sein, weil es immer konditioniert ist und daher nie frei sein kann. Nur jene Energie, die nicht das Produkt des Denkens ist, ist schöpferisch.

Die höchste Form der Energie

Eine Vorstellung von Energie ist etwas völlig anderes als die Energie selbst. Wir haben Rezepte oder Vorstellungen, wie wir diese höchste Form der Energie hervorbringen können. Aber das Rezept ist etwas ganz anderes als die Energie selbst mit ihrer Fähigkeit, sich ständig wiederherzustellen und zu erneuern.

... Die höchste Form dieser Energie, der Gipfelpunkt, ist jener Bewusstseinszustand, in welchem der Geist keine Vorstellungen, keine Gedanken mehr hat und kein Sinn für ein Eingreifen oder eine Absicht da ist – das ist reine Energie. Und um diese Form der Energie kann man sich nicht bemühen. Sie können nicht sagen: »Zeig mir, wie ich sie bekommen kann, zeig mir den Weg dorthin.« Es gibt keinen Weg dorthin. Um für uns selbst herauszufinden, was es mit dieser Energie auf sich hat, müssen wir anfangen, die alltägliche Energie zu verstehen, die wir verschwenden – wenn wir reden, wenn wir einen Vogel hören, eine Stimme, wenn wir den Fluss sehen, den weiten Himmel und die Leute aus dem Dorf, schmutzig, verwahrlost, krank, halb verhungert, und den Baum, der sich am Abend aus dem Tageslicht zurückzieht. Allein schon das Beobachten von all dem ist Energie. Und diese Energie beziehen wir aus der Nahrung, aus den Strahlen der Sonne. Diese tägliche physische Energie, die jeder von uns hat, kann durch richtige Ernährung und ähnliche Dinge verstärkt, vermehrt werden. Das ist offenkundig notwendig. Aber dieselbe Energie, die zu psychischer Energie wird – das heißt zum Denken – wird in dem Moment, in dem sie einen Widerspruch in sich trägt, zur Energieverschwendung.

Die Kunst des Zuhörens ist die Kunst der Befreiung

Jemand erzählt Ihnen etwas, und Sie hören zu. Der Akt des Zuhörens ist bereits der Akt der Befreiung. Wenn Sie die Tatsache wahrnehmen, bewirkt bereits dieses Wahrnehmen der Tatsache die Befreiung von ihr. Allein schon das Zuhören, allein schon etwas als Tatsache zu sehen, hat eine außerordentliche Wirkung, ganz ohne die Bemühungen des Denkens.

… Nehmen wir beispielsweise den Ehrgeiz. Wir haben ausführlich darüber gesprochen, was er anrichtet, wie er sich auswirkt. Ein ehrgeiziger Mensch wird niemals wissen, was es bedeutet mitzufühlen, Mitleid zu haben und Liebe zu empfinden. Ein ehrgeiziger Mensch ist ein grausamer Mensch – ganz gleich, ob sein Ehrgeiz nach außen, nach innen oder auf spirituelle Ziele gerichtet ist. Sie haben das gehört. Und wenn Sie es hören, wandeln Sie es um und fragen: »Wie kann ich in dieser Welt, die auf Ehrgeiz beruht, leben?« Also haben Sie nicht zugehört. Sie haben darauf angesprochen, Sie haben auf eine Feststellung, eine Tatsache lediglich reagiert. Das heißt, Sie schauen sich die Tatsache nicht an. Sie interpretieren die Tatsache nur oder äußern nur Ihre Meinung darüber oder reagieren nur darauf. Also schauen Sie die Tatsache nicht an. … Wenn man zuhört, und zwar ohne jegliche Wertung, Reaktion oder Urteil, dann erzeugt die Tatsache ganz gewiss selbst jene Energie, die den Ehrgeiz wegwischt, zerstört, hinwegfegt – den Ehrgeiz, der Konflikte verursacht.

Aufmerksamkeit ohne Widerstand

Sie wissen, was Raum ist. In diesem Saal ist Raum. Die Entfernung zwischen diesem Gebäude und Ihrem Hotel, zwischen der Brücke und Ihrem Zuhause, zwischen diesem Flussufer und dem anderen – all das ist Raum. Ist auch in Ihrem Geist Raum? Oder ist er so vollgestopft, dass überhaupt kein Raum mehr bleibt? Wenn in Ihrem Geist Raum ist, dann ist Stille in diesem Raum – und aus dieser Stille kommt alles andere, denn dann können Sie zuhören, dann können Sie ohne inneren Widerstand aufmerksam sein. Deshalb ist es sehr wichtig, Raum im Geist zu haben. Wenn der Geist nicht übervoll ist, nicht ununterbrochen beschäftigt ist, kann er diesem bellenden Hund lauschen, dem Geräusch des Zuges, der über die ferne Brücke fährt, und gleichzeitig aufmerksam wahrnehmen, was eine Person in diesem Saal sagt. Dann ist der Geist etwas Lebendiges, nichts Totes.

Aufmerksamkeit ohne Anstrengung

Gibt es eine Aufmerksamkeit, ohne dass das Bewusstsein von etwas ganz in Anspruch genommen wird? Gibt es Aufmerksamkeit ohne Konzentration auf ein Objekt? Gibt es Aufmerksamkeit ohne Motiv, ohne Beeinflussung, ohne Zwang? Kann der menschliche Geist vollkommen aufmerksam sein, ohne irgendetwas auszuschließen? Sicher kann er das, und das ist sogar die einzige Form, in der man wirklich aufmerksam ist. Die anderen Formen sind nur Nachsicht oder Winkelzüge des menschlichen Geistes. Wenn Sie allem volle Aufmerksamkeit schenken können, ohne sich in etwas Bestimmtes zu vertiefen und ohne irgendetwas auszuschließen, dann werden Sie herausfinden, was Meditation ist, denn in dieser Aufmerksamkeit gibt es kein Bemühen, keine Trennung, keinen Kampf, keine Suche nach einem Ergebnis. Meditation ist also ein Prozess, bei dem der Geist von Methoden befreit wird und bei dem man aufmerksam ist, ohne sich in etwas Bestimmtes zu vertiefen oder sich um Konzentration zu bemühen.

Aufmerksamkeit, die nichts ausschließt

Ich glaube, es gibt einen Unterschied zwischen der Aufmerksamkeit, die auf ein Objekt gerichtet ist, und der Aufmerksamkeit ohne Objekt. Wir können uns auf eine bestimmte Vorstellung, einen Glauben, ein Objekt konzentrieren – ein Vorgang, bei dem anderes ausgeschlossen wird. Und es gibt eine Form von Aufmerksamkeit, ein Gewahrsein, das nichts ausschließt. Ebenso gibt es eine Unzufriedenheit, die keine Ursache hat, die nicht aus irgendeiner Frustration hervorgeht, die nicht in bestimmte Bahnen gelenkt werden kann, die sich durch keine Erfüllung stillen lässt. Vielleicht verwende ich nicht das richtige Wort dafür, aber ich glaube, dass diese außergewöhnliche Unzufriedenheit das Entscheidende ist. Ohne sie wird jede andere Form von Unzufriedenheit nur zu einem Weg, sich Befriedigung zu verschaffen.

Aufmerksamkeit ist schrankenlos, ohne Grenzen

Um den menschlichen Geist zu schulen, sollten wir den Schwerpunkt nicht auf Konzentration, sondern auf Aufmerksamkeit legen. Konzentration ist ein Vorgang, bei dem das Bewusstsein gezwungen wird, sich auf einen Punkt zu beschränken, während Aufmerksamkeit grenzenlos ist. Bei der Konzentration wird der Geist immer durch eine Grenze eingeschränkt, aber wenn uns daran gelegen ist, den Geist in seiner Ganzheit zu verstehen, wird bloße Konzentration zu einem Hindernis. Aufmerksamkeit ist schrankenlos, ohne die Grenzen des Wissens. Wissen ist ein Ergebnis der Konzentration, und jede Erweiterung des Wissens bleibt immer noch innerhalb seiner eigenen Grenzen. Im Zustand der Aufmerksamkeit kann und wird der Geist Wissen benutzen, das zwangsläufig durch Konzentration erworben wurde, aber ein Teil ist nie das Ganze, und das Zusammenfügen der vielen Einzelteile führt nicht zum Erkennen des Ganzen. Wissen, ein Vorgang, bei dem ständig etwas hinzugefügt wird und der auf Konzentration beruht, bringt das Verstehen des Unermesslichen nicht zustande. Das Ganze befindet sich nie innerhalb der Mauern eines konzentrierten Geistes.

Aufmerksamkeit ist also von höchster Bedeutung, aber wir erreichen sie nicht durch die Anstrengung der Konzentration. Aufmerksamkeit ist ein Zustand, in welchem der Geist unaufhörlich lernt, ohne ein Zentrum, um das herum sich Wissen in Form zusammengetragener Erfahrungen anhäuft. Ein menschlicher Geist, der auf sich selbst konzentriert ist, benutzt Wissen als Mittel, um seine eigene Bedeutung auszuweiten. Ein solches Verhalten führt zu inneren Widersprüchen und ist unsozial.

Vollkommene Aufmerksamkeit

Was meinen wir mit Aufmerksamkeit? Ist es Aufmerksamkeit, wenn ich meinen Geist zwinge, aufmerksam zu sein? Wenn ich mir sage: »Ich muss aufmerksam sein, ich muss meinen Geist unter Kontrolle halten und alle anderen Gedanken beiseite schieben?« Würden Sie das Aufmerksamkeit nennen? Das hat sicher nichts mit Aufmerksamkeit zu tun. Was geschieht, wenn der Geist sich zwingt, aufmerksam zu sein? Er erzeugt einen Widerstand, um zu verhindern, dass sich andere Gedanken einschleichen. Er ist mit dem Widerstand, mit dem Wegschieben beschäftigt, und deshalb ist er unfähig, aufmerksam zu sein. Das stimmt, oder etwa nicht?

Um eine Sache vollkommen zu verstehen, muss man ihr volle Aufmerksamkeit widmen. Aber Sie werden schon bald herausfinden, wie außerordentlich schwierig das ist, weil Ihr Geist gewohnt ist, zerstreut zu sein. Also sagen Sie: »Mein Gott, es ist gut, aufmerksam zu sein, aber wie soll ich das anstellen?« Das heißt, Sie sind wieder bei dem Wunsch angekommen, etwas zu erreichen, also werden Sie nie vollkommen aufmerksam sein. ... Betrachten Sie beispielsweise einen Baum oder einen Vogel, dann hat es nichts mit vollkommener Aufmerksamkeit zu tun, wenn Sie sagen: »Das ist eine Eiche« oder »das ist ein Papagei« und weitergehen. Indem Sie dem Baum oder dem Vogel einen Namen gegeben haben, haben Sie bereits aufgehört, aufmerksam zu sein. ... Sind Sie hingegen vollkommen aufmerksam und sich dessen voll bewusst, was Sie anschauen, so werden Sie feststellen, dass eine völlige innere Umwandlung stattfindet und dass vollkommene Aufmerksamkeit *das Gute* ist. Es gibt nichts anderes, und Sie können vollkommene Aufmerksamkeit nicht durch Üben erlangen. Sie können üben, sich zu konzentrieren, das heißt, Sie errichten Mauern des Widerstandes, und innerhalb dieser Mauern befindet sich derjenige, der sich konzentriert, aber das hat nichts mit Aufmerksamkeit zu tun, es ist ein Ausschließen.

Aufmerksamkeit beginnt mit der Beseitigung der Angst

Wie kann der Zustand der Aufmerksamkeit herbeigeführt werden? Er lässt sich auf keinen Fall durch Überreden, Vergleichen, Belohnen oder Bestrafen erreichen, denn all dies sind Formen des Zwangs. Aufmerksamkeit beginnt mit der Beseitigung der Angst. Wir müssen zwangsläufig Angst haben, solange ein Drang besteht, etwas zu sein oder zu werden, also das Streben nach Erfolg mit all seinen Frustrationen und komplizierten inneren Widersprüchen. Konzentration kann man lehren, Aufmerksamkeit dagegen kann nicht gelehrt werden, ebenso wenig, wie man Angstfreiheit lehren kann, und im Verstehen dieser Zusammenhänge liegt der Schlüssel zur Beseitigung der Angst. Aufmerksamkeit ergibt sich also spontan, wenn der Schüler von einer wohltuenden Atmosphäre umgeben ist, in der er sich sicher fühlen und unbefangen sein kann und sich des uneigennützigen Handelns bewusst ist, das mit Liebe einhergeht. Liebe vergleicht nicht, und damit enden der Neid und die Qual, etwas »werden« zu müssen.

Es gibt kein Ziel, das zu erreichen wäre

Kann man Demut üben? Sich dessen bewusst zu sein, dass man demütig ist, bedeutet sicherlich nicht, dass man demütig ist. Sie wollen wissen, dass Sie es geschafft haben. Das zeigt doch – oder etwa nicht? –, dass Sie zuhören, um einen bestimmten Zustand zu erreichen, einen Ort, wo Sie nie mehr gestört werden, wo Sie dauerhaftes Glück, ewige Seligkeit finden? Aber es gibt, wie ich schon sagte, kein Erreichen, es gibt nur den Vorgang des Lernens – und das macht die Schönheit des Lebens aus. Wenn Sie es geschafft haben, gibt es weiter nichts mehr. Und Sie alle haben es geschafft oder wollen es schaffen, nicht nur in Ihrem Beruf, sondern bei allem, was Sie tun. Deshalb sind Sie unzufrieden, frustriert, unglücklich. Meine Damen und Herren, es gibt kein Ziel, das zu erreichen wäre, es gibt nur diesen beständigen Vorgang des Lernens, der nur dann schmerzhaft wird, wenn wir ansammeln. Ein menschlicher Geist, der mit vollkommener Aufmerksamkeit zuhört, wird nie darauf schauen, was dabei herauskommt, weil er sich ständig weiterentwickelt. Wie ein Fluss ist er ständig in Bewegung. Ein solcher Geist ist sich seiner eigenen Tätigkeit völlig unbewusst, und zwar insofern, als das Selbst, das »Ich« nicht aufrechterhalten wird, das danach trachtet, ein Ziel zu erreichen.

Wissen ist nicht Bewusstheit

Bewusstheit ist jener Zustand des Geistes, in welchem etwas beobachtet wird, ohne es zu verurteilen oder gutzuheißen, und indem die Dinge einfach so angeschaut werden, wie sie sind. Wenn Sie eine Blume ohne Ihr botanisches Wissen anschauen, dann sehen Sie diese Blume in ihrer Ganzheit. Wenn aber Ihr Geist völlig mit botanischem Wissen über diese Blume angefüllt ist, schauen Sie die Blume nicht mit voller Aufmerksamkeit an. Obwohl Sie vielleicht etwas über die Blume wissen, nehmen Sie die Blume nicht voll und ganz wahr, wenn dieses Wissen den ganzen Raum Ihres Geistes einnimmt.

Eine Tatsache anzuschauen heißt, sich ihrer bewusst zu sein. In dieser Bewusstheit gibt es kein Auswählen, kein Verurteilen, kein Mögen oder Nichtmögen. Aber die meisten von uns sind dazu nicht fähig, weil wir durch Tradition, Beruf und aus allen möglichen Gründen nicht in der Lage sind, eine Tatsache ohne unseren geistigen Hintergrund zu betrachten. Wir müssen uns unserer Konditionierung bewusst sein, und diese Konditionierung zeigt sich, wenn wir eine Tatsache beobachten. Und da Sie mit dem Beobachten der Tatsache beschäftigt sind und nicht mit Ihrem Hintergrund, wird der Hintergrund beiseite geschoben. Wenn das Hauptinteresse nur dem Verstehen der Tatsache gilt und wenn Sie erkennen, dass Ihr geistiger Hintergrund Sie daran hindert, die Tatsache zu verstehen, dann wischt dieses vitale Interesse an der Tatsache den Hintergrund weg.

Selbstbeobachtung ist unvollständig

In der Bewusstheit gibt es nur die Gegenwart – das heißt, in diesem Zustand sehen Sie den Beeinflussungsprozess durch die Vergangenheit, der die Gegenwart steuert und die Zukunft formt. Bewusstheit ist ein Vorgang, der einend wirkt und nicht trennend. Wenn ich beispielsweise frage: »Glaube ich an Gott?«, dann kann ich, wenn ich mir meines Inneren bewusst bin, schon beim Fragen beobachten, was mich dazu bringt, diese Frage zu stellen. Wenn ich mir meiner selbst bewusst bin, kann ich wahrnehmen, was gewesen ist und welche Kräfte mich dazu zwingen, diese Frage zu stellen. Dann bin ich mir verschiedener Formen der Angst bewusst – der Ängste meiner Vorfahren, die eine bestimmte Vorstellung von Gott geschaffen und an mich weitergegeben haben. Indem ich ihre Vorstellung mit meinen gegenwärtigen Reaktionen vermische, habe ich die Gottesvorstellung modifiziert oder verändert. Wenn ich mir all dessen bewusst bin, nehme ich diesen ganzen Prozess aus der Vergangenheit und seine Auswirkung in der Gegenwart und in der Zukunft als ein zusammenhängendes Ganzes wahr.

Wenn man sich des eigenen Inneren bewusst ist, sieht man, wie die eigene Gottesvorstellung aus der Angst herrührt. Oder vielleicht gab es einen Menschen, der eine echte Erfahrung der Wirklichkeit oder eine echte Gotteserfahrung hatte und sie einem anderen mitteilte, der sie in seiner Gier zu seiner eigenen machte und damit den Prozess der Nachahmung in Gang setzte. Bewusstheit ist ein vollständiger Vorgang, und Selbstbeobachtung ist unvollständig. Selbstbeobachtung ist krankhaft und schmerzhaft, während Bewusstheit Begeisterung und Freude auslöst.

Das Ganze sehen

Wie schauen Sie einen Baum an? Sehen Sie den Baum als Ganzes? Wenn Sie ihn nicht als Ganzes sehen, sehen Sie ihn überhaupt nicht. Vielleicht gehen Sie vorbei und sagen: »Der Baum dort, wie schön er ist!« Oder Sie sagen: »Es ist ein Mangobaum«, oder »Ich weiß nicht, was das für Bäume sind, vielleicht sind es Tamarinden.« Aber während Sie da stehen und schauen – ich spreche von Tatsachen, von Fakten –, sehen Sie ihn nie in seiner Ganzheit, und wenn Sie den Baum nicht als Ganzes sehen, sehen Sie ihn überhaupt nicht. Mit der Bewusstheit verhält es sich genauso. Wenn Sie die Arbeitsweisen Ihres Geistes nicht in diesem Sinne als Ganzes sehen – wie Sie den Baum sehen –, sind Sie sich nicht Ihrer selbst bewusst. Der Baum besteht aus den Wurzeln, dem Stamm, den großen und kleinen Ästen, den ganz zarten Zweigen, die daraus hervorgehen, und den Blättern, den abgestorbenen Blättern, den welken Blättern, den grünen Blättern, den angefressenen Blättern, den hässlichen Blättern, den fallenden Blättern, den Früchten, den Blüten – all das sehen Sie als Ganzes, wenn Sie den Baum anschauen. Und genauso erkennen Sie in diesem Zustand, in dem Sie die Arbeitsweisen Ihres Geistes sehen, in diesem Zustand der Bewusstheit, Ihren Hang zum Verurteilen, Zustimmen, Ablehnen, Kämpfen und ihre Gefühle der Sinnlosigkeit, Verzweiflung, Hoffnung und Frustration. Bewusstheit beinhaltet all das, nicht nur einen Teil davon. Sind Sie sich Ihres Geistes also in diesem einfachen Sinne bewusst, wie Sie ein Bild als Ganzes sehen und nicht nur einen Ausschnitt des Bildes und dann gleich fragen: »Wer hat dieses Bild gemalt?«

Bewusstheit lässt sich nicht erzwingen

Wenn man Bewusstheit übt und sie zu einer Gewohnheit macht, wird sie ermüdend und beschwerlich. Bewusstheit lässt sich nicht erzwingen. Das, was man übt, hat nichts mehr mit Bewusstheit zu tun, denn Üben bedeutet, dass sich Gewohnheiten bilden, dass man sich anstrengt und seinen Willen einsetzt. Anstrengung ist Verfälschung. Es geht nicht nur darum, sich der Außenwelt bewusst zu sein – eines Vogels im Flug, eines Schattens, der unruhigen See, der Bäume und des Windes, des Bettlers und der Luxusautos, die an ihm vorbeifahren –, sondern auch darum, sich der inneren Vorgänge bewusst zu sein, der inneren Spannungen und Konflikte. Einen Vogel im Flug verurteilen Sie nicht. Sie beobachten ihn, sehen seine Schönheit. Aber wenn Sie über Ihre inneren Kämpfe nachdenken, verurteilen oder rechtfertigen Sie diese. Sie sind nicht in der Lage, diesen inneren Konflikt zu beobachten, ohne eine Wahl zu treffen oder sich zu rechtfertigen.

Sich seiner Gedanken und Gefühle bewusst zu sein, ohne sich damit zu identifizieren oder sie abzulehnen, ist nicht ermüdend und beschwerlich. Aber wenn man auf der Suche nach einem Ergebnis ist, ein Ziel erreichen will, vergrößert sich der Konflikt, und der ermüdende Kampf beginnt.

Lassen Sie einen Gedanken aufblühen

Bewusstheit ist jener Bewusstseinszustand, der alles einbezieht – die Krähen am Himmel, die Blüten an den Bäumen, die Leute, die in der vorderen Reihe sitzen, die Farben, die sie tragen – umfassende Bewusstheit, die genaues Beobachten erfordert, das Wahrnehmen der Form eines Blattes, der Form des Baumstammes, der Kopfform eines anderen Menschen und dessen, was er tut. Umfassend bewusst zu sein und aus diesem Zustand heraus zu handeln, das bedeutet, sich der Gesamtheit des eigenen Wesens bewusst zu sein. Wenn man nur eine partielle Aufnahmefähigkeit hat, eine bruchstückhafte Aufnahmefähigkeit, und weiterhin seine Erfahrungen über diese begrenzte Aufnahmefähigkeit macht, so wird der Geist mittelmäßig, beschränkt und engstirnig. Aber die Bewusstheit des eigenen Wesens in seiner Ganzheit, das man dadurch versteht, dass man sich jedes Gedankens, jedes Gefühls bewusst ist und sie nie einschränkt, weil man jeden Gedanken und jedes Gefühl aufblühen lässt und sich ihrer deshalb bewusst ist – das unterscheidet sich völlig vom Handeln oder der Konzentration, die nur auf intellektuellen Fähigkeiten beruhen und daher begrenzt sind.

Einen Gedanken oder ein Gefühl aufblühen zu lassen erfordert Aufmerksamkeit – nicht Konzentration. Mit »Aufblühen« eines Gedankens meine ich, dass Sie ihm Freiheit lassen zu sehen, was geschieht, was in Ihrem eigenen Denken und Fühlen vor sich geht. Alles, was blüht, braucht Freiheit, braucht Licht. Man kann es nicht einschränken. Sie können es nicht bewerten, indem Sie sagen: »Dies ist richtig, das ist falsch. Dies sollte sein und jenes nicht.« Dadurch schränken Sie das Aufblühen des Denkens ein. Und es kann nur in dieser Bewusstheit aufblühen. Wenn Sie dieser Sache ganz auf den Grund gehen, so werden Sie feststellen, dass dieses Aufblühen des Denkens das Ende des Denkens ist.

Passive Bewusstheit

In der Bewusstheit gibt es kein Werden, es gibt kein Ziel, das zu erreichen wäre. Es gibt nur stilles Beobachten, ohne auszuwählen oder zu verurteilen, aus dem Verstehen erwächst. In diesem Vorgang, bei dem sich Denken und Fühlen frei entfalten – was nur möglich ist, wenn es weder darum geht, sich etwas anzueignen, noch darum, etwas zu akzeptieren –, stellt sich eine ausgeweitete Bewusstheit ein. Alle verborgenen Schichten und ihre Bedeutung werden enthüllt. Diese Bewusstheit offenbart jene schöpferische Leere, die man sich weder vorstellen noch in Worte fassen kann. Diese erweiterte Bewusstheit und die schöpferische Leere sind ein einheitlicher Vorgang und nicht verschiedene Stufen. Wenn Sie ein Problem still und ohne zu verurteilen oder zu rechtfertigen betrachten, stellt sich passive Bewusstheit ein. Und in dieser passiven Bewusstheit wird das Problem verstanden und aufgelöst. In der Bewusstheit besteht ein erhöhtes Empfindungsvermögen, in dem es zur höchsten Form negativen Denkens kommt. Wenn der Geist etwas in Worte fasst und produktiv wird, ist Schöpfung unmöglich. Nur wenn der Geist still und leer ist, wenn er keine Probleme erzeugt – in dieser wachen Passivität ist Schöpfung. Schöpfung kann nur in Negation geschehen, was nicht das Gegenteil vom Positiven ist. Nichts zu sein ist nicht das Gegenteil von etwas sein. Ein Problem entsteht nur dann, wenn man ein Ergebnis anstrebt. Nur wenn die Suche nach einem Ergebnis aufhört, gibt es kein Problem.

Was vollständig verstanden wird, wiederholt sich nicht

Sich des eigenen Inneren bewusst zu sein macht die Beichte überflüssig, weil die Bewusstheit des eigenen Selbst uns den Spiegel vorhält, in dem alle Dinge unverzerrt wiedergegeben werden. Alles Denken und Fühlen wird gleichsam auf die Leinwand der Bewusstheit geworfen, um betrachtet, untersucht und verstanden zu werden. Aber dieser Fluss des Verstehens wird blockiert, wenn wir verurteilen oder zustimmen, beurteilen oder uns identifizieren. Je mehr die Leinwand beobachtet und verstanden wird – nicht als Pflicht oder erzwungene Übung, sondern weil Schmerz und Leid ein unstillbares Interesse geweckt haben, das seine eigene Disziplin mit sich bringt –, desto größer die Intensität der Bewusstheit, die wiederum zu tieferem Verstehen führt.

... Wenn etwas langsam ist, kann man ihm folgen. Eine schnelle Maschine muss verlangsamt werden, will man ihren Lauf genau studieren. So können auch Gedanken und Gefühle nur verstanden werden, wenn der Geist in der Lage ist, langsam vorzugehen. Hat er aber diese Fähigkeit erst einmal geweckt, kann er sich mit großer Schnelligkeit bewegen, was ihn äußerst ruhig werden lässt. Wenn sich ein Ventilator mit hoher Geschwindigkeit dreht, wirken seine einzelnen Blätter wie ein einziges Metallblech. Unsere Schwierigkeit besteht darin, den Geist dazu zu bringen, sich langsam zu drehen, damit wir jedem Gedanken und jedem Gefühl folgen und sie verstehen können. Was vollständig und in seiner ganzen Tiefe verstanden wurde, wird sich nicht wiederholen.

Gewalt

Was geschieht, wenn Sie dem, was wir Gewalt nennen, Ihre ganze Aufmerksamkeit widmen? – Wobei Gewalt nicht nur das ist, was die Menschen durch Glauben, Konditionierung und Ähnliches trennt, sondern auch das, was zum Vorschein kommt, wenn wir nach persönlicher Sicherheit streben, oder nach der Sicherheit einer individuellen Existenz, die gesellschaftlichen Konventionen folgt. Können Sie diese Gewalt mit vollkommener Aufmerksamkeit betrachten? Und was geschieht, wenn Sie diese Gewalt mit vollkommener Aufmerksamkeit anschauen? Was geschieht, wenn Sie irgendetwas – dem Lernstoff in Geschichte oder Mathematik oder Ihrer Frau oder Ihrem Mann – vollkommene Aufmerksamkeit widmen? Ich weiß nicht, ob Sie sich damit schon einmal näher befasst haben – wahrscheinlich haben die meisten von uns noch nie irgendetwas vollkommene Aufmerksamkeit geschenkt –, aber wenn Sie es tun, was geschieht dann? Was ist Aufmerksamkeit, meine Damen und Herren? Wenn Sie irgendeiner Sache Ihre ungeteilte Aufmerksamkeit schenken, dann ist da sicher auch Fürsorge, und Sie können nicht fürsorglich sein, wenn Sie keine Zuneigung, keine Liebe verspüren. Und wenn Sie Aufmerksamkeit schenken, die mit Liebe verbunden ist, gibt es dann Gewalt? Sie verstehen? Formell habe ich Gewalt verurteilt, ich bin vor ihr geflohen, habe sie gerechtfertigt, habe gesagt, sie sei etwas Natürliches. All das ist Unaufmerksamkeit. Aber wenn ich dem, was ich Gewalt genannt habe, Aufmerksamkeit schenke – und wenn diese Aufmerksamkeit mit Fürsorge, Zuneigung und Liebe verbunden ist – wo ist dann Raum für Gewalt?

Ist es möglich, die Gewalt zu beenden?

Was meinen Sie damit, wenn Sie von Gewalt sprechen? Wenn Sie der Sache einmal auf den Grund gehen, ist es wirklich eine interessante Frage, ob ein Mensch, der in dieser Welt lebt, ganz und gar aufhören kann, gewalttätig zu sein. Bestimmte Gesellschaften, religiöse Gemeinschaften haben versucht, auf das Töten von Tieren zu verzichten. Manche haben sogar gesagt: »Wenn man keine Tiere töten will, was ist dann mit den Pflanzen?« Sie können das so weit treiben, dass Sie nicht mehr existieren können. Wo ziehen Sie die Grenze? Gibt es eine nach eigenem Ermessen festlegbare Grenze, die von Ihrem Ideal, Ihrer Laune, Ihrer Norm, Ihrem Temperament oder Ihrer Konditionierung abhängt? Und sagen Sie dann: »Ich gehe bis hierhin und nicht weiter?« Gibt es einen Unterschied zwischen persönlicher Wut, die den Einzelnen gewalttätig handeln lässt, und dem organisierten Hass einer Gesellschaft, die eine Armee aufbaut, um eine andere Gesellschaft zu zerstören? Auf welcher Ebene und über welchen Aspekt der Gewalt diskutieren Sie? Oder wollen Sie darüber sprechen, ob der Mensch frei von jeglicher Gewalt sein kann und nicht nur von einem bestimmten Teilaspekt, den er als Gewalt bezeichnet? …

Wir wissen, was Gewalt ist, ohne dass sie sich in Worten, Sätzen oder Taten ausdrückt. Wo soll ich anfangen als Mensch, in dem das Tier trotz jahrhundertelanger so genannter Zivilisation noch sehr lebendig ist? Soll ich an der Peripherie beginnen, welche die Gesellschaft ist, oder eher im Zentrum, das ich selbst bin? Sie sagen mir, ich soll nicht gewalttätig sein, weil das hässlich ist. Sie erläutern mir alle Gründe, und ich sehe, dass Gewalt ein schrecklicher Teil des Menschen ist – äußerlich wie innerlich. Ist es möglich, diese Gewalt zu beenden?

Die Hauptursache von Konflikten

Glauben Sie nur nicht, dass der bloße Wunsch nach Frieden Ihnen bereits Frieden beschert, wenn Sie in Ihren alltäglichen Beziehungen aggressiv und habgierig sind oder nach psychischer Sicherheit hier oder im Jenseits streben. Sie müssen die zentrale Ursache von Konflikt und Leid verstehen und sie dann auflösen und dürfen nicht nur außen nach Frieden suchen. Aber die meisten von uns sind teilnahmslos. Wir sind zu träge, uns wirklich erfassen und verstehen zu wollen, und weil wir träge sind, was in Wirklichkeit eine Form von Selbstgefälligkeit ist, denken wir, dass andere das Problem schon für uns lösen und uns Frieden bescheren werden, oder dass wir die wenigen Leute, die Kriege anzetteln, beseitigen sollten. Wenn der Einzelne in innere Konflikte verstrickt ist, muss er zwangsläufig äußere Konflikte verursachen. Nur er kann in seinem eigenen Inneren Frieden schaffen und damit auch in der Welt, denn er ist die Welt.

Erkennen Sie, dass Sie gewalttätig sind

Das Tier ist gewalttätig. Die Menschen, die aus dem Tier hervorgegangen sind, sind ebenfalls gewalttätig. Es ist Teil ihres Wesens, gewalttätig zu sein, wütend zu sein, eifersüchtig zu sein, neidisch zu sein, nach Macht, Prestige, Status und was sonst noch alles zu streben, zu dominieren, aggressiv zu sein. Der Mensch ist gewalttätig – das hat sich in Tausenden von Kriegen gezeigt –, und er hat eine Ideologie geschaffen, die er Gewaltlosigkeit nennt. ... Und wenn es zu wirklicher Gewalt kommt, beispielsweise in Form eines Krieges zwischen diesem Land und dem Nachbarland, dann sind alle beteiligt. Sie tun es gern. Wenn Sie aber in Wirklichkeit gewalttätig sind und gleichzeitig das Ideal der Gewaltlosigkeit vertreten, befinden Sie sich in einem Konflikt. Sie versuchen ständig, gewaltlos zu werden – und das ist Teil des Konflikts. Sie halten sich unter Kontrolle, um nicht gewalttätig zu sein – was wiederum einen Konflikt und innere Spannung verursacht. Wenn Sie also gewalttätig sind und das Ideal der Gewaltlosigkeit haben, sind Sie im Grunde gewalttätig. Also müssen Sie sich zunächst bewusst machen, dass Sie gewalttätig sind, und nicht versuchen, gewaltlos zu werden. Die Gewalt zu sehen, wie sie ist, ohne zu versuchen, sie zu interpretieren, zu kontrollieren, zu überwinden oder zu unterdrücken, sondern sie so zu sehen, als würden Sie sie zum ersten Mal sehen – das bedeutet, sie ohne jeden Gedanken anzuschauen. Ich habe bereits erklärt, was wir damit meinen, einen Baum ahnungslos anzuschauen: Es bedeutet, ihn ohne ein Bild von ihm zu haben, anzuschauen. Genauso müssen Sie die Gewalt ohne das Bild anschauen, das in diesem Wort enthalten ist. Sie ohne jede Regung des Denkens zu betrachten bedeutet, sie anzuschauen, als würden Sie die Gewalt zum ersten Mal und deshalb ganz unschuldig betrachten.

Freisein von Gewalt

Können Sie Gewalt als eine Tatsache sehen – nicht nur außerhalb von Ihnen, sondern auch in Ihrem Innern – ohne einen zeitlichen Abstand zwischen Zuhören und Handeln? Das bedeutet, dass Sie allein schon durch den Vorgang des Zuhörens von der Gewalt frei werden. Sie sind vollkommen frei von Gewalt, weil Sie nicht zugelassen haben, dass sich Zeit dazwischenschiebt, eine Ideologie, durch die Sie die Gewalt loswerden können. Das erfordert sehr tiefe Meditation, nicht nur verbale Zustimmung oder Ablehnung. Wir hören nie wirklich zu. Unser Geist, unsere Gehirnzellen, sind so auf eine feste Vorstellung von der Gewalt konditioniert, dass wir die tatsächliche Gewalt nie wirklich anschauen. Wir betrachten die tatsächliche Gewalt durch die Brille einer Ideologie, und diese Form des Betrachtens erzeugt einen zeitlichen Abstand. Und wenn man Zeit zulässt, hat die Gewalt nie ein Ende. Sie zeigen weiterhin, dass sie gewalttätig sind, und predigen Gewaltlosigkeit.

Die Hauptursache der Gewalt

Ich glaube, die Hauptursache der Gewalt liegt darin, dass jeder von uns innerlich, psychisch, nach Sicherheit strebt. Bei jedem von uns überträgt sich der Drang nach psychischer Sicherheit – nach diesem Gefühl, in Sicherheit zu sein – auf die Forderung nach Sicherheit im Außen. Innerlich will jeder von uns sicher sein, Gewissheit haben. Deshalb haben wir diese ganzen Ehegesetze, damit wir eine Frau oder einen Mann besitzen und uns so in unserer Beziehung sicher fühlen können. Wird diese Beziehung bedroht, werden wir gewalttätig, was den psychischen Anspruch, den inneren Anspruch widerspiegelt, in unseren Beziehungen zu allem und jedem sicher zu sein. Aber es gibt keine Sicherheit, keine Gewissheit, in keiner Beziehung. Innerlich, psychisch möchten wir gerne sicher sein, aber so etwas wie dauerhafte Sicherheit gibt es nicht. …

All das sind also Faktoren, die zu der Gewalt beitragen, die überall auf der Welt herrscht und wütet. Ich glaube, dass jeder, der auch nur ein wenig beobachtet hat, was in dieser Welt vor sich geht – und ganz besonders in diesem unglücklichen Land –, ohne besondere intellektuelle Bemühungen diese Dinge auch im eigenen Innern beobachten und entdecken kann, die, wenn sie nach außen übertragen werden, die Ursachen dieser außerordentlichen Brutalität, Kaltblütigkeit, Gleichgültigkeit und Gewalttätigkeit sind.

Tatsache ist, dass wir gewalttätig sind

Wir alle wissen, wie wichtig es ist, dass die Gewalt ein Ende hat. Wie kann ich da als Individuum, als Einzelner gewaltfrei sein – nicht nur an der Oberfläche, sondern vollkommen, im gesamten Inneren? Wenn das Ideal der Gewaltlosigkeit den menschlichen Geist nicht von der Gewalt befreit, wird dann die Analyse ihrer Ursachen dazu beitragen, die Gewalt aufzulösen?

Schließlich ist dies eines unser Hauptprobleme, nicht wahr? Die ganze Welt ist in Gewalt, in Kriege verstrickt. Die gesamte Struktur unserer nach Besitz strebenden Gesellschaft ist im Grunde gewalttätig. Und wenn Sie und ich als Einzelne frei von Gewalt sein wollen – innerlich vollkommen frei, nicht nur oberflächlich oder in Äußerungen –, wie kann man das dann anstellen, ohne ichbezogen zu werden?

Sie verstehen das Problem, nicht wahr? Wenn es mein Anliegen ist, den Geist von Gewalt zu befreien, und wenn ich mich in Selbstdisziplin übe, um die Gewalt unter Kontrolle zu halten und sie in Gewaltlosigkeit zu verwandeln, führt das mit Sicherheit zu ichbezogenem Denken und Handeln, weil mein Geist dann die ganze Zeit darauf ausgerichtet ist, das eine loszuwerden und sich etwas anderes anzueignen. Und dennoch sehe ich, wie wichtig es ist, dass der Geist vollkommen frei von Gewalt ist. Was soll ich also tun? Es ist gewiss keine Frage des »Wie«, wie man gewaltfrei werden kann. Tatsache ist, dass wir gewalttätig sind, und die Frage: »Wie kann ich gewaltfrei werden?«, schafft nur ein Ideal, was mir absolut sinnlos erscheint. Aber wenn man fähig ist, die Gewalt anzuschauen und zu verstehen, dann gibt es vielleicht eine Möglichkeit, sie völlig aufzulösen.

Den Hass zerstören

Wir sehen, wie die Welt des Hasses in unserer Zeit ihre Ernte einfährt. Diese Welt des Hasses wurde von unseren Vätern und deren Vorvätern und von uns selbst geschaffen. So reicht die Unwissenheit unendlich weit in die Vergangenheit zurück. Sie ist nicht von selbst entstanden. Sie ist das Ergebnis der Unwissenheit des Menschen, ein historischer Prozess, nicht wahr? Wir als Einzelne haben mit unseren Vorfahren kooperiert, die mit ihren Vorvätern diesen Prozess des Hasses, der Angst, der Habgier und so weiter in Gang gesetzt haben. Heute haben wir als Einzelne so lange Teil an dieser Welt des Hasses, wie wir diese persönlich zulassen.

Die Welt ist also eine Erweiterung von dem, was Sie selbst sind. Wenn Sie als Einzelner den Wunsch haben, den Hass aus der Welt zu schaffen, dann müssen Sie als Einzelner aufhören zu hassen. Um den Hass zu tilgen, müssen Sie sich von ihm in all seinen groben und subtilen Formen lösen. Solange Sie darin verstrickt bleiben, bleiben Sie Teil dieser Welt der Unwissenheit und Angst. Dann ist die Welt eine Erweiterung Ihrer selbst, Sie selbst in vervielfachter Form. Die Welt existiert nicht getrennt und unabhängig vom Einzelnen. Sie mag als Idee, als Staat, als soziale Organisation existieren, aber um diese Idee in die Tat umzusetzen, um diese soziale oder religiöse Organisation zum Funktionieren zu bringen, müssen Einzelpersonen da sein. Ihre Unwissenheit, ihre Habgier und ihre Angst erhalten das soziale Gefüge der Unwissenheit, der Habgier und des Hasses aufrecht. Kann der Einzelne, wenn er sich ändert, eine Wirkung auf die Welt – die Welt des Hasses, der Habgier und so weiter – ausüben? … Die Welt ist eine Erweiterung Ihrer selbst, solange Sie gedankenlos sind, gefangen in Unwissenheit, Hass und Gier. Wenn Sie dagegen ernsthaft, nachdenklich und sich des Geschehens bewusst sind, lösen Sie sich nicht nur von jenen hässlichen Ursachen, die Schmerz und Leid hervorrufen, sondern erfahren auch eine Ganzheit, die mit diesem Verstehen einhergeht.

Sie werden zu dem, was Sie bekämpfen

Sie werden zu dem, was Sie bekämpfen, so viel ist sicher. … Wenn ich wütend bin, und Sie begegnen mir mit Wut, was kommt dabei heraus? Noch mehr Wut. Sie sind zu dem geworden, was ich bin. Wenn ich bösartig bin, und Sie bekämpfen mich mit bösartigen Mitteln, dann werden Sie auch bösartig, wie rechtschaffen Sie sich vielleicht auch fühlen. Wenn ich brutal bin, und Sie setzen brutale Mittel ein, um mich zu besiegen, dann werden Sie so brutal wie ich. Und das tun wir seit Tausenden von Jahren. Es gibt einen anderen Ansatz, als Hass mit Hass zu begegnen. Wenn ich gewaltsam versuche, die Wut in mir zu unterdrücken, greife ich zu falschen Mitteln, um ein richtiges Ziel zu erreichen, und damit hört das richtige Ziel auf zu existieren. Dies geschieht ohne Verstehen. Es überschreitet nicht die Grenzen der Wut. Wut muss mit Nachsicht untersucht und verstanden werden, man kann sie nicht mit gewaltsamen Mitteln überwinden. Wut kann viele Gründe haben, und wenn man diese Gründe nicht versteht, kann man ihr nicht entkommen.

Wir haben also den Feind, den Verbrecher, geschaffen, und dadurch, dass wir selbst zum Feind werden, wird Feindschaft auf keinen Fall beendet. Wir müssen die Ursache der Feindschaft verstehen und aufhören, sie durch unser Denken, Fühlen und Handeln zu nähren. Das ist eine schwierige Aufgabe, die ständige Bewusstheit hinsichtlich des eigenen Inneren und intelligente Nachgiebigkeit erfordert, denn was wir sind, ist auch die Gesellschaft und der Staat. Der Feind und der Freund sind das Resultat unseres Denkens und Handelns. Wir sind dafür verantwortlich, dass wir Feindschaft hervorrufen, und deshalb ist es wichtiger, sich der eigenen Gedanken und Taten bewusst zu sein, als sich Gedanken über Feind und Freund zu machen, denn richtiges Denken hebt die Trennung auf. Liebe geht über die Grenzen von Freund und Feind hinaus.

Juli

Glück

♦

Trauer

♦

Schmerz

♦

Leid

Glück oder Befriedigung?

Wonach suchen die meisten von uns? Was ist es, was wir alle wollen? Besonders in dieser unruhigen Welt, in der jeder versucht, auf irgendeine Weise Frieden zu finden – irgendeine Art von Glück, eine Zuflucht –, ist es zweifellos wichtig herauszufinden, wonach wir eigentlich suchen, was wir herauszufinden versuchen, nicht wahr? Wahrscheinlich sind die meisten von uns auf der Suche nach ein wenig Glück, ein wenig Frieden. In dieser chaotischen Welt, die von Aufruhr, Krieg, Zwietracht und Streit heimgesucht wird, wünschen wir uns eine Zuflucht, wo wir etwas Frieden finden können. Ich glaube, das ist es, was die meisten von uns wollen. Also machen wir uns auf den Weg, von einer Führerfigur zur nächsten, von einer religiösen Gemeinschaft zur nächsten, von einem Lehrer zum nächsten.

Aber suchen wir wirklich das Glück, oder streben wir nach irgendeiner Art von innerer Befriedigung, durch die wir unser Glück zu finden hoffen? Es gibt einen Unterschied zwischen Glück und Befriedigung. Kann man nach Glück streben, kann man es suchen? Vielleicht kann man Befriedigung finden, aber Glück mit Sicherheit nicht. Glück ist ein Nebenprodukt von etwas anderem. Bevor wir uns also mit Herz und Verstand einer Sache widmen, die große Ernsthaftigkeit, Aufmerksamkeit, Überlegung und Sorgfalt erfordert, müssen wir herausfinden, wonach wir wirklich suchen, nicht wahr? Ist es Glück oder Befriedigung?

Man muss in die Tiefe gehen, um zu wissen, was Freude ist

Sehr Wenige von uns erfreuen sich an irgendetwas. Es bereitet uns wenig Freude, den Sonnenuntergang, den Vollmond, einen schönen Menschen, einen herrlichen Baum, einen Vogel im Flug oder einen Tanz zu sehen. Wir erfreuen uns nicht wirklich an den Dingen. Wir schauen sie an, sind oberflächlich amüsiert oder begeistert und haben eine Empfindung, die wir Freude nennen. Aber Freude ist etwas viel Tieferes, dem man auf den Grund gehen und das verstanden werden muss. …

Wenn wir älter werden, haben wir, obwohl wir uns an etwas erfreuen wollen, das Beste schon verloren. Wir verlangen nach anderen Empfindungen – Leidenschaft, Lust, Macht, Status. Das sind all die normalen Dinge des Lebens, und obwohl sie oberflächlich sind, sind sie weder zu verurteilen noch zu rechtfertigen, sondern müssen verstanden werden und den ihnen angemessenen Platz im Leben erhalten. Wenn Sie sie als wertlos, sinnlich, dumm oder nicht spirituell verdammen, zerstören Sie die Ganzheit des natürlichen Ablaufs des Lebens. …

Um Freude zu erfahren, muss man sehr viel tiefer gehen. Freude ist nicht bloße Empfindung. Sie erfordert eine außergewöhnliche Verfeinerung des Geistes, aber keine Verfeinerung des Selbst, das immer mehr in sich ansammelt. So ein Selbst, so ein Mensch, kann nie diesen Zustand der Freude erfassen, in welchem derjenige, der sich freut, gar nicht existiert. Man muss dieses außergewöhnliche Phänomen verstehen, sonst wird das Leben sehr unbedeutend, kleinkariert, oberflächlich – man wird geboren, lernt ein paar Dinge, leidet, bekommt Kinder, hat Verpflichtungen, verdient Geld, hat ein wenig intellektuelle Unterhaltung und stirbt.

Nach dem Glück kann man nicht suchen

Was meinen Sie mit »Glück«? Einige werden sagen, es sei Glück, alles zu bekommen, was man sich wünscht. Sie wünschen sich ein Auto, Sie bekommen es und sind glücklich. Ich wünsche mir schöne Kleider. Ich möchte nach Europa reisen, und wenn ich mir das leisten kann, bin ich glücklich. Ich will … der berühmteste Politiker werden, und wenn mir das gelingt, bin ich glücklich. Und wenn sich meine Wünsche nicht erfüllen, bin ich unglücklich. Was Sie also Glück nennen, ist zu bekommen, was Sie sich wünschen – etwas zu erreichen oder Erfolg zu haben, vornehm zu werden, mithin alles, was Sie wollen. Solange Sie etwas wollen und es erhalten, sind Sie vollkommen glücklich, sind nicht frustriert, aber wenn Sie nicht haben können, was Sie wollen, fängt das Unglück an. Das geht uns allen so, nicht nur den Armen und den Reichen. Reiche wie Arme wünschen sich etwas für sich selbst, für ihre Familie, für die Gesellschaft. Und wenn es ihnen verwehrt wird, sind sie unglücklich. Wir sagen damit nicht, dass die Armen nicht bekommen sollten, was sie haben wollen. Das ist nicht das Problem. Wir versuchen herauszufinden, was Glück ist, und ob Glück etwas ist, dessen man sich bewusst ist. Der Augenblick, in dem Ihnen bewusst ist, dass Sie glücklich sind, dass Sie viel besitzen – ist das Glück? In dem Moment, da Ihnen bewusst ist, dass Sie glücklich sind, ist es kein Glück, nicht wahr? Sie können also dem Glück nicht nachjagen. Sobald Ihnen bewusst ist, dass Sie bescheiden sind, sind Sie nicht bescheiden. Glück ist also nicht etwas, nach dem man streben kann, es kommt von selbst. Aber wenn Sie danach suchen, wird es sich Ihnen entziehen.

Glück ist keine Empfindung

Der menschliche Geist kann nie Glück finden, denn Glück ist nichts, was gesucht und gefunden werden kann wie eine Empfindung. Empfindungen kann man immer wieder finden, weil man sie immer wieder verliert. Aber Glück kann man nicht finden. Erinnertes Glück ist nur eine Empfindung, eine Einstellung für oder gegen die Gegenwart. Was vorbei ist, hat nichts mit Glück zu tun. Die Erfahrung des Glücks, die vorbei ist, ist Empfindung, denn Erinnerung ist Vergangenheit, und die Vergangenheit ist Empfindung. Glück ist keine Empfindung.

Was Sie kennen, ist die Vergangenheit, nicht die Gegenwart, und die Vergangenheit ist Empfindung, Reaktion, Erinnerung. Sie erinnern sich daran, dass Sie glücklich waren, aber kann die Vergangenheit vermitteln, was Glück ist? Sie kann es nur in Erinnerung rufen, aber sie kann es nicht sein. Wiedererkennen ist nicht Glück. Zu wissen, was es heißt, glücklich zu sein, ist nicht Glück. Wiedererkennen ist die Reaktion des Gedächtnisses, aber kann der menschliche Geist, dieses komplexe Gebilde aus Erinnerungen und Erfahrungen, je glücklich sein? Das Wiedererkennen verhindert ja gerade das unmittelbare Erfahren.

Ist das Glück da, wenn Ihnen bewusst ist, dass Sie glücklich sind? Und wenn Sie glücklich sind, sind Sie sich dann dessen bewusst? Das Bewusstsein erwacht nur, wenn ein Konflikt besteht – ein Konflikt, der durch die Erinnerung an ein Mehr ausgelöst wird. Glück ist keine Erinnerung an ein Mehr. Wo ein Konflikt besteht, gibt es kein Glück. Und Konflikte bestehen, wo der menschliche Geist aktiv ist. Denken ist auf allen Ebenen eine Reaktion auf die Erinnerungen und löst daher unweigerlich Konflikte aus. Denken ist Empfindung, und Empfindung ist nicht Glück. Empfindungen verlangen immer nach Befriedigung. Das Ziel ist eine weitere Empfindung, aber Glück ist kein Ziel, man kann es nicht ausfindig machen.

Kann man durch irgendetwas Glück finden?

Wir suchen das Glück in Dingen, in Beziehungen, in Gedanken und Vorstellungen. Und so treten Dinge, Beziehungen und Vorstellungen in den Vordergrund und nicht Glück. Wenn wir versuchen, Glück in irgendetwas Bestimmtem zu finden, dann erhält diese Sache einen höheren Stellenwert als das Glück an sich. Wenn man das auf diese Weise ausdrückt, hört es sich nach einem einfachen Problem an, und es ist einfach. Wir suchen Glück im Besitz, in der Familie oder im Ansehen. Dadurch werden Besitz, Familie oder Vorstellungen zum Wichtigsten im Leben, denn dann versuchen wir, durch ein Hilfsmittel glücklich zu werden – und dann macht das Hilfsmittel das Ziel zunichte. Kann man Glück durch irgendein Hilfsmittel finden, durch irgendetwas, was Geist oder Hand erschaffen haben? Dinge, Beziehungen und Vorstellungen sind so offensichtlich vergänglich, wir müssen durch sie immer unglücklich werden. ... Dinge sind vergänglich, sie nutzen sich ab und gehen verloren. Beziehungen bedeuten ständige Reibung, und der Tod wartet schon. Vorstellungen und Überzeugungen bieten keine Stabilität und keine Dauerhaftigkeit. Wir suchen das Glück in ihnen und erkennen dabei nicht ihre Vergänglichkeit. So wird das Leid zu unserem ständigen Begleiter und die Überwindung des Leids zu unserem Problem.

Um die wahre Bedeutung von Glück zu entdecken, müssen wir in den Fluss der Selbsterkenntnis eintauchen und ihn erforschen. Selbsterkenntnis ist kein eigentliches Ziel. Hat ein Strom nur eine Quelle? Jeder Tropfen Wasser vom Anfang bis zum Ende trägt zum Fluss bei. Die Vorstellung, dass wir das Glück an der Quelle finden würden, ist ein Irrtum. Es ist dort zu finden, wo Sie im Fluss der Selbsterkenntnis sind.

Glück, das nicht dem Denken und Fühlen entspringt

Wir können von einer technischen Verbesserung zur nächsten, von einer intellektuellen Feinsinnigkeit zur nächsten, von einem Vergnügen zum nächsten gehen, aber im Zentrum all dessen ist immer das »Ich« – dieses »Ich«, das genießt, mehr Glück will, das »Ich«, das nach Glück sucht, sich danach sehnt, das »Ich«, das sich abmüht und immer gebildeter und kultivierter wird, aber nie aufhören will zu existieren. Nur wenn dieses »Ich« in all seinen subtilen Formen ein Ende nimmt, tritt ein Zustand der Glückseligkeit ein, nach dem man nicht suchen kann, eine Ekstase, eine echte Freude ohne Schmerz, ohne Verdorbenheit. …

Wenn der Geist über die Vorstellung des »Ich« hinausgeht, über den Erfahrenden, den Beobachter, den Denker, ist ein Glück möglich, das unzerstörbar ist. Dieses Glück kann nicht in dem Sinne dauerhaft sein, in dem wir dieses Wort benutzen. Unser Geist sucht jedoch nach dauerhaftem Glück, nach etwas Bleibendem, das nicht aufhört. Aber gerade dieser Wunsch nach Fortdauer ist Verdorbenheit. …

Wenn wir den Prozess des Lebens verstehen können, ohne zu verurteilen, ohne zu sagen, etwas ist richtig oder falsch, dann kommt, wie ich meine, ein schöpferisches Glück zum Vorschein, das weder »Ihres« noch »meins« ist. Mit diesem schöpferischen Glück ist es wie mit der Sonne. Wenn man den Sonnenschein für sich allein behalten will, ist es nicht mehr die helle, warme lebensspendende Sonne. So ist es auch, wenn Sie nach Glück streben, weil Sie leiden oder weil Sie jemanden verloren haben oder weil Sie nicht erfolgreich waren; dann ist das nur eine Reaktion. Aber wenn der Geist darüber hinausgehen kann, gibt es ein Glück, das nicht aus dem Denken und Fühlen stammt.

Das Leiden verstehen

Warum fragen wir: »Was ist Glück?« Ist das der richtige Ansatz? Ist das das richtige Vorgehen? Wir sind nicht glücklich. Wären wir glücklich, hätten wir eine völlig andere Welt. Unsere Zivilisation, unsere Kultur wären völlig, von Grund auf anders. Wir sind unglückliche Menschen, kleinlich, unglücklich, um Anerkennung kämpfend, eingebildet. Wir umgeben uns mit nutzlosen, sinnlosen Dingen, streben nach belanglosen Zielen und geben uns mit Geld und Ansehen zufrieden. Wir sind unglückliche Geschöpfe, auch wenn wir vielleicht über Wissen verfügen, Geld, schöne Häuser, viele Kinder, Autos und viel Erfahrung haben. Wir sind unglückliche, leidende Menschen, und weil wir leiden, wünschen wir uns Glück und lassen uns dann von jenen in die Irre führen, die es uns versprechen – in gesellschaftlicher, finanzieller oder spiritueller Hinsicht. …

Was nützt meine Frage, ob es Glück gibt, wenn ich leide? Kann ich das Leiden verstehen? Das ist mein Problem, und nicht, wie ich glücklich werden kann. Ich bin glücklich, wenn ich nicht leide, aber in dem Moment, in dem es mir bewusst ist, ist es nicht Glück. … Ich muss also verstehen, was Leiden ist. Kann ich verstehen, was Leiden ist, wenn ein Teil meines Geistes wegläuft und hinter dem Glück her ist, einen Ausweg aus seinem Elend sucht? Muss ich also nicht, wenn ich das Leiden verstehen will, ganz eins damit sein, es nicht ablehnen, nicht rechtfertigen, nicht verurteilen, nicht vergleichen, sondern ganz und gar mit ihm sein und es verstehen?

Was Glück in Wahrheit ist, wird sich zeigen, wenn ich weiß, wie man zuhört. Ich muss wissen, wie man dem Leiden zuhört. Wenn ich dem Leiden zuhören kann, kann ich auch dem Glück zuhören, denn das ist das, was ich bin.

Leiden ist Leiden – weder Ihres noch meins

Unterscheidet sich Ihr persönliches Leiden von meinem Leiden oder vom Leiden der Menschen in Asien, Amerika oder Russland? Die Umstände, die Ereignisse mögen sich unterscheiden, aber im Grunde ist das Leiden eines anderen Menschen dasselbe wie meines, oder nicht? Leiden ist Leiden und nicht Ihres oder meins. Vergnügen ist nicht Ihr Vergnügen oder mein Vergnügen, sondern einfach Vergnügen. Wenn Sie hungrig sind, ist es nicht nur Ihr Hunger, sondern auch der Hunger ganz Asiens. Wenn Sie von Ehrgeiz getrieben werden, wenn Sie rücksichtslos sind, ist es dieselbe Rücksichtslosigkeit, die den Politiker antreibt, den Mann an der Macht, ob in Asien, Amerika oder Russland.

Sehen Sie, das ist es, wogegen wir etwas haben. Wir sehen es nicht, dass wir alle gemeinsam die Menschheit sind, die sich in unterschiedlichen Lebensbereichen, unterschiedlichen Umständen verfangen hat. Wenn Sie jemanden lieben, ist es nicht Ihre Liebe. Aber wenn sie es ist, wird sie tyrannisch, besitzergreifend, eifersüchtig, angstvoll, brutal. Und so ist auch Leiden einfach Leiden. Es ist nicht Ihr Leiden oder mein Leiden. Ich mache es nicht einfach unpersönlich, ich mache es nicht zu etwas Abstraktem. Wenn man leidet, leidet man. Wenn ein Mensch keine Nahrung, keine Kleidung, kein Dach über dem Kopf hat, leidet er, ob er nun in Asien oder im Westen lebt. Die Menschen, die jetzt getötet und verwundet werden – Vietnamesen und Amerikaner – leiden. Um dieses Leiden zu verstehen, das weder Ihres noch meines ist, das nicht unpersönlich oder abstrakt, sondern real ist und von dem wir alle betroffen sind, bedarf es eines tiefen Ergründens und großer Einsicht. Und das Ende dieses Leidens wird ganz natürlich Frieden bringen, nicht nur innerlich, sondern auch in der Außenwelt.

Das Leiden verstehen

Warum lässt mich oder warum lässt Sie das Leiden eines anderen Menschen kalt? Warum sind wir gleichgültig gegenüber dem Kuli, der eine schwere Last schleppt, oder gegenüber der Frau, die ein Baby trägt? Warum sind wir innerlich so verhärtet? Um das zu verstehen, müssen wir verstehen, warum uns das Leiden abstumpfen lässt. Es ist jedenfalls das Leiden, das uns verhärtet. Weil wir das Leiden nicht verstehen, werden wir ihm gegenüber gleichgültig. Wenn ich das Leiden verstehe, werde ich empfänglich dafür, ich werde allem gegenüber wach und aufmerksam, nicht nur mir selbst gegenüber, sondern auch gegenüber den Menschen in meiner Umgebung, meiner Frau, meinen Kindern, einem Tier, einem Bettler gegenüber. Aber wir wollen das Leiden nicht verstehen, und die Flucht vor ihm lässt uns abstumpfen, und deshalb sind wir so gefühllos. Der springende Punkt ist, dass das Leiden, wenn es nicht verstanden wird, Herz und Verstand abstumpfen lässt. Und wir verstehen das Leiden nicht, weil wir davor fliehen wollen mit Hilfe des Gurus, eines Erlösers, mit Hilfe von Mantras, von Reinkarnation, von Vorstellungen, von Alkohol und allen möglichen anderen Formen der Sucht – was auch immer, um vor dem zu flüchten, was ist. …

Nun gelangen wir nicht zum Verstehen des Leidens, wenn wir seine Ursache ergründen. Jeder Mensch kann die Ursachen des Leidens erkennen: seine eigene Gedankenlosigkeit, Dummheit, Engstirnigkeit und Brutalität und so weiter. Aber wenn ich das Leiden an sich betrachte, ohne eine Lösung haben zu wollen – was geschieht dann? Dann fange ich an, das Leiden zu verstehen, da ich nicht fliehe. Mein Geist ist wach, aufmerksam und sehr interessiert, und das bedeutet, dass ich empfänglich werde, und wenn ich empfänglich bin, nehme ich das Leiden anderer Menschen wahr.

Glauben und Überzeugungen als Abwehr gegen Schmerz

Physischer Schmerz ist eine Nervenreaktion, aber psychischer Schmerz rührt daher, dass ich an Dingen festhalte, die mir Befriedigung schenken, denn dann habe ich Angst vor allem und jedem, was mir diese Dinge wegnehmen könnte. All das, was in der Psyche angesammelt wurde, verhindert psychischen Schmerz, solange es nicht erschüttert wird. Das heißt, ich bin ein Bündel aus angesammelten Erfahrungen, die jede schwer wiegende Erschütterung verhindern – und ich will nicht erschüttert werden. Deshalb fürchte ich jeden, der sie erschüttert. Meine Angst kommt also aus dem Bekannten. Ich habe Angst vor dem, was ich physisch oder psychisch angesammelt habe, um Schmerz abzuwehren und Leid zu vermeiden. Aber Leid entsteht gerade in diesem Prozess des Ansammelns, um psychischen Schmerz abzuwehren. Wissen hilft ebenfalls, Schmerz zu vermeiden. So wie medizinisches Wissen hilft, physischen Schmerz zu vermeiden, so helfen Glauben und Überzeugungen bei der Vermeidung psychischen Schmerzes. Und deshalb habe ich Angst, meinen Glauben und meine Überzeugungen zu verlieren, obwohl ich kein wirkliches Wissen oder keine konkreten Beweise für den Wahrheitsgehalt solcher Vorstellungen habe. Vielleicht lehne ich einige der traditionellen Glaubensvorstellungen ab, die mir aufgezwungen wurden, weil ich aus meiner eigenen Erfahrung Kraft, Zuversicht und Einsicht beziehe. Aber jene Glaubensvorstellungen und das Wissen, das ich mir angeeignet habe, sind im Wesentlichen dasselbe: ein Mittel, um Schmerz abzuwehren.

Umfassendes Verstehen

Was meinen wir mit »Kummer«? Ist es etwas von Ihnen Getrenntes? Ist es etwas außerhalb von Ihnen – innerlich oder äußerlich –, das Sie beobachten, das Sie erfahren? Sind Sie nur der Beobachter, der es erfährt? Oder ist es etwas anderes? Das ist gewiss eine wichtige Frage, nicht wahr? Was meine ich, wenn ich sage: »Ich leide?« Bin ich etwas anderes als das Leiden? Das ist doch die Frage, oder nicht? Wir wollen es herausfinden.

Da ist Leid – ich werde nicht geliebt, mein Sohn stirbt, nehmen Sie, was Sie wollen. Ein Teil von mir fragt nach dem »Warum«, verlangt eine Erklärung, fragt nach Gründen, Ursachen. Der andere Teil von mir leidet aus den verschiedensten Gründen fürchterlich. Und dann gibt es noch einen Teil, der frei vom Leid sein will, der darüber hinausgehen will. Wir sind all das, nicht wahr? Wenn also ein Teil von mir das Leid zurückweist, Widerstand leistet, ein anderer Teil nach einer Erklärung sucht, sich in Theorien verstrickt, und ein weiterer Teil von mir vor der Tatsache des Leids flieht – wie kann ich es dann als Ganzes verstehen? Nur wenn ich fähig zu umfassendem Verstehen bin, ist Freiheit vom Leiden möglich. Aber wenn ich mich in verschiedene Richtungen ziehen lasse, erkenne ich nicht diese Wahrheit. …

Bitte hören Sie genau zu, und Sie werden erkennen, dass man eine Tatsache, eine Wahrheit nur dann verstehen kann, wenn man das Ganze ungeteilt erfahren kann – und nicht, wenn es eine Abtrennung des »Ich« gibt, welches dann das Leiden beobachtet. Das ist die Wahrheit.

Sie sind das Leiden

Wenn es keinen Beobachter gibt, der leidet, ist dann das Leiden etwas anderes als Sie? Sie sind das Leiden, nicht wahr? Sie sind nicht getrennt vom Schmerz – Sie sind der Schmerz. Was geschieht? Sie ordnen es nicht ein, benennen es nicht und schieben es somit nicht beiseite – Sie sind nur dieser Schmerz, dieses Gefühl, dieses Empfinden von Qual. Was geschieht, wenn Sie das sind? Wenn Sie es nicht benennen, wenn Sie sich nicht davor fürchten? Hängt das psychische Zentrum dann damit zusammen? Wenn das Zentrum damit in Verbindung steht, hat es Angst davor. Dann muss es handeln und irgendetwas dagegen tun. Was aber tun Sie, wenn das Zentrum selbst der Schmerz ist? Dann können Sie nichts tun, nicht wahr? Wenn Sie das sind und es weder akzeptieren noch einordnen, noch beiseite schieben – wenn Sie dieser Schmerz sind –, was geschieht dann? Sagen Sie dann, dass Sie leiden? Dann hat zweifellos eine grundlegende Umwandlung stattgefunden. Dann gibt es kein »ich leide« mehr, weil kein Zentrum da ist, das leiden kann, und das Zentrum leidet, weil wir nie untersucht haben, was das Zentrum ist. Wir leben einfach von Wort zu Wort, von Reaktion zu Reaktion.

Ist Leiden wichtig?

Es gibt so viele Formen und Komplikationen und Grade des Leidens. Wir alle wissen das. Sie wissen es ganz genau, und wir schleppen diese Last durch unser ganzes Leben mit, praktisch vom Moment unserer Geburt an bis zu dem Augenblick, wenn wir ins Grab sinken. …

Wenn wir sagen, das sei unvermeidlich, dann gibt es keine Antwort. Wenn Sie es akzeptieren, dann haben Sie aufgehört, es zu untersuchen. Sie haben die Tür zum weiteren Forschen geschlossen. Und wenn Sie flüchten, haben Sie die Tür ebenfalls geschlossen. Vielleicht flüchten Sie in die Arme eines Mannes oder einer Frau, in den Alkohol, ins Vergnügen, in verschiedene Formen von Macht, Status, Prestige und das nichts sagende innere Geschwätz. Dann werden Ihre Fluchtmöglichkeiten ungeheuer wichtig, die Dinge, bei denen Sie Zuflucht suchen, gewinnen kolossale Bedeutung. So haben Sie also auch vor dem Leid die Tür verschlossen, und das tun die meisten von uns. … Können wir also auf alle Fluchtmöglichkeiten verzichten und uns wieder dem Leiden zuwenden? … Das bedeutet nicht, dass wir nach einer Lösung für das Leiden suchen. Wir kennen körperliches Leiden – Zahnschmerzen, Magenschmerzen, eine Operation, Unfälle, verschiedene Formen physischer Leiden, auf die es eigene Antworten gibt. Außerdem kennen wir die Angst vor zukünftigem Schmerz, der Leiden verursachen könnte. Leiden ist eng mit Angst verbunden, und wenn wir diese beiden bedeutenden Faktoren in unserem Leben nicht begreifen, werden wir nie erfassen, was es heißt, mitfühlend zu sein und zu lieben. Ein menschlicher Geist, der daran interessiert ist zu erfassen, was Mitgefühl ist und Liebe und was sonst noch dazugehört, muss also verstehen, was Angst und was Leid ist.

Bewusstes Leid und unbewusstes Leid

Leid ist … Trauer, Ungewissheit oder das Gefühl völliger Einsamkeit. Da ist das mit dem Tod verbundene Leid, der Kummer darüber, sich nicht selbst verwirklichen zu können, das Leid, nicht anerkannt zu werden, das Leid zu lieben und nicht wiedergeliebt zu werden. Es gibt unzählige Formen des Leids, und mir scheint, dass unsere Konflikte, unser Elend, unsere alltägliche Plage mit der moralischen Verdorbenheit und dem Verfall kein Ende nehmen werden, solange wir das Leid nicht verstehen. …

Es gibt bewusstes Leid, aber auch unbewusstes Leid, ein Leiden, das keinen Grund, keine unmittelbare Ursache zu haben scheint. Die meisten von uns kennen das bewusste Leid, und wir wissen auch, wie man damit fertig wird. Entweder flüchten wir vor ihm mit Hilfe irgendeines religiösen Glaubens, oder wir erklären es rational, oder wir nehmen irgendeine Droge – egal ob intellektuell oder physisch. Oder wir zerstreuen uns durch Worte, Vergnügungen, oberflächliche Unterhaltung. Wir tun all das und können dem bewussten Leid dennoch nicht entgehen.

Dann ist da aber noch das unbewusste Leid, das wir im Laufe der Jahrhunderte von unseren Vorfahren ererbt haben. Der Mensch hat schon immer versucht, dieses sonderbare Phänomen, genannt Leid, Trauer, Elend, zu überwinden. Aber selbst wenn wir oberflächlich glücklich sind und alles haben, was wir wollen, stecken tief in unserem Unbewussten immer noch die Wurzeln des Leids. Wenn wir also vom Aufhören des Leids sprechen, meinen wir das Enden allen Leids, sowohl des bewussten wie des unbewussten.

Um das Leiden zu beenden, muss man einen sehr klaren und sehr einfachen Geist haben. Einfachheit ist nicht bloß eine Vorstellung. Einfachheit verlangt große Intelligenz und Empfindsamkeit.

Verletzte Gefühle

Wie sollten wir handeln, um anderen keine Schwierigkeiten zu machen? Ist es das, was Sie wissen möchten? Ich fürchte, dann sollten wir überhaupt nicht handeln. Wenn Sie voll und ganz leben, kann es passieren, dass Ihr Handeln Schwierigkeiten verursacht. Aber was ist wichtiger: herauszufinden, was wahr ist, oder andere nicht zu beunruhigen? Das scheint so eindeutig, dass man es eigentlich nicht beantworten muss. Warum wollen Sie Rücksicht auf die Gefühle und Meinungen anderer nehmen? Fürchten Sie, dass Ihre eigenen Gefühle verletzt werden könnten, Ihr eigener Standpunkt in Frage gestellt werden könnte? Wenn andere Menschen andere Meinungen vertreten als Sie selbst, können Sie nur herausfinden, ob sie wahr sind, indem Sie sie in Frage stellen, indem Sie mit ihnen in tatsächlichen Kontakt kommen. Und wenn Sie feststellen, dass diese Meinungen und Empfindungen nicht der Wahrheit entsprechen, kann es sein, dass Ihre Entdeckung für Unruhe bei jenen sorgt, die an diesen Meinungen und Empfindungen festhalten. Was sollten Sie dann aber tun? Sollten Sie sich anpassen oder Kompromisse eingehen, um Ihre Freunde nicht zu verletzen?

Ein Selbstbild verursacht Schmerz

Wozu Probleme in große und kleine einteilen? Ist nicht alles ein Problem? Warum sollte man sie zu kleinen oder großen, bedeutenden oder unbedeutenden Problemen machen? Wenn wir ein Problem verstehen könnten, ihm wirklich auf den Grund gehen könnten, wie klein oder groß es auch sein mag, dann würden wir alle Probleme aufdecken. Das ist keine rhetorische Antwort. Nehmen Sie irgendein beliebiges Problem: Wut, Eifersucht, Neid, Hass – wir kennen sie alle nur zu gut. Wenn Sie der Wut wirklich auf den Grund gehen und sie nicht einfach wegschieben, was ist alles darin verwickelt? Warum ist man wütend? Weil man verletzt ist, irgendjemand hat etwas Unfreundliches gesagt. Und wenn jemand etwas Schmeichelhaftes sagt, sind Sie hoch erfreut. Warum sind Sie verletzt? Es ist die eigene Wichtigkeit, oder etwa nicht? Und warum ist das Selbst so wichtig?

Weil man eine Vorstellung, ein Bild von sich selbst hat – was man sein sollte, was man ist oder was man nicht sein sollte. Warum erzeugt man ein Bild von sich selbst? Weil man nie genau untersucht hat, was man in Wirklichkeit ist. Wir meinen, wir müssten dies oder jenes sein: Das Vorbild, der Held, das Beispiel. Die Wut wird dadurch ausgelöst, dass unser Ideal, die Vorstellung, die wir von uns selbst haben, angegriffen wird. Und unsere Vorstellung von uns selbst ist die Flucht vor dem, was wir tatsächlich sind. Aber wenn Sie beobachten, was Sie wirklich sind, kann Sie niemand verletzen. Wenn man ein Lügner ist und jemand einem dann sagt, dass man ein Lügner ist, bedeutet das nicht, dass man verletzt ist – es ist eine Tatsache. Aber wenn Sie vorgeben, kein Lügner zu sein, und jemand sagt Ihnen, Sie seien einer, werden Sie wütend und aggressiv. Wir leben also immer in einer Vorstellungswelt, einer Welt voller erfundener Geschichten, und nie in der Wirklichkeit. Um zu beobachten, *was ist,* um es zu sehen und sich wirklich damit vertraut zu machen, darf es kein Urteil, keine Bewertung, keine Meinung und keine Angst geben.

Eine pervertierte Form des Vergnügens

Es gibt etwas, das wir Sadismus nennen. Wissen Sie, was dieses Wort bedeutet? Ein Autor namens Marquis de Sade schrieb einst ein Buch über einen Mann, dem es Vergnügen bereitete, andere Menschen zu verletzen und leiden zu sehen. Daher stammt der Begriff Sadismus, der bedeutet, dass einem das Leiden anderer Vergnügen bereitet. Manche Menschen finden eine sonderbare Befriedigung darin, andere leiden zu sehen. Beobachten Sie sich selbst, und schauen Sie, ob Sie dieses Gefühl haben. Es ist vielleicht nicht klar erkennbar, aber wenn es da ist, werden Sie feststellen, dass es sich darin ausdrückt, dass Sie den Impuls zu lachen verspüren, wenn jemand fällt. Sie wollen, dass die, die oben sind, herabgesetzt werden. Sie kritisieren und ziehen gedankenlos über andere her. Das alles ist Ausdruck einer Gefühllosigkeit, eine Erscheinungsform des Wunsches, andere Menschen zu verletzen. Man kann andere absichtlich verletzen, aus Rachegefühlen, oder man kann es unbewusst tun, durch ein Wort, eine Geste, einen Blick. Aber der Wunsch, jemanden zu verletzen, ist in beiden Fällen da, und es gibt nur sehr wenige Menschen, die diese pervertierte Form des Vergnügens radikal hinter sich gelassen haben.

Wahre Erziehung

Was der menschliche Geist hervorbringt, beruht auf Erfahrung, Tradition, Erinnerung. Kann der Geist aufhören abzuspeichern, auch wenn er Erfahrungen macht? Verstehen Sie den Unterschied? Es geht nicht um die Schulung des Gedächtnisses, sondern darum, vom ansammelnden Vorgehen des Geistes frei zu sein.

Sie verletzen mich, und das ist eine Erfahrung. Ich speichere diese Verletzung ab, und das wird dann zu meiner Tradition. Und aus diesem geistigen Hintergrund betrachte ich Sie und reagiere ich. Das sind die Vorgänge, die sich täglich in meinem und Ihrem Geist abspielen. Ist es nun möglich, dass der Vorgang des Ansammelns nicht stattfindet, obwohl Sie mich verletzt haben? Diese beiden Vorgänge sind völlig verschieden.

Wenn Sie in schroffem Ton mit mir reden, verletzt mich das, aber wenn dieser Verletzung keine Bedeutung beigemessen wird, wird sie nicht zum geistigen Hintergrund meines Handelns. Auf diese Weise ist es mir möglich, Ihnen ganz neu und unbelastet zu begegnen. Das ist wahre Erziehung, Erziehung im eigentlichen Sinne des Wortes. Denn dann ist der Geist nicht konditioniert, obwohl ich die konditionierenden Auswirkungen meiner Erfahrungen wahrnehmen kann.

Das Ende der Wut

Ich bin sicher, dass jeder von uns schon versucht hat, seine Wut zu unterdrücken, aber irgendwie scheint sie sich dadurch nicht aufzulösen. Gibt es einen anderen Weg zur Auflösung der Wut? … Wut kann physische oder psychische Ursachen haben. Vielleicht ist man wütend, weil einem ein Strich durch die Rechnung gemacht wird, die eigenen Verteidigungsmechanismen unterlaufen werden oder weil die Sicherheit, die man sich sorgfältig aufgebaut hat, bedroht wird, und so weiter. Jeder von uns weiß, was Wut ist. Wie kann man Wut verstehen und auflösen? Wenn Sie finden, dass Ihre Überzeugungen, Vorstellungen und Einstellungen für Sie von höchster Bedeutung sind, werden Sie zwangsläufig aggressiv reagieren, wenn diese in Frage gestellt werden. Wenn Sie aber, anstatt an Meinungen und Überzeugungen festzuhalten, anfangen, sich zu fragen, ob diese notwendig sind, um das Leben zu begreifen, dann endet die Wut durch das Verstehen ihrer Ursachen. So beginnt man, seine eigenen Widerstände aufzulösen, die Konflikt und Schmerz verursachen. Und das setzt wiederum Ernsthaftigkeit voraus. Wir sind daran gewöhnt, uns aus gesellschaftlichen oder religiösen Gründen oder um unserer Bequemlichkeit willen zu kontrollieren, das Ausmerzen der Wut jedoch erfordert tief gehende Bewusstheit …

Sie sagen, es mache Sie wütend, wenn Sie von Ungerechtigkeit hören. Geschieht das, weil Sie die Menschen lieben, weil Sie mitfühlend sind? Passen Mitgefühl und Wut zusammen? Kann es Gerechtigkeit geben, wo Wut und Hass regieren? Vielleicht werden Sie wütend beim Gedanken an die allgemeine Ungerechtigkeit, Grausamkeit, aber Ihre Wut ändert nichts an der Ungerechtigkeit und der Grausamkeit, sie kann nur Schaden anrichten. Um Ordnung zu schaffen, müssen Sie selbst rücksichtsvoll, achtsam und mitfühlend sein. Handeln, das dem Hass entspringt, kann nur weiteren Hass hervorrufen. Es gibt keine gerechte Sache, wo Wut herrscht. Gerechtigkeit und Wut passen nicht zusammen.

Vergebung ist kein echtes Mitgefühl

Was bedeutet es, mitfühlend zu sein? Bitte finden Sie das für sich selbst heraus, ergründen Sie, ob ein Mensch, der verletzt ist oder der verletzt werden kann, jemals vergeben kann. Kann ein menschlicher Geist, der imstande ist, verletzt zu werden, je vergeben? Und kann ein solcher Geist, der imstande ist, verletzt zu werden, der nach Tugendhaftigkeit strebt, der sich seiner Großzügigkeit bewusst ist, überhaupt mitfühlend sein? Wie die Liebe kommt Mitgefühl nicht aus dem menschlichen Geist. Der Geist nimmt sich selbst nicht bewusst als mitfühlend, als liebend wahr. Aber in dem Moment, in dem Sie bewusst vergeben, stärkt der Geist sein eigenes Zentrum in seiner Verletztheit. Ein Mensch, der bewusst vergibt, kann in Wirklichkeit niemals vergeben. Er weiß nicht, was Vergebung ist. Er vergibt, um nicht weiter verletzt zu werden.

Es ist also sehr wichtig herauszufinden, warum der Geist sich eigentlich erinnert oder etwas speichert. Es geschieht, weil der menschliche Geist unaufhörlich danach strebt, sich wichtig zu machen, bedeutend zu werden, jemand zu sein. Wenn der Geist aufhört, etwas sein zu wollen, und bereit ist, nichts zu sein, absolut nichts, dann existiert in diesem Zustand Mitgefühl. In diesem Zustand gibt es weder Vergebung noch Verletzung. Aber um das zu verstehen, muss man die Bewusstseinsentwicklung des »Ich« verstehen. …

Solange man also bewusst einen bestimmten Einfluss, eine bestimmte Tugend kultiviert, können weder Liebe noch Mitgefühl vorhanden sein, weil Liebe und Mitgefühl nicht das Resultat eines bewussten Bemühens sind.

Wo Schmerz möglich ist, ist keine Liebe

Der Fragesteller möchte wissen, wie er frei und ohne sich selbst zu unterdrücken handeln kann, wenn er weiß, dass sein Handeln diejenigen, die er liebt, verletzen muss. Wissen Sie, zu lieben bedeutet, frei zu sein – beide Parteien sind frei. Wenn es möglich ist, Schmerz zu empfinden oder in der Liebe zu leiden, ist es keine Liebe, sondern nur eine subtile Form des Besitzergreifens, der Habgier. Wenn Sie lieben, einen anderen Menschen wirklich lieben, ist es gar nicht möglich, ihm Schmerz zu bereiten, indem Sie etwas tun, was Sie als richtig empfinden. Nur wenn Sie möchten, dass dieser Mensch tut, was Sie wollen, oder wenn er möchte, dass Sie tun, was er will, entsteht Schmerz. Das heißt, Sie wollen, dass jemand Sie besitzt. Sie fühlen sich sicher und geborgen. Obwohl Sie wissen, dass diese Geborgenheit vergänglich ist, nehmen Sie Zuflucht in dieser Geborgenheit, in dieser Vergänglichkeit. Also verrät jedes Streben nach Geborgenheit, nach Ermutigung in Wirklichkeit bloß den Mangel an innerem Reichtum; und deshalb bringt es natürlich Probleme, Schmerz und Leid mit sich, wenn ein Partner separat und unabhängig vom anderen handelt. So muss ein Partner seine wahren Gefühle unterdrücken, um sich dem anderen anzupassen. Mit anderen Worten: Diese durch so genannte Liebe verursachte ständige Unterdrückung zerstört beide Partner. In so einer Liebe gibt es keine Freiheit. Sie ist nur eine subtile Form der Sklaverei.

Die Beschaffenheit der Falle

Leid ist die Folge eines Schocks, die vorübergehende Erschütterung eines menschlichen Geistes, der sich in der Routine des Lebens eingerichtet und sie akzeptiert hat. Dann geschieht plötzlich etwas – jemand stirbt, man verliert den Arbeitsplatz, ein fester Glaube wird erschüttert – und der Geist ist beunruhigt. Aber was tut ein beunruhigter Geist? Er findet eine Möglichkeit, diesen Zustand schnell wieder aufzuheben. Er nimmt Zuflucht zu einem anderen Glauben, einem sichereren Job, einer neuen Beziehung. Und wieder kommt die Welle des Lebens daher und zerschmettert seine Schutzmaßnahmen, aber der Geist findet schon bald neue Verteidigungsmöglichkeiten. Und so geht es endlos weiter. Das ist nicht gerade intelligent, oder?

Keine Art von innerem oder äußerem Zwang wird helfen, nicht wahr? Jeglicher Zwang, wie subtil er auch sein mag, ist das Resultat der Unwissenheit und entspringt dem Wunsch nach Belohnung oder der Angst vor Bestrafung. Wenn man diese Falle ganz und gar durchschaut, ist man frei davon. Kein Mensch, kein System, kein Glauben kann Sie befreien. Diese Wahrheit ist der einzige befreiende Faktor, aber das müssen Sie selbst erkennen und dürfen sich nicht bloß überzeugen lassen. Sie müssen die Reise in unbekannte Gewässer antreten.

Das Ende des Leids

Wenn Sie die Straße hinuntergehen, sehen Sie die herrliche Natur, die außerordentliche Schönheit der grünen Felder und des weiten Himmels, und Sie hören das Lachen der Kinder. Aber trotz alldem ist da ein unterschwelliges Leid. Da ist die Qual der Frau, die ein Kind trägt, das Leid angesichts des Todes, die Traurigkeit, wenn Sie sich auf etwas freuen, aber es kommt nicht zustande. Da ist das Leid, wenn eine Nation verkommt, herunterkommt, und das Leid durch die Verdorbenheit – nicht nur in der Gesellschaft, sondern auch im Einzelnen. Auch in Ihrem eigenen Haus gibt es Leid, wenn Sie genau hinschauen – das Leiden, weil man sich nicht verwirklichen kann, das Leiden an der eigenen Mittelmäßigkeit oder am eigenen Unvermögen und verschiedene unbewusste Leiden.

Aber zum Leben gehört auch Lachen. Lachen ist eine herrliche Sache – ohne Anlass zu lachen, ohne Grund Freude im Herzen zu haben, zu lieben, ohne etwas dafür zu erwarten. Aber so lachen wir nur selten. Wir tragen schwer an unserem Leid, unser Leben ist eine Kette aus Elend und Streit, ein fortwährender Zerfall, und wir wissen nur ganz selten, was es bedeutet, mit unserem ganzen Sein zu lieben. …

Wir suchen nach einer Lösung, einem Mittel, einer Methode, um die Last dieses Lebens abzuschütteln, und so schauen wir dem Leid nie wirklich ins Gesicht. Wir versuchen, ihm durch Mythen, Bilder, Spekulationen zu entkommen. Wir hoffen, eine Möglichkeit zu entdecken, dieses Gewicht loszuwerden, der Welle des Leids immer ein Stück voraus zu sein.

… Das Leid hat ein Ende, aber nicht durch irgendein System oder eine Methode. Es gibt kein Leid, wenn wir wahrnehmen, *was ist.*

Dem Leid begegnen

Wie begegnen Sie dem Leid? Ich fürchte, die meisten von uns begegnen ihm sehr oberflächlich. Unsere Erziehung, unsere Ausbildung, unser Wissen, der gesellschaftliche Einfluss, dem wir ausgesetzt sind – all das lässt uns oberflächlich werden. Ein oberflächlicher Geist ist einer, der sich in die Kirche flüchtet, in eine Schlussfolgerung, ein Konzept, einen Glauben oder eine Vorstellung. All das ist eine Zuflucht für den oberflächlichen Geist in seinem Leid. Und wenn Sie keine Zuflucht finden können, errichten Sie eine Mauer um sich herum und werden zynisch, hart, gleichgültig, oder Sie flüchten mit Hilfe einer banalen, neurotischen Reaktion. Alle diese Schutzmaßnahmen gegen das Leiden verhindern weiteres Forschen. …

Bitte beobachten Sie Ihren eigenen Geist; beobachten Sie, wie Sie für Ihr Leid Erklärungen finden, sich in der Arbeit oder in Vorstellungen verlieren, sich an einen Glauben, an Gott oder an ein zukünftiges Leben klammern. Und wenn keine Erklärung, kein Glaube befriedigend war, fliehen Sie mit Hilfe des Alkohols, durch Sex oder indem Sie zynisch, hart, bitter, und reizbar werden. … Generation für Generation wurde das von den Eltern an die Kinder weitergegeben, und der oberflächliche Geist nimmt nie den Verband von der Wunde ab. Er kennt das Leid gar nicht wirklich, er ist nicht wirklich mit ihm vertraut. Er hat nur eine Vorstellung, ein Bild vom Leid, aber er begegnet ihm nie direkt – er begegnet nur dem Wort »Leid«.

Die Vermeidung von Leid

Die meisten von uns kennen unterschiedliche Formen des Leids – in Beziehungen, durch den Tod eines Menschen, weil man keine innere Erfüllung findet und langsam dahinwelkt oder weil man nach Erfolg strebt, man jemand zu werden versucht und das in einem totalen Misserfolg endet. Und dann gibt es natürlich das ganze Problem des körperlichen Leidens – Krankheit, Blindheit, Behinderung, Lähmung und so weiter. Überall findet sich dieses merkwürdige Phänomen, genannt Leid – und der Tod wartet um die Ecke. Wir wissen nicht, wie wir mit dem Leid umgehen sollen, also verherrlichen wir es, bemühen uns um Erklärungen oder versuchen, vor ihm davonzulaufen. Gehen Sie in irgendeine christliche Kirche, und Sie werden feststellen, dass das Leiden verherrlicht wird. Es wird zu etwas Außergewöhnlichem, etwas Heiligem gemacht, und man sagt Ihnen, dass Sie Gott nur durch Leid, durch den gekreuzigten Christus finden können. Im Osten haben die Menschen ihre eigenen Vermeidungsstrategien, sie haben andere Wege gefunden, dem Leid auszuweichen, und es scheint mir unverständlich, dass im Osten wie im Westen nur so wenige Menschen wirklich frei von Leid sind.

Es wäre wunderbar, wenn Sie dadurch, dass Sie dem, was gesagt wird, zuhören – emotionslos und unsentimental –, wirklich verstehen könnten, was Leid ist und vollkommen frei davon werden könnten, denn dann wäre es vorbei mit der Selbsttäuschung, den Illusionen, den Sorgen, der Angst, und das Gehirn könnte klar, präzise und logisch funktionieren. Und dann würden Sie vielleicht wissen, was Liebe ist.

Dem Verlauf des Leidens folgen

Was ist Leiden? … Was bedeutet es? Was ist das, was da leidet? Es ist nicht die Frage, *warum* es Leid gibt oder was die *Ursachen* des Leids sind, sondern: Was geschieht tatsächlich? Ich weiß nicht, ob Sie den Unterschied sehen. Dann bin ich mir einfach des Leidens bewusst, nicht als etwas von mir Getrenntem, nicht als Beobachter, der das Leiden von außen betrachtet – es ist Teil von mir, das heißt, mein ganzes Ich leidet. Dann kann ich seinem Verlauf folgen, kann sehen, wohin es führt. Wenn ich das tue, dann zeigt es sich, nicht wahr? Dann erkenne ich, dass mir das »Ich« wichtig war – nicht der Mensch, den ich liebe. Er diente nur dazu, mich von meinem Elend, von meiner Einsamkeit, meinem Unglück abzuschirmen. Da ich nichts bin, hoffte ich, er würde etwas sein. Das ist vorbei, ich bin verlassen, ich verstehe gar nichts mehr, ich bin einsam. Ohne ihn bin ich nichts. Also weine ich. Es geht nicht darum, dass er gegangen ist, sondern dass ich verlassen bin. Ich bin allein.

… Es gibt unzählige Leute, die mir flüchten helfen – Tausende so genannter religiöser Menschen mit ihren Dogmen und Glaubenssystemen, Hoffnungen und Fantasien – »Es ist Karma, es ist Gottes Wille« –, sie alle bieten mir einen Ausweg an. Aber wenn ich dabei bleiben kann und das Leiden nicht von mir wegschiebe, wenn ich nicht versuche, es zu begrenzen oder zu verleugnen, was geschieht dann? In welchem Bewusstseinszustand bin ich, wenn ich auf diese Weise dem Verlauf des Leidens folge?

Spontanes Verstehen

Wir sagen nie: »Ich will sehen, was da eigentlich leidet.« Sehen können Sie nicht erzwingen oder durch Selbstdisziplin erreichen. Sie müssen mit echtem Interesse schauen, mit spontanem Verstehen. Dann werden Sie sehen, dass das, was wir Leid und Schmerz nennen, das, was wir meiden, und auch die Selbstdisziplin, vollkommen verschwunden sind. Solange ich keine Beziehung dazu habe, als wäre es außerhalb von mir, gibt es das Problem nicht. Aber in dem Moment, da ich eine Beziehung zu ihm herstelle, als wäre es außerhalb, ist das Problem da. Solange ich das Leiden als etwas ansehe, das außen ist – ich leide, weil ich meinen Bruder verloren habe, weil ich kein Geld habe, aus diesem oder jenem Grund –, stelle ich eine Beziehung zu ihm her, und diese Beziehung ist fiktiv, frei erfunden. Aber wenn ich dieses Leiden bin, wenn ich die Tatsache sehe, dann verwandelt sich das Ganze, dann hat das alles eine andere Bedeutung. Dann besteht volle Aufmerksamkeit, umfassende Aufmerksamkeit. Und alles, was vollständig gesehen wird, wird verstanden und aufgelöst. Also gibt es in diesem Zustand keine Angst, und deshalb ist das Wort Leid nicht vorhanden.

Das Zentrum des Leidens

Wenn Sie etwas außergewöhnlich Schönes sehen, einen majestätischen Berg, einen herrlichen Sonnenuntergang, ein bezauberndes Lächeln, ein bezauberndes Gesicht, dann sind Sie überwältigt, und Sie werden still. Ist Ihnen das auch schon einmal passiert? Dann umarmen Sie die ganze Welt. Aber das ist etwas, das von außen an Ihren Geist herangetragen wird, und ich spreche von dem Geist, der nicht überwältigt ist, sondern der schauen will, der beobachten will. Können Sie also beobachten, ohne dass diese ganze Konditionierung hochkommt? Einem Menschen, der leidet, erkläre ich mit Worten, dass Leiden unvermeidlich ist, dass Leid das Resultat des Strebens nach Erfüllung ist. Aber erst, wenn alles Erklären aufhört, können Sie schauen – und das bedeutet, dass Sie nicht vom Zentrum aus schauen. Wenn Sie von einem Zentrum aus schauen, ist Ihre Fähigkeit zu beobachten eingeschränkt. Wenn ich mich an einen Posten klammere und dort bleiben will, entsteht eine Belastung, ein Schmerz. Wenn ich das Leiden vom Zentrum des Ichs aus betrachte, dann ist da Leiden. Es ist die Unfähigkeit zu beobachten, die Schmerz verursacht. Ich kann nicht beobachten, wenn ich von einem Zentrum aus denke, funktioniere und schaue – wenn ich beispielsweise sage: »Ich darf keinen Schmerz verspüren. Ich muss herausfinden, warum ich leide. Ich muss einen Ausweg finden.« Wenn ich also von einem Zentrum aus beobachte, ganz gleich, ob das Zentrum eine Schlussfolgerung, eine Vorstellung, Hoffnung, Verzweiflung oder irgendetwas anderes ist, dann ist mein Beobachten sehr eingeschränkt, sehr eingeengt, ganz unbedeutend, und das verursacht Leid.

Etwas Unermessliches, das grenzenlos ist

Was geschieht, wenn Sie jemanden durch den Tod verlieren? Die unmittelbare Reaktion ist ein Gefühl der Lähmung, und wenn Sie aus diesem Schockzustand herauskommen, folgt das, was wir Leid nennen. Was bedeutet das Wort »Leid«? Die Kameradschaft, die lieben Worte, die Spaziergänge, die vielen schönen Dinge, die Sie miteinander taten und hofften, noch tun zu können – all das wird Ihnen in einer Sekunde genommen, und Sie bleiben leer, schutzlos und einsam zurück. Das ist es, wogegen Sie aufbegehren, dagegen rebelliert der Geist: plötzlich allein gelassen zu werden, völlig einsam, leer, ohne jede Unterstützung. Worauf es nun ankommt ist, mit dieser Leere zu leben, einfach ohne Reaktion mit ihr zu leben, ohne sie zu erklären versuchen, ohne davor zu spiritistischen Medien oder in die Theorie der Reinkarnation und all diesen Unsinn zu fliehen – mit Ihrem ganzen Sein damit zu leben. Und wenn Sie es Schritt für Schritt ergründen, werden Sie feststellen, dass das Leid ein Ende hat – ein wirkliches Ende, nicht nur durch Erklärungen, nicht nur das oberflächliche Ende durch Flucht, durch die Identifikation mit einer Vorstellung oder das Engagement für eine Idee. Dann werden Sie feststellen, dass es nichts zu schützen gibt, denn der Geist ist vollkommen leer und reagiert nicht mehr in dem Sinne, dass er diese Leere zu füllen versucht. Und wenn alles Leid auf diese Weise geendet hat, haben Sie eine andere Reise angetreten – eine Reise, die kein Ende und keinen Anfang hat. Da ist etwas Unermessliches, das grenzenlos ist, aber Sie können unmöglich in diese Welt eintreten, bevor das Leid vollkommen aufgehört hat.

Mit dem Leid leben

Wir alle kennen Leid. Leiden Sie nicht auf die eine oder andere Weise? Und wollen Sie etwas darüber wissen? Wenn ja, können Sie es analysieren und sich erklären, warum Sie leiden. Sie können Bücher zu diesem Thema lesen oder in die Kirche gehen, und Sie werden bald etwas über das Leid wissen. Aber das meine ich nicht, ich spreche vom Aufhören des Leids. Wissen kann das Leid nicht beenden. Das Ende des Leids beginnt, wenn man sich dem tatsächlichen psychischen Geschehen im eigenen Innern stellt und sich des ganzen Inhalts und der Auswirkungen dieses Geschehens von Augenblick zu Augenblick vollkommen bewusst ist. Das bedeutet, nie vor der Tatsache zu flüchten, dass man leidet, nie nach Erklärungen für das Leiden zu suchen, nie eine bestimmte Meinung darüber abzugeben, sondern vollständig mit dieser Tatsache zu leben.

Wissen Sie, es ist sehr schwierig, mit der Schönheit dieser Berge zu leben, ohne sich daran zu gewöhnen. … Sie haben diese Berge erblickt, haben den Fluss gehört und haben Tag für Tag gesehen, wie die Schatten über das Tal kriechen. Und haben Sie nicht bemerkt, wie schnell Sie sich an all das gewöhnen? »Ja, das ist sehr schön«, sagen Sie und gehen weiter. Mit etwas Schönem oder etwas Hässlichem zu leben und sich nicht daran zu gewöhnen erfordert enorme Energie – eine Bewusstheit, die Ihrem Geist nicht erlaubt, abzustumpfen. So lässt auch das Leid den Geist abstumpfen, wenn man sich bloß daran gewöhnt – und die meisten von uns gewöhnen sich daran. Aber Sie müssen sich nicht an das Leid gewöhnen. Sie können damit leben, es verstehen, ihm auf den Grund gehen, aber nicht, um etwas darüber zu wissen.

Sie wissen, dass das Leid existiert. Es ist eine Tatsache, und mehr brauchen Sie nicht zu wissen. Sie müssen leben.

Mit dem Leid vereint sein

Die meisten von uns sind mit nichts verbunden. Wir haben keine wirkliche innere Verbindung zu unseren Freunden, zu unseren Frauen, zu unseren Kindern. …

Um also das Leid zu verstehen, müssen Sie es zweifellos lieben, nicht wahr? Das heißt, Sie müssen mit ihm wirklich innerlich vereint sein. Wenn Sie etwas oder jemanden verstehen wollen – Ihren Nachbarn, Ihre Frau oder irgendeine Beziehung – wenn Sie irgendetwas vollständig verstehen wollen, müssen Sie ihm nahe sein. Sie müssen sich ihm ohne Abneigung, ohne Vorurteil, ohne Verdammung oder Abscheu nähern. Sie müssen es anschauen, nicht wahr? Wenn ich Sie verstehen will, darf ich keine Vorurteile über Sie haben. Ich muss in der Lage sein, Sie anzuschauen, aber nicht durch irgendwelche Barrieren hindurch, nicht durch die Trennwände meiner Vorurteile und Konditionierungen. Ich muss mit Ihnen innerlich verbunden sein, und das bedeutet: Ich muss Sie lieben. Und so ist es auch, wenn ich das Leid verstehen will. Ich muss es lieben, muss mit ihm innerlich vereint sein. Aber das kann ich nicht, weil ich davor weglaufe – mit Hilfe von Erklärungen, Theorien, Hoffnungen, Verzögerungstaktiken, und das alles gehört zu dem Bemühen, das Ganze in Worte zu fassen. Worte halten mich also davon ab, mit dem Leid innerlich in Verbindung zu treten. Worte, das heißt Erklärungen, intellektuelle Rechtfertigungen, die immer nur Worte, die ein Denkvorgang sind – all das hindert mich, innerlich mit dem Leid vereint zu sein. Nur wenn ich innerlich mit dem Leid vereint bin, kann ich es verstehen.

August

Wahrheit

♦

Wirklichkeit

♦

Der Beobachter und das Beobachtete

♦

Was ist

Volles Herz, leerer Geist

Es gibt keinen Weg zur Wahrheit, die Wahrheit muss zu Ihnen kommen. Und sie kann nur zu Ihnen kommen, wenn Ihr Geist und Herz einfach und klar sind und wenn Sie Liebe im Herzen haben. Jedoch nicht, wenn Ihr Herz voll von den Dingen des menschlichen Geistes ist. Wenn Liebe in Ihrem Herzen ist, reden Sie nicht darüber, dass man sich für die Brüderlichkeit in einer Organisation zusammenschließt, Sie reden nicht über Glauben, Spaltung oder jene Kräfte, die die Spaltung verursachen, und Sie brauchen auch nicht nach Versöhnung zu streben. Dann sind Sie einfach ein Mensch ohne Zugehörigkeit, ohne ein Land. Das bedeutet, dass Sie sich von all diesen Dingen frei machen und der Wahrheit erlauben müssen, in Erscheinung zu treten, und das kann sie nur, wenn der Geist leer ist, wenn er aufhört, etwas zu produzieren. Dann kommt die Wahrheit ohne Ihre Einladung. Dann kommt sie so schnell wie der Wind und ohne Ihr Wissen. Sie kommt im Verborgenen, nicht wenn Sie es beobachten oder wollen. Sie ist so plötzlich da wie das Sonnenlicht, so rein wie die Nacht. Aber um sie empfangen zu können, müssen das Herz voll und der Geist leer sein. Jetzt ist Ihr Geist voll und Ihr Herz ist leer.

Wahrheit ist ein innerer Seinszustand

Es gibt keinen Weg zur Wahrheit, und es gibt keine zwei Wahrheiten. Wahrheit ist weder Teil der Vergangenheit noch der Gegenwart, Wahrheit ist zeitlos. Und ein Mensch, der die Wahrheit Buddhas, die Wahrheit Shankaras, die Wahrheit Christi zitiert oder der einfach nachspricht, was ich sage, wird die Wahrheit nicht finden, weil Nachsprechen nichts mit Wahrheit zu tun hat. Nachsprechen ist eine Lüge. Wahrheit ist ein innerer Seinszustand, der sich einstellt, wenn das Denken – das zu unterscheiden sucht, sich abheben will und nur ergebnis- und erfolgsorientiert denken kann – zum Stillstand gekommen ist. Nur dann zeigt sich die Wahrheit. Der menschliche Geist, der sich anstrengt und zur Selbstdisziplin erzieht, um ein Ziel zu erreichen, kann die Wahrheit nicht kennen, weil das Ziel seine eigene gedankliche Projektion ist, und die Verfolgung dieses erdachten Zieles, wie edel es auch sein mag, ist immer eine Form der Selbstverehrung. Ein solcher Mensch huldigt sich selbst, und deshalb kann er die Wahrheit nicht kennen. Die Wahrheit kann nur erkannt werden, wenn wir die Vorgänge im menschlichen Geist in ihrer Gesamtheit verstehen, das heißt, wenn es keinen inneren Zwist gibt.

Die Wahrheit hat keinen bleibenden Ort

Wahrheit ist eine Realität, und die Realität kann nur verstanden werden, wenn die verschiedenen Dinge, die sich zwischen den Geist und die Realität geschoben haben, entfernt werden. Die Realität ist Ihre Beziehung zum Besitz, zu Ihrer Frau, zu anderen Menschen, zur Natur, zu Vorstellungen und Ideen. Und solange Sie die Realität Ihrer Beziehungen nicht verstehen, vergrößert Ihre Suche nach Gott nur Ihre Verwirrung, weil sie ein Ersatz, eine Flucht und deshalb völlig bedeutungslos ist. Solange Sie Ihre Frau beherrschen oder von ihr beherrscht werden, solange Sie besitzen oder besessen werden, können Sie nicht lieben. Solange Sie unterdrücken, nach Ersatz suchen, ehrgeizig sind, können Sie die Wahrheit nicht kennen.

Die Wahrheit kennt nur, wer nicht sucht, sich nicht bemüht, nicht versucht, ein Ergebnis zu erzielen. ... Wahrheit hält nicht ununterbrochen an, sie hat keinen bleibenden Ort, sie kann nur von Augenblick zu Augenblick gesehen werden. Die Wahrheit ist immer neu und deshalb zeitlos. Was gestern Wahrheit war, ist es heute nicht mehr, was heute Wahrheit ist, wird es morgen nicht sein. Wahrheit hat keine Kontinuität. Der menschliche Geist will diese Erfahrung, die er Wahrheit nennt, zu etwas ununterbrochen Andauerndem machen, aber ein solcher Geist wird die Wahrheit nie kennen. Die Wahrheit ist immer neu und das bedeutet, dasselbe Lächeln zu sehen und dieses Lächeln auf neue Weise zu sehen, dieselbe Person zu sehen und sie neu zu sehen, die im Wind schwankenden Palmen neu zu sehen, dem Leben neu zu begegnen.

Es gibt keinen Führer zur Wahrheit

Kann man Gott finden, indem man ihn sucht? Kann man nach dem suchen, über das man nichts wissen kann? Um etwas zu finden, muss man wissen, wonach man sucht. Wenn Sie sich auf die Suche machen, um etwas zu finden, wird das, was Sie finden, eine gedankliche Projektion aus dem eigenen Inneren sein. Es wird das sein, was Sie sich wünschen, und das Erzeugen von Wünschen hat nichts mit der Wahrheit zu tun. Nach der Wahrheit zu suchen bedeutet, sie zu verleugnen. Die Wahrheit hat keine Bleibe. Es gibt keinen Weg und keinen Führer, der einen dort hinbringen kann. Und das Wort ist nicht die Wahrheit. Ist die Wahrheit in einem bestimmten Umfeld, einem bestimmten Klima, unter bestimmten Menschen zu finden? Ist sie hier und dort nicht? Ist dieser Mensch ein Führer zur Wahrheit und jener nicht? Gibt es überhaupt einen Führer? Wenn nach der Wahrheit gesucht wird, kann das, was man findet, nur aus der Unwissenheit kommen, denn schon die Suche an sich entspringt der Unwissenheit. Sie können die Wirklichkeit nicht aufspüren. Sie müssen aufhören zu sein, damit die Wirklichkeit da sein kann.

Wahrheit wird nur von Augenblick zu Augenblick gefunden

Wahrheit kann man nicht horten. Alles, was man hortet und ansammelt, wird immer wieder zerstört, es welkt dahin. Die Wahrheit kann nie verwelken, weil sie nur von Augenblick zu Augenblick gefunden werden kann – in jedem Gedanken, jeder Beziehung, jedem Wort, jeder Geste, in einem Lächeln, in Tränen. Und wenn Sie und ich das finden und leben können, dann ist das Leben selbst das Finden der Wahrheit – dann werden wir nicht zu Propagandisten. Wir werden schöpferische Menschen sein – nicht perfekte, sondern schöpferische Menschen, und das ist ein gewaltiger Unterschied.

Der wahre Revolutionär

Die Wahrheit ist weder für die Ehrbaren, noch für die, die nach Selbstausdehnung und Selbstverwirklichung streben. Die Wahrheit ist auch nicht für jene, die es nach Sicherheit und Dauerhaftigkeit verlangt, denn die Dauerhaftigkeit, nach der sie suchen, ist nur das Gegenteil der Vergänglichkeit. Im Netz der Zeit gefangen suchen sie nach etwas, das dauerhaft ist, aber das Dauerhafte, das sie suchen, ist nicht das Wirkliche, denn das, was sie suchen, ist das Produkt ihres Denkens. Deshalb muss ein Mensch, der die Wirklichkeit entdecken will, aufhören zu suchen – was nicht bedeutet, dass er sich mit dem, was ist, zufrieden geben muss. Im Gegenteil, ein Mensch, der entschlossen ist, die Wahrheit zu entdecken, muss innerlich ein absoluter Revolutionär sein. Er kann keiner Klasse, keiner Nation, keiner Gruppe oder Ideologie angehören und auch keiner organisierten Religion, denn die Wahrheit ist nicht im Tempel und nicht in der Kirche, sie ist nicht in den Dingen zu finden, die vom Geist oder von der Hand gemacht sind. Die Wahrheit kommt nur zum Vorschein, wenn die vom Menschen geschaffenen Dinge und Ideen beiseite gelassen werden, und diese Dinge und Vorstellungen beiseite zu lassen ist keine Frage der Zeit. Die Wahrheit kommt zu demjenigen, der frei von der Zeit ist, der Zeit nicht als Mittel zur Selbstausweitung benutzt. Zeit ist die Erinnerung an gestern, die Erinnerung an Ihre Familie, Ihre Abstammung, Ihren besonderen Charakter, an die gesammelten Erfahrungen, die das »Ich« und »mein« ausmachen.

Die Wahrheit im Unwahren sehen

Vielleicht stimmen Sie oberflächlich zu, wenn Sie hören, dass der Nationalismus mit seinem ganzen Pathos und seinem Eigeninteresse zur Ausbeutung führt und die Menschen gegeneinander aufhetzt. Aber sich selbst wirklich von der Kleinkariertheit des Nationalismus zu befreien ist eine andere Sache. Frei zu sein – nicht nur von Nationalismus, sondern auch von allen Schlussfolgerungen der organisierten Religionen und der politischen Systeme – ist eine wesentliche Voraussetzung, wenn der Geist jung, frisch, unschuldig sein soll, das heißt, in einem Zustand innerer Umwälzung. Nur ein solcher Geist kann eine neue Welt schaffen – nicht die Politiker, die innerlich tot sind, und auch nicht die Priester, die in ihren eigenen religiösen Lehren gefangen sind.

So haben Sie nun zu Ihrem Glück oder Leidwesen etwas gehört, das wahr ist, aber wenn Sie es nur hören und nicht wirklich aufgerüttelt sind, so dass Ihr Geist anfängt, sich von all den Dingen zu befreien, die ihn einengen und verbiegen, dann wird die Wahrheit, die Sie gehört haben, zu einem Gift. Die Wahrheit wird mit Sicherheit zu einem Gift, wenn sie gehört wird und im Geist nicht zu arbeiten beginnt, wie eine Wunde, die eitert. Aber für sich selbst zu entdecken, was wahr und was unwahr ist, und die Wahrheit im Unwahren zu sehen bedeutet, diese Wahrheit arbeiten zu lassen, damit sie ihre eigene Wirkung entfalten kann.

Das Tatsächliche verstehen

Es ist wirklich nicht kompliziert, auch wenn es vielleicht mühsam ist. Wir beginnen nie bei den tatsächlichen Gegebenheiten, bei dem, was wir wirklich denken, tun oder wünschen. Wir gehen von Vermutungen oder Idealen aus, die keine Tatsachen sind, und so werden wir irregeführt. Um von Fakten und nicht von Vermutungen auszugehen, müssen wir sehr aufmerksam sein. Und jede Form des Denkens, die nicht vom Tatsächlichen ausgeht, ist eine Ablenkung. Deshalb ist es so wichtig zu verstehen, was wirklich im eigenen Inneren und in der Außenwelt vor sich geht.

Wenn Sie Christ sind, folgen Ihre Visionen einem bestimmten Muster, und wenn Sie Hindu, Buddhist oder Moslem sind, folgen sie einem anderen Muster. Sie sehen Christus oder Krishna, je nachdem, wie Sie konditioniert sind. Ihre Erziehung und die Kultur, in der Sie aufwuchsen, bestimmen Ihre Visionen. Was ist das Tatsächliche: Die Vision oder der Geist, der in einer bestimmten Form geprägt wurde? Die Vision ist der Ausdruck einer bestimmten Tradition, die zufällig den geistigen Hintergrund bildet. Diese Konditionierung und nicht die Vision, die sie produziert, ist die Wirklichkeit, die Tatsache. Eigentlich ist es einfach, die Tatsache zu verstehen. Es wird jedoch durch unsere Vorlieben und Abneigungen erschwert, durch unser Verdammen der Tatsache, durch Meinungen oder Urteile, die wir darüber haben. Frei von diesen unterschiedlichen Formen der Bewertung zu sein bedeutet, das Tatsächliche zu verstehen, das, *was ist.*

Die Interpretation der Tatsachen verhindert das Sehen

Ein Geist, der eine Meinung über eine Tatsache abgibt, ist ein engstirniger, begrenzter, destruktiver Geist. ... Sie können die Tatsache auf eine Weise interpretieren, und ich kann sie auf eine andere Weise interpretieren. Die Interpretation einer Tatsache ist ein Fluch, der uns daran hindert, die nackte Tatsache zu sehen und etwas dagegen zu unternehmen. Wenn wir unsere Meinungen über eine Tatsache austauschen, wird nichts gegen die Tatsache unternommen. Vielleicht können Sie ein bisschen mehr zur Diskussion beitragen, vielleicht sehen Sie mehr Nuancen, Aspekte und Sinngehalt in der Tatsache, während ich vielleicht weniger Sinngehalt in den Fakten entdecke. Aber eine Tatsache kann nicht interpretiert werden, ich kann keine Meinung über eine Tatsache äußern. Sie ist, wie sie ist, und es fällt dem menschlichen Geist sehr schwer, eine Tatsache zu akzeptieren. Wir interpretieren sie unablässig, messen ihr ständig die verschiedensten Bedeutungen bei, die von unseren Vorurteilen, Konditionierungen, Hoffnungen und Ängsten geprägt sind. Wenn Sie und ich die Tatsache sehen können, ohne eine Meinung abzugeben, ohne sie zu interpretieren oder ihr eine bestimmte Bedeutung zuzuschreiben, dann wird die Tatsache viel lebendiger – nein, nicht lebendiger –, dann ist da nur die Tatsache und nichts anderes zählt. Dann besitzt die Tatsache ihre eigene Energie, die Sie in die richtige Richtung lenkt.

Es gibt nur eine Tatsache: die Vergänglichkeit

Wir versuchen herauszufinden, ob es einen dauerhaften Zustand gibt oder nicht – nicht was wir gerne hätten, sondern was Tatsache ist, die Wahrheit. Alles um uns herum, sowohl innen als auch außen – unsere Beziehungen, Gedanken, Gefühle –, ist vergänglich, ist ständig im Fluss. Da sich der Geist dessen bewusst ist, sehnt er sich nach Dauerhaftigkeit, nach einem andauernden Zustand des Friedens, der Liebe, der Güte, nach einer Sicherheit, die weder durch die Zeit noch durch das, was geschieht, zerstört werden kann. Und deshalb erschafft er die Seele, den Atman und die Vorstellungen von einem ewigen Paradies. Aber diese Dauerhaftigkeit ist aus der Vergänglichkeit geboren und trägt deshalb den Samen der Vergänglichkeit in sich. Es gibt nur eine Tatsache: die Vergänglichkeit.

Die Sehnsucht nach dem Unergründlichen

Sie wollen, dass ich Ihnen sage, was die Wirklichkeit ist. Kann man das Unbeschreibliche in Worte fassen? Können Sie das Unermessliche messen? Können Sie den Wind in Ihrer Faust festhalten? Und wenn Sie es tun, ist das dann der Wind? Wenn Sie das Unermessliche messen – ist es dann das Wirkliche? Wenn Sie es in Worte fassen – ist es das Wirkliche? Natürlich nicht, denn in dem Moment, in dem Sie etwas Unbeschreibliches beschreiben, ist es nicht länger das Wirkliche. In dem Moment, in dem Sie das, was man nicht wissen kann, ins Bekannte übertragen, ist es nicht länger das Unergründliche. Und doch wollen wir das unbedingt tun. Wir wollen immer wissen, denn dann könnten wir so weitermachen, dann könnten wir – so glauben wir – das absolute Glück festhalten, Dauerhaftigkeit haben. Wir wollen wissen, weil wir nicht glücklich sind, weil wir uns jämmerlich abmühen, weil wir ausgebrannt, erniedrigt sind. Doch anstatt die einfache Tatsache anzuerkennen, dass wir erniedrigt, abgestumpft, müde und innerlich im Aufruhr sind, wollen wir uns vom Bekannten wegbewegen, zum Unbekannten hin, das wieder zum Bekannten wird, und deshalb können wir nie das Wirkliche finden.

Ist Leiden nur ein Wort, oder ist es eine Realität?

Ist Leiden nur ein Wort oder eine Realität? Wenn es eine Realität und nicht nur ein Wort ist, dann hat das Wort in diesem Moment keine Bedeutung, dann ist da nur das intensive Gefühl des Schmerzes. In Bezug auf was? In Bezug auf ein Bild, eine Erfahrung, auf etwas, das Sie haben oder nicht haben. Wenn Sie es haben, nennen Sie es Vergnügen, wenn Sie es nicht haben, ist es Schmerz. Deshalb stehen der Schmerz und das Leid immer in Beziehung zu etwas Bestimmtem. Ist dieses Etwas nur ein Wort, oder ist es eine Realität? Angst kann beispielsweise nicht für sich allein, sondern nur in Bezug auf etwas Bestimmtes existieren: eine Person, ein Ereignis, ein Gefühl. Jetzt sind Sie sich des Leidens voll bewusst. Ist dieses Leiden von Ihnen getrennt, so dass Sie nur der Beobachter sind, der es wahrnimmt, oder sind Sie dieses Leiden?

Sie und die Nichtigkeit sind eins

Sie sind nichts. Sie mögen Ihren Namen, Ihren Titel, Ihren Besitz und Ihr Bankkonto haben, vielleicht sind Sie auch mächtig und berühmt, aber trotz all dieser Schutzmaßnahmen sind Sie nichts. Vielleicht ist Ihnen diese Leere, diese Nichtigkeit, überhaupt nicht bewusst, vielleicht wollen Sie sich dessen auch gar nicht bewusst sein, aber es ist da, egal, was Sie tun, um ihm auszuweichen. Sie versuchen, ihm vielleicht auf krummen Wegen zu entkommen, durch persönliche oder kollektive Gewalt, durch individuelle oder gemeinschaftliche Gottesverehrung, durch Wissen oder Zeitvertreib, aber es ist immer da, ob Sie wach sind oder schlafen. Sie können auf Ihre Beziehung zu dieser Nichtigkeit und der damit verbundenen Angst nur stoßen, wenn Sie sich ohne auszuwählen Ihrer Fluchtversuche bewusst werden. Sie stehen mit der Nichtigkeit nicht als ein davon getrenntes, eigenständiges Wesen in Beziehung. Sie sind nicht der Beobachter, der sie betrachtet. Ohne Sie, den Denkenden, den Beobachter, existiert es nicht. Sie und die Nichtigkeit sind eins. Sie und die Nichtigkeit sind ein zusammenhängendes Phänomen, nicht zwei getrennte Vorgänge. Wenn Sie, der Denkende, Angst vor der Nichtigkeit haben und sich ihr als etwas nähern, das im Gegensatz zu Ihnen steht und das Sie ablehnen, dann muss alles, was Sie im Hinblick darauf tun, unweigerlich in die Selbsttäuschung und damit zu weiteren Konflikten und Leiden führen. Wenn Sie diese Nichtigkeit als das entdecken oder erfahren, was Sie selbst sind, dann fällt die Angst völlig ab, die ja nur existiert, wenn der Denkende von seinen Gedanken getrennt ist und er deshalb eine Beziehung zu ihnen herzustellen versucht.

Wie können wir die Angst beenden?

Wir sprechen über etwas, das Ihre Aufmerksamkeit erfordert und nicht Ihre Zustimmung oder Ablehnung. Wir betrachten das Leben peinlich genau, objektiv, klar – nicht aus Ihrem Gefühl oder Ihrer Laune heraus, was Sie mögen oder nicht mögen. Was wir mögen und nicht mögen, hat ja gerade dieses Elend hervorgebracht. Wir fragen lediglich: »Wie können wir die Angst beenden?« Das ist eines unserer großen Probleme, denn wenn ein Mensch sie nicht beenden kann, lebt er ewig in Dunkelheit, nicht ewig im christlichen Sinne, sondern im gewöhnlichen Sinn; ein Leben lang reicht. Für mich als Mensch muss es einen Weg aus der Angst geben, aber nicht durch eine Hoffnung für die Zukunft. Kann ich als Mensch die Angst beenden, und zwar vollständig, nicht nur kleine Teile davon? Wahrscheinlich haben Sie diese Frage noch nie gestellt, und wahrscheinlich haben Sie es nicht getan, weil Sie nicht wissen, wie Sie aus der Angst herauskommen können. Aber wenn Sie diese Frage ganz ernsthaft stellen würden – nicht mit der Absicht, die Angst zu beenden, sondern mit der Absicht, das Wesen und die Beschaffenheit der Angst zu ergründen –, dann hätte die Angst in dem Moment ein Ende, in dem Sie das ergründet haben. Sie müssen gar nichts dagegen tun.

Wenn wir uns der Angst bewusst sind und direkt mit ihr in Kontakt kommen, dann ist der Beobachter das Beobachtete. Es gibt keinen Unterschied zwischen dem Beobachter und dem, was er beobachtet. Wenn man die Angst ohne den Beobachter betrachtet, findet Handlung statt, aber es ist nicht das Handeln des Beobachters, der auf die Angst reagiert.

Die Dualität von Denkendem und Denken

Immer wenn Sie irgendetwas anschauen – einen Baum, Ihre Frau, Ihre Kinder, Ihren Nachbarn, die Sterne am nächtlichen Firmament, das Licht auf dem Wasser, den Vogel am Himmel, irgendetwas –, ist gleichzeitig der Beobachter da – der Zensor, der Denkende, der Erfahrende, der Suchende –, und das, was er beobachtet. Der Beobachter und das Beobachtete, der Denkende und die Gedanken. Also besteht immer eine Spaltung. Es ist diese Spaltung, die Zeit ist. Und diese Spaltung ist gerade das Wesentliche am Konflikt. Und wo ein Konflikt besteht, besteht eine Gegensätzlichkeit. Da ist »der Beobachter und das Beobachtete« – das ist eine Gegensätzlichkeit. Da besteht eine Spaltung. Und deshalb gibt es da, wo eine Gegensätzlichkeit herrscht, einen Konflikt. Und wenn es einen Konflikt gibt, ist immer der Drang da, über ihn hinauszugelangen, ihn zu überwinden, ihm zu entkommen, etwas dagegen zu tun, und all diese Bemühungen erfordern Zeit. ... Solange diese Spaltung besteht, wird die Zeit fortdauern, und Zeit bedeutet Leid.

Ein Mensch, der verstehen will, wie das Leid endet, muss all das herausfinden und verstehen. Er muss über diese Dualität zwischen dem Denkenden und dem Denken, zwischen dem Erfahrenden und der Erfahrung hinausgehen. Das bedeutet: Wenn der Beobachter und das, was er beobachtet, getrennt sind, existiert Zeit, und somit hat das Leid nie ein Ende. Was soll man also tun? Verstehen Sie die Frage? Ich sehe in meinem eigenen Inneren, dass der Beobachter ständig beobachtet, urteilt, zensiert, akzeptiert, zurückweist, diszipliniert, kontrolliert und beeinflusst. Dieser Beobachter, dieser Denkende ist offensichtlich das Produkt des Denkens. Zuerst ist das Denken da, nicht der Denkende. Gäbe es überhaupt keine Gedanken, dann gäbe es auch keinen Beobachter, keinen Denkenden. Dann gäbe es nur vollkommene, umfassende Aufmerksamkeit.

Das Denken erschafft den Denkenden

Denken ist in Worte gefasste Empfindung. Denken ist die Reaktion des Gedächtnisses, das Wort, die Erfahrung, das Bild. Das Denken ist etwas Vorübergehendes, Veränderliches, Vergängliches und strebt nach Dauerhaftigkeit. Also erschafft es den Denkenden, der dann das Dauerhafte wird. Er schlüpft in die Rolle des Zensors, des Führers, des Kontrollierenden, desjenigen, der das Denken prägt. Dieses nur in der Vorstellung vorhandene, dauerhafte Wesen ist das Produkt des Denkens, des Vorübergehenden und Vergänglichen. Dieses Wesen ist das Denken. Ohne das Denken existiert es nicht. Der Denkende setzt sich aus bestimmten Eigenschaften und Fähigkeiten zusammen, und man kann diese nicht von ihm trennen. Der Kontrollierende ist das, was er kontrolliert, er spielt nur ein Spiel der Selbsttäuschung mit sich selbst. Bis das Falsche als das Falsche gesehen wird, existiert die Wahrheit nicht.

Eine Mauer aus unüberwindlichem Denken

Wie kann der Denkende mit seinen Gedanken verschmelzen? Weder durch einen Willensakt noch durch Selbstdisziplin, noch durch irgendeine Form von Bemühen, Kontrolle oder Konzentration oder irgendein anderes Mittel. Die Anwendung eines Mittels setzt ein Wesen voraus, das handelt, nicht wahr? Und solange es einen Handelnden gibt, besteht eine Spaltung. Die Verschmelzung findet nur statt, wenn der Geist völlig still ist, ohne zu versuchen, still zu sein. Nicht wenn der Denkende aufhört zu existieren, ist diese Stille da, sondern nur, wenn das Denken selbst aufgehört hat. Es muss Freiheit von der Reaktion der Konditionierung da sein, die Denken ausmacht. Jedes beliebige Problem kann nur gelöst werden, wenn es keine Vorstellungen und Schlussfolgerungen gibt. Schlussfolgerungen, Vorstellungen, Gedanken sind die Erregungen des Geistes. Aber wie ist Verstehen möglich, wenn der Geist erregt ist? Ernsthaftigkeit muss durch das spielerische Element der Spontaneität gemildert werden. Wenn Sie alles, was hier gesagt wurde, gehört haben, werden Sie feststellen, dass die Wahrheit in Augenblicken zu Ihnen kommt, in denen Sie sie nicht erwarten. Und wenn ich das so sagen darf, seien Sie offen und empfänglich, seien Sie sich dessen voll bewusst, was im jeweiligen Augenblick ist. Errichten Sie keine Mauer aus unüberwindlichem Denken um sich herum. Die Seligkeit der Wahrheit kommt zu Ihnen, wenn der Geist nicht mit seinen eigenen Aktivitäten und Kämpfen beschäftigt ist.

Wenn der Beobachter das Beobachtete ist

Raum ist notwendig. Ohne Raum gibt es keine Freiheit. Das ist psychisch gemeint. … Nur wenn man in Kontakt ist, wenn es keine Distanz zwischen dem Beobachter und dem Beobachteten gibt, besteht eine echte Beziehung – beispielsweise zu einem Baum. Man ist nicht identifiziert mit dem Baum, der Blume, einer Frau, einem Mann oder was es auch sei; aber wenn der Zwischenraum, der zwischen dem Beobachter und dem Beobachteten besteht, völlig aufgehoben ist, ist unendlich viel Raum da. In diesem Raum gibt es keinen Konflikt. In diesem Raum gibt es nur Freiheit. Freiheit ist keine Reaktion. Sie können nicht sagen: »Gut, ich bin frei.« In dem Moment, in dem Sie sagen, dass Sie frei sind, sind Sie nicht frei, weil Sie sich bewusst sind, dass Sie von etwas frei sind, und damit sind Sie in derselben Situation wie ein Beobachter, der einen Baum betrachtet. Er hat eine Art räumliche Distanz geschaffen, und in dieser Distanz erzeugt er Konflikte. Um dies zu verstehen, müssen Sie nicht intellektuell zustimmen oder ablehnen oder sagen: »Ich verstehe das nicht.« Dies erfordert nur, mit dem in direkten Kontakt zu kommen, *was ist.* Es bedeutet, dass Sie sehen, wie all Ihre Handlungen, jeder Augenblick des Handelns von dem Vorhandensein des Beobachters und des Beobachteten bestimmt wird, und dass es innerhalb dieses Raumes Vergnügen, Schmerz und Leid und den Wunsch nach Erfolg und Ruhm gibt. Innerhalb dieses Raumes gibt es keinerlei Kontakt mit irgendetwas. Kontakt oder Beziehung hat eine völlig andere Bedeutung, wenn der Beobachter nicht mehr von dem, was er beobachtet, abgetrennt ist. Dann entsteht dieser besondere Raum, und dort ist Freiheit.

Gibt es einen Beobachter, der die Einsamkeit beobachtet?

Mein Geist nimmt Einsamkeit wahr und meidet sie, läuft davor weg. Aber besteht eine Spaltung, eine Trennung, wenn ich nicht davor weglaufe; gibt es dann einen Beobachter, der die Einsamkeit beobachtet? Oder existiert dann nur ein Zustand der Einsamkeit, mein Geist, der leer und einsam ist? Damit ist nicht gemeint, dass da ein Beobachter existiert, der weiß, dass da Einsamkeit ist. Ich glaube, dass es wichtig ist, dies unmittelbar zu erfassen und nicht allzu viele Worte zu machen. Wir sagen jetzt: »Ich bin neidisch. Ich will den Neid loswerden«, und damit gibt es einen Beobachter und das Beobachtete. Der Beobachter will das, was er beobachtet, loswerden. Aber ist der Beobachter nicht dasselbe, wie das, was er beobachtet? Der Geist selbst hat ja den Neid erschaffen, und deshalb kann er nichts dagegen tun. Mein Geist beobachtet also die Einsamkeit. Dem Denkenden ist bewusst, dass er einsam ist. Aber gibt es, wenn man dabei bleibt, wenn man ganz in Kontakt damit ist, also nicht wegläuft, nicht interpretiert und was sonst noch alles macht, gibt es dann wirklich einen Unterschied zwischen dem Beobachter und dem Beobachteten? Oder gibt es nur einen einzigen Zustand, in dem der Geist einsam und leer ist? Das heißt nicht, dass der Geist sich selbst als leer wahrnimmt, sondern der Geist ist einfach leer. Kann also der Geist, dem bewusst ist, dass er leer ist und dass all sein Bemühen, jede Bewegung weg von dieser Leere nur eine Flucht, eine Abhängigkeit sind, kann dieser Geist jegliche Abhängigkeit aufgeben und sein, was er ist – völlig leer, völlig einsam? Und erlebt er in diesem Zustand nicht die Freiheit von jeglicher Abhängigkeit, jeglicher Gebundenheit?

Was angesammelt wurde, ist nicht Wahrheit

Solange da ein Erfahrender ist, der sich an die Erfahrung erinnert, existiert keine Wahrheit. Wahrheit ist nicht etwas, das man erinnern, abspeichern, aufzeichnen und dann wiedergeben kann. Was angesammelt wurde, ist nicht Wahrheit. Das Verlangen nach Erfahrungen bringt den Erfahrenden hervor, der dann ansammelt und erinnert. Verlangen bewirkt die Abtrennung des Denkenden von seinen Gedanken. Das Verlangen, etwas zu werden, zu erfahren, mehr oder weniger zu sein, führt zu dieser Spaltung zwischen dem Erfahrenden und der Erfahrung. Sich der Wege des Verlangens bewusst zu sein ist Selbsterkenntnis. Selbsterkenntnis ist der Anfang von Meditation.

Unmittelbares Handeln

Wenn Sie mit irgendetwas oder irgendjemandem in Kontakt sind, Ihrer Frau, Ihren Kindern, mit dem Himmel, den Wolken, mit irgendeiner Tatsache, verlieren Sie diesen Kontakt, sobald sich Gedanken einmischen. Das Denken entspringt der Erinnerung, und die Erinnerung ist das Bild. Von da aus schauen Sie, und deshalb besteht eine Trennung zwischen dem Betrachter und dem, was er betrachtet.

Das müssen Sie in seiner ganzen Tiefe verstehen. Es ist diese Trennung zwischen dem Beobachter und dem Beobachteten, die den Beobachter dazu bringt, mehr Erfahrungen, mehr Empfindungen haben zu wollen, und deshalb läuft er immer irgendetwas nach, ist er immer auf der Suche. Es muss also vollkommen und umfassend verstanden werden, dass, solange es einen Beobachter gibt – denjenigen, der Erfahrungen sucht, den Zensor, jener innere Bestandteil, der wertet, urteilt, verdammt –, auch kein direkter Kontakt mit dem möglich ist, *was ist.* Wenn Sie Schmerzen haben, körperliche Schmerzen, nehmen Sie diese unmittelbar wahr. Da ist kein Beobachter, der die Schmerzen fühlt. Da ist nur der Schmerz. Weil kein Beobachter da ist, wird unmittelbar gehandelt. Es ist nicht zuerst eine Vorstellung da und dann das Handeln. Es gibt nur das Handeln, wenn Schmerzen vorhanden sind, weil eine direkte körperliche Verbindung besteht. Der Schmerz sind Sie. Da ist nur Schmerz. Solange das nicht vollkommen verstanden, erkannt, untersucht und tief empfunden wurde, solange es nicht ganz erfasst ist – nicht intellektuell, nicht verbal –, dass der Beobachter das ist, was er beobachtet, wird das ganze Leben zu einem Konflikt, einem Widerstreit zwischen gegensätzlichen Wünschen, zwischen dem, »was sein sollte«, und dem, »was ist«. Sie können das nur verstehen, wenn Ihnen bewusst ist, ob Sie die Dinge – eine Blume, eine Wolke oder irgendetwas anderes – als Beobachter anschauen.

Die Wirklichkeit ist in dem, was ist

Warum widmen Sie, anstatt zu fragen, wer Gott erkannt hat oder was Gott ist, nicht Ihre ganze Aufmerksamkeit und Bewusstheit dem, *was ist.* Dann werden Sie das Unbekannte entdecken, oder es wird vielmehr zu Ihnen kommen. Wenn Sie verstehen, was das Bekannte ist, werden Sie diese außergewöhnliche Stille erleben, die weder erzeugt noch erzwungen ist, jene schöpferische Leere, in der allein sich die Wirklichkeit zeigen kann. Sie kann nicht zu dem kommen, was im Werden und im Streben begriffen ist. Es kann nur zu dem kommen, das sich im Sein befindet, das versteht, *was ist.* Dann werden Sie sehen, dass die Wirklichkeit nicht in der Ferne liegt. Das Unbekannte ist nicht weit weg. Es ist in dem, *was ist.* So wie die Lösung eines Problems im Problem enthalten ist, so ist die Wirklichkeit in dem enthalten, *was ist.* Und wenn wir es verstehen können, werden wir wissen, was Wahrheit ist.

Den Tatsachen ins Auge sehen

Ich leide. Ich bin furchtbar durcheinander. Und ich habe mir darüber Gedanken gemacht: was ich tun sollte, was ich nicht tun sollte, wie die Situation verändert werden sollte. Diese Gedanken, dieses Schema, dieses Konzept hindern mich daran, das, *was ist*, als Tatsache zu sehen. Das Entwickeln von Vorstellungen und dieses Schema sind eine Flucht vor dem, was ist. Angesichts einer großen Gefahr handelt man unmittelbar. Dann machen Sie sich keine Gedanken. Sie entwickeln nicht erst eine Vorstellung und handeln dann danach.

Der menschliche Geist ist faul und träge geworden durch ein Konzept, das ihm eine Möglichkeit bot, vor dem unmittelbaren Handeln in Bezug auf das, *was ist*, zu fliehen. Wenn wir für uns selbst den ganzen Zusammenhang dessen, was gesagt wurde, sehen – aber nicht, weil wir darauf hingewiesen wurden –, ist es dann möglich, den Tatsachen ins Auge zu sehen, beispielsweise der Tatsache, dass wir gewalttätig sind? Wir sind gewalttätige Menschen und wir haben Gewalttätigkeit als Lebensform gewählt – Kriege und alles, was dazugehört. Obwohl wir, besonders im Osten, unaufhörlich von Gewaltlosigkeit sprechen, sind wir keine gewaltlosen Menschen, wir sind gewalttätig. Die Idee der Gewaltlosigkeit ist eine Idee, die politisch benutzt werden kann. Das hat einen anderen Sinn und Zweck, aber es bleibt eine Idee und ist keine Tatsache. Da der Mensch unfähig ist, sich der Tatsache der Gewalttätigkeit zu stellen, hat er das Ideal der Gewaltlosigkeit geschaffen, das ihn daran hindert, sich mit der Tatsache zu befassen.

Es ist schließlich eine Tatsache, dass ich gewalttätig bin. Ich bin zornig. Wozu muss man sich da Gedanken machen? Nicht der Gedanke, dass man zornig ist, ist wichtig, sondern die Tatsache, dass man zornig ist, so wie auch die Tatsache, dass man hungrig ist. Man stellt sich nicht vor, dass man hungrig ist. Es kommt einem in den Sinn, was man essen könnte, und je nachdem, worauf man Appetit hat, isst man etwas. Sie handeln nur in Bezug auf das, *was ist*, wenn Sie keine Vorstellung davon haben, was Sie gegen das unternehmen sollten, womit Sie konfrontiert sind, und das ist das, *was ist.*

Freiheit von dem, was ist

Wirklich anständig zu sein entspringt dem Verstehen dessen, *was ist,* während anständig zu werden ein Aufschieben, ein Zudecken ist. Das, *was ist,* wird mit dem zugedeckt, was Sie gerne sein möchten. Deshalb vermeiden Sie beim Anständigwerden direktes Handeln in Bezug auf das, *was ist.* Das, *was ist,* durch die Kultivierung eines Ideals zu vermeiden wird als Tugend betrachtet. Aber wenn Sie genau hinschauen, werden Sie erkennen, dass das nichts mit Tugend zu tun hat. Es ist nur ein Aufschieben der Konfrontation mit dem, *was ist.* Anständigkeit heißt nicht, etwas zu werden, was es noch nicht gibt. Anständigkeit ist das Verstehen dessen, *was ist,* und damit die Freiheit von dem, *was ist.* Anständigkeit ist unabdingbar in einer Gesellschaft, die so schnell in ihre Bestandteile zerfällt.

Das Denken beobachten

Ich muss lieben, was ich betrachte. Wenn Sie ein Kind verstehen wollen, müssen Sie es lieben und dürfen es nicht verurteilen. Sie müssen mit ihm spielen, seine Bewegungen, Eigenheiten und Verhaltensweisen beobachten, aber wenn Sie es nur missbilligen, ihm alles verwehren oder es nur tadeln, können Sie es nie verstehen. Und so muss man auch, um zu verstehen, *was ist*, auf die gleiche Weise beobachten, was man von Augenblick zu Augenblick denkt, fühlt und tut. Das ist das Wirkliche.

Flucht verursacht Konflikte

Warum sind wir ehrgeizig? Warum wollen wir Erfolg haben, jemand sein? Warum kämpfen wir darum, besser zu sein als die anderen? Wozu diese ganze Anstrengung, um sich durchzusetzen, ob persönlich oder durch eine Ideologie oder den Staat? Ist nicht dieser Durchsetzungswille die Hauptursache unserer äußeren Konflikte und unseres Durcheinanders? Würden wir ohne Ehrgeiz auf der Strecke bleiben? Können wir ohne Ehrgeiz physisch nicht überleben?

Warum sind wir gerissen und ehrgeizig? Ist Ehrgeiz nicht ein Drang, das, *was ist*, zu meiden? Ist diese Gerissenheit nicht eigentlich dumm – was wir ja sind? Warum haben wir solche Angst vor dem, *was ist*? Was nützt es, davonzulaufen, wenn das, was wir sind, doch immer da ist? Vielleicht gelingt es uns zu fliehen, aber das, was wir sind, ist immer noch da und verursacht Kummer und Leid. Warum fürchten wir uns so sehr vor unserer Einsamkeit oder unserer inneren Leere? Jede Aktivität, die wegführt von dem, *was ist*, muss zwangsläufig zu Leid und innerem Widerstreit führen. Ein innerer Konflikt ist das Verleugnen dessen, *was ist*, oder die Flucht davor. Ansonsten gibt es keinen Konflikt. Und unser Konflikt wird immer komplizierter und unlösbarer, weil wir dem, *was ist*, nicht ins Auge sehen. Das, *was ist*, ist nicht kompliziert, kompliziert sind nur die vielen Fluchtwege, die wir suchen.

Für Unzufriedenheit gibt es keine Lösung

Womit sind wir eigentlich unzufrieden? Ganz gewiss mit dem, *was ist.* Dieses »was ist« kann die Gesellschaftsordnung sein oder unsere Beziehung oder das, was wir selbst sind, was wir eigentlich sind – das heißt, das Hässliche, die wirren Gedanken, die ehrgeizigen Bestrebungen, die Frustrationen, die zahllosen Ängste. Das ist es, was wir sind. Und wir glauben dadurch, dass wir uns davon entfernen, eine Lösung für unsere Unzufriedenheit finden zu können. Also suchen wir immer nach einem Weg, einem Mittel, das, *was ist,* zu ändern – damit ist unser Geist beschäftigt. Wenn ich unzufrieden bin und einen Weg, ein Mittel, finden will, um zufrieden zu werden, ist mein Geist mit dem Weg, dem Mittel, beschäftigt und damit, es anzuwenden, um zur Zufriedenheit zu gelangen. Ich interessiere mich also nicht mehr für meine Unzufriedenheit, die Glut, die lodernde Flamme, die wir Unzufriedenheit nennen. Wir finden nicht heraus, was hinter dieser Unzufriedenheit steckt. Es geht uns nur darum, von dieser Flamme, dieser brennenden Unruhe wegzukommen. …

Das ist ungeheuer schwierig, denn unser Geist ist nie zufrieden, er gibt sich nie damit zufrieden zu untersuchen, *was ist.* Er will das, *was ist,* immer in etwas anderes umwandeln – und das bedeutet Verurteilen, Rechtfertigen oder Vergleichen. Wenn Sie Ihren eigenen Geist beobachten, werden Sie feststellen, dass er, wenn er dem, *was ist,* Auge in Auge gegenübersteht und es dann verurteilt, dass er es dann mit dem vergleicht, »was sein sollte« oder er es rechtfertigt, und dabei schiebt er das, *was ist,* weg, er lässt das außer Acht, was die Störung, den Schmerz, die Angst auslöst.

Bemühen ist eine Ablenkung von dem, was ist

Wir müssen das Problem des Strebens verstehen. Wenn wir die Bedeutung des Bemühens verstehen können, können wir diese Erkenntnis in unserem täglichen Leben in die Tat umsetzen. Ist Bemühen nicht ein Kampf, um das, *was ist,* in das zu verwandeln, was es nicht ist oder was es sein sollte oder was es werden sollte? Wir fliehen ständig vor dem, was ist, um es umzuwandeln oder abzuändern. Der wahrhaft zufriedene Mensch ist derjenige, der das versteht, *was ist,* und ihm die richtige Bedeutung beimisst. Wahre Zufriedenheit liegt nicht in wenigen oder vielen Besitztümern, sondern im Verstehen der ganzen Bedeutung dessen, *was ist.* Nur in passiver Bewusstheit wird der Sinn dessen, *was ist,* verstanden. Ich spreche im Moment nicht von der physischen Mühe mit der Erde, mit dem Bauen oder einem technischen Problem, sondern von einem psychischen Bemühen. Die psychischen Kämpfe und Probleme überschatten stets das Körperliche. Sie können eine wohl durchdachte Gesellschaftsstruktur aufbauen, aber solange die innere Dunkelheit und der innere Zwist nicht verstanden werden, werden diese die sorgsam errichtete Struktur unweigerlich zum Einsturz bringen.

Bemühen ist eine Ablenkung von dem, *was ist.* Sobald akzeptiert wird, *was ist,* hört das Streben und Bemühen auf. Es wird nicht akzeptiert, solange wir den Wunsch haben, das, was ist, umzuwandeln oder abzuändern. Streben und Bemühen – ein Hinweis auf Zerstörung – existieren zwangsläufig so lange, wie der Wunsch besteht, das, *was ist,* zu verändern.

Eine Zufriedenheit, die nicht aus dem Denken und Fühlen kommt

Ist Unzufriedenheit nicht etwas Unentbehrliches, das nicht erstickt werden darf, sondern ermutigt und gründlich untersucht werden muss, damit sich durch das Verstehen dessen, *was ist*, Zufriedenheit einstellen kann? Das ist nicht jene Art von Zufriedenheit, die durch ein Gedankengebäude hervorgerufen wird, sondern eine Zufriedenheit, die sich einstellt, wenn das verstanden wird, *was ist*. Diese Zufriedenheit ist kein Produkt des menschlichen Geistes – jenes Geistes, der beunruhigt, erregt und unvollständig ist, wenn er nach Frieden sucht und nach einem Weg, um von dem, *was ist*, weit weg zu kommen. Und so versucht der Geist, durch Rechtfertigung, Vergleich oder Verurteilung das, was ist, zu verändern, und hofft, dadurch einen Zustand zu erreichen, in dem er nicht beunruhigt ist, in dem er Ruhe und Frieden findet. Und wenn der Geist durch gesellschaftliche Umstände beunruhigt ist, durch Armut, Hunger, Erniedrigung und das entsetzliche Leid, wenn er all das sieht, will er es ändern. Er verstrickt sich in die Mittel und Wege, in die Methoden der Veränderung. Aber wenn der Geist fähig ist, das, *was ist*, anzuschauen, ohne zu vergleichen, ohne zu urteilen und ohne den Wunsch, es in etwas anderes zu verwandeln, werden Sie entdecken, dass sich eine Zufriedenheit einstellt, die nicht dem Bewusstsein entspringt.

Zufriedenheit, die ein Produkt des menschlichen Geistes ist, ist eine Flucht. Sie ist leblos, tot. Aber es gibt eine Zufriedenheit, die nicht aus diesem Geist entspringt, die sich einstellt, wenn das, *was ist*, verstanden wird. Und das bewirkt eine tief greifende Umwälzung, die sich sowohl auf die Gesellschaft als auch auf die persönlichen Beziehungen auswirkt.

Halten Sie die Unzufriedenheit lebendig

Ist Unzufriedenheit nicht unbedingt notwendig in unserem Leben, damit wir Fragen stellen, forschen, die Dinge untersuchen, um herauszufinden, was das Wirkliche ist, was die Wahrheit ist, was wichtig ist im Leben? Vielleicht verspüre ich diese brennende Unzufriedenheit in der Universität, und dann bekomme ich einen Job und die Unzufriedenheit schwindet. Ich bin zufrieden, ich mühe mich ab, um meine Familie zu ernähren, ich muss den Lebensunterhalt verdienen, und so wird meine Unzufriedenheit zum Schweigen gebracht, zerstört, und ich werde zu einem mittelmäßigen Geschöpf, das sich mit den Gegebenheiten des Lebens begnügt, und ich bin dabei nicht unzufrieden. Aber die Flamme muss von Anfang bis Ende am Leben gehalten werden, damit man dem Problem der Unzufriedenheit wirklich auf den Grund geht, es wirklich untersucht. Denn der menschliche Geist sucht sich sehr schnell eine Droge, um sich mit Tugenden, Qualitäten, Ideen und Taten zufrieden zu stellen. Er schafft sich feste Gewohnheiten und verstrickt sich darin. Wir kennen das ziemlich gut, aber unser Problem ist nicht die Frage, wie wir die Unzufriedenheit besänftigen können, sondern wie wir sie am Glühen halten, wie wir sie am Leben halten können. Alle unsere religiösen Bücher, alle unsere Gurus, alle politischen Systeme beschwichtigen den Geist, stellen ihn ruhig, beeinflussen ihn so, dass die Unzufriedenheit abklingt, dass er sie beiseite legt und in irgendeiner Form von Zufriedenheit schwelgt. … Ist es nicht lebenswichtig, unzufrieden zu sein, um herauszufinden, was wahr ist?

Verstehen, was ist

Wir leben im Streit miteinander und unsere Welt wird zerstört. Eine Krise jagt die andere, ein Krieg folgt auf den anderen. Es gibt Hunger und Leid. Es gibt die ungeheuer Reichen, die sich in ihre Ehrbarkeit hüllen, und es gibt die Armen. Um diese Probleme zu lösen, ist kein neues Denksystem, keine weitere ökonomische Revolution erforderlich, sondern das Verstehen dessen, *was ist* – die Unzufriedenheit mit dem, was ist, und ihm ständig auf den Grund zu gehen – was zu einer Umwälzung führen wird, die viel weit reichender ist als eine Revolution, die Ideen folgt. Und diese Umwälzung ist so notwendig, damit eine andere Kultur zustande kommt, eine andere Art von Religion, eine andere Beziehung zwischen den Menschen.

September

Intellekt

♦

Denken

♦

Wissen

♦

Geist

Wir glauben, wir seien intellektuell

Die meisten von uns haben intellektuelle Fähigkeiten entwickelt – so genannte intellektuelle Fähigkeiten, die in Wirklichkeit überhaupt keine intellektuellen Fähigkeiten sind –, wir lesen so viele Bücher, in denen steht, was andere Leute gesagt haben, Bücher, die voll von den Theorien und Vorstellungen anderer sind. Wir sind überzeugt, höchst intellektuell zu sein, wenn wir aus unzähligen Werken unzähliger Autoren zitieren können, wenn wir viele unterschiedliche Arten von Büchern gelesen haben und in der Lage sind, ihre Inhalte miteinander in Beziehung zu setzen und zu erläutern. Aber keiner von uns, oder nur sehr wenige, hat ein eigenständiges intellektuelles Vorstellungsvermögen. Indem wir den Intellekt kultiviert haben – den so genannten –, ist jede andere Fähigkeit, jedes andere Empfindungsvermögen verloren gegangen, und wir stehen vor dem Problem, wie wir ein Gleichgewicht in unserem Leben herstellen können, so dass wir nicht nur über die höchste intellektuelle Auffassungsgabe verfügen und in der Lage sind, objektiv und logisch zu denken, die Dinge exakt so zu sehen, wie sie sind – nicht um endlos Meinungen über Theorien und Verhaltensnormen von uns zu geben, sondern um eigenständig zu denken und für uns selbst das Wahre und das Unwahre ganz genau sehen zu können. Und dies ist, wie mir scheint, eine unserer Schwierigkeiten: Die Unfähigkeit, nicht nur äußere Dinge, sondern auch das Innenleben zu sehen, das man hat, falls man überhaupt eines hat.

Alles Denken ist Ablenkung

Ein menschlicher Geist, der konkurriert, der im Konflikt des Werdens gefangen ist, der in Vergleichen denkt, ist nicht in der Lage, die Wirklichkeit zu entdecken. Ein Denken und Fühlen, das sich tief greifend bewusst ist, befindet sich in einem ständigen Prozess der Selbstentdeckung – und da das Entdeckte wahr ist, wirkt es befreiend und schöpferisch. Solche Selbsterkenntnis befreit vom Besitzstreben und von der Kompliziertheit des Intellekts. Denn es ist diese Kompliziertheit des Intellekts, die Befriedigung in verschiedenen Formen der Sucht findet: in destruktiver Neugier, Spekulation, rein intellektuellem Wissen, geistigem Leistungsvermögen, Klatsch und Tratsch und so weiter. Und diese Dinge verhindern die Einfachheit des Lebens. Eine solche Sucht, eine Spezialisierung verleiht dem Geist zwar einen gewissen Scharfsinn, hilft ihm, das Denken auf etwas zu fokussieren, aber das ist kein Aufblühen des Denkens und Fühlens in die Wirklichkeit.

Frei von Ablenkungen zu sein ist umso schwieriger, je weniger wir den Prozess des Denkens und Fühlens verstehen, der selbst das Mittel der Ablenkung geworden ist. In seiner permanenten Unvollständigkeit, mit seiner Fähigkeit zu spekulativer Neugier und seiner Erfindungsgabe, ist er in der Lage, sich seine eigenen Hindernisse und Selbsttäuschungen zu erschaffen, die das bewusste Wahrnehmen des Wirklichen verhindern. So wird er zu seiner eigenen Ablenkung, zu seinem eigenen Feind. Da der menschliche Geist fähig ist, sich Illusionen zu machen, muss diese Fähigkeit zuerst verstanden werden, bevor er völlig frei von seinen eigenen selbst erzeugten Ablenkungen sein kann. Der Geist muss absolut still sein und schweigen, denn alles Denken wird zur Ablenkung.

Einheit von Geist und Herz

Die Schulung des Intellekts führt nicht zu Intelligenz. Vielmehr kommt Intelligenz erst dann zum Vorschein, wenn man in vollkommener Harmonie von Verstand und Gefühl handelt. Es besteht ein riesiger Unterschied zwischen Intellekt und Intelligenz. Intellekt ist lediglich das unabhängig vom Gefühl arbeitende Denken. Wird der Intellekt unabhängig von den Gefühlen in einer bestimmten Richtung geschult, verfügt man zwar vielleicht über einen großartigen Verstand, aber man ist nicht intelligent, denn Intelligenz schließt sowohl die Fähigkeit zu fühlen als auch die Fähigkeit zu logischem Denken ein. In der Intelligenz sind beide Fähigkeiten gleichermaßen gegenwärtig – stark ausgeprägt und harmonisch.

Heute entwickelt die moderne Erziehung und Bildung den Intellekt, indem sie immer mehr Erklärungen über Aspekte des Lebens, immer mehr Theorien anbietet, ohne die harmonisierende Kraft der Zuneigung. Dadurch hat unser Geist eine gewisse Schlauheit entwickelt, um vor Konflikten zu flüchten. Deshalb geben wir uns mit den Erklärungen zufrieden, die uns die Wissenschaftler und Philosophen liefern. Der Geist – der Intellekt – ist mit diesen zahllosen Erklärungen zufrieden, aber die Intelligenz ist es nicht, denn um irgendetwas verstehen zu können, müssen Geist und Herz beim Handeln eine vollkommene Einheit bilden.

Der Intellekt verdirbt das Gefühl

Es gibt den Intellekt, und es gibt das reine Empfinden – das reine Empfinden, etwas zu lieben, großmütige, edle Gefühle zu haben. Der Intellekt schlussfolgert, kalkuliert, wägt ab. Er fragt: »Lohnt es sich? Profitiere ich davon?« Auf der anderen Seite ist das reine Gefühl – dieses besondere Gefühl für den Himmel, für Ihren Nachbarn, für Ihre Frau oder Ihren Mann, für Ihr Kind, für die Welt, für die Schönheit eines Baumes und so weiter. Wenn diese beiden zusammenkommen, stirbt etwas. Verstehen Sie? Wenn das reine Gefühl vom Intellekt verdorben wird, bleibt nur noch Mittelmäßigkeit. Und das ist bei den meisten von uns der Fall. Unser Leben ist mittelmäßig, weil wir immer rechnen, uns immer fragen, ob es sich lohnt, wie viel wir profitieren, und zwar nicht nur in der Welt des Geldes, sondern auch in der so genannten spirituellen Welt: »Wenn ich dies tue, bekomme ich dann das dafür?«

Der Intellekt wird unsere Probleme nicht lösen

Die meisten von uns sind so gleichgültig gegenüber diesem wunderbaren Universum, in dem wir leben. Wir sehen selbst ein Blatt im Wind nie wirklich, wir beobachten nie einen Grashalm, berühren ihn mit der Hand und nehmen sein Wesen, seine Beschaffenheit wahr. Das ist nicht bloß Poesie, driften Sie also bitte nicht in einen spekulativen Gefühlszustand ab. Ich behaupte, dass es unabdingbar ist, dieses tiefe Gefühl für das Leben zu haben und sich nicht in intellektuellen Feinheiten oder Diskussionen zu verfangen und darin, Prüfungen abzulegen, Bücher zu zitieren und etwas Neues mit der Bemerkung abzutun, das sei bereits gesagt worden. Der Intellekt ist nicht der Weg. Der Intellekt wird unsere Probleme nicht lösen. Er wird uns nicht jene Nahrung geben, die unvergänglich ist. Der Intellekt kann logisch denken, diskutieren, analysieren, durch Folgerung zu einem abschließenden Urteil gelangen und so weiter, aber er ist und bleibt begrenzt, denn er ist das Produkt unserer Konditionierung. Nicht so die Empfindsamkeit. Empfindsamkeit ist nicht konditioniert, sie führt uns unmittelbar aus dem Feld der Ängste und Sorgen hinaus. … Wir bringen unsere Tage und Lebensjahre damit zu, den Intellekt zu schulen, zu argumentieren, zu diskutieren, zu kämpfen, wir mühen uns ab, etwas zu werden und so weiter. Und dabei ist da diese wunderbare Welt, diese Erde, die so reich ist – nicht die Erde die zu Bombay oder zum Punjab gehört, nicht die russische Erde oder die amerikanische Erde – diese Erde, die uns allen gehört, Ihnen wie mir, und das ist kein sentimentaler Unsinn, es ist eine Tatsache. Aber leider haben wir sie durch unsere kleinkarierte, engstirnige Denkweise, unseren Lokalpatriotismus zerteilt. Und wir wissen, warum wir das getan haben – für unsere Sicherheit, für bessere Jobs und mehr Jobs. Das ist das politische Spiel, das überall in der Welt gespielt wird, und dabei vergessen wir, Menschen zu sein, glücklich auf dieser Erde zu leben, die uns allen gehört, und etwas daraus zu machen.

Das Aufblitzen der Erkenntnis

Ich weiß nicht, ob Sie schon einmal bemerkt haben, dass sich Verstehen einstellt, wenn der Geist ganz still ist, und sei es nur für eine Sekunde. Da ist das Aufblitzen der Erkenntnis, wenn Denken nicht mehr in Worte gefasst wird. Experimentieren Sie einmal damit, und Sie werden selbst sehen, dass Sie dieses Aufblitzen der Erkenntnis haben, diese außergewöhnliche Schnelligkeit der Einsicht, wenn der Geist sehr still ist, wenn das Denken abwesend ist, wenn der Geist nicht mit seinem eigenen Lärm belastet ist. Etwas zu verstehen – sei es ein modernes Gemälde, ein Kind, Ihre Frau, Ihren Nachbarn oder das Verstehen der Wahrheit, die in allem ist – ist nur möglich, wenn der Geist sehr still ist. Aber eine solche Stille kann nicht erzeugt werden, denn wenn Sie die Stille des Geistes kultivieren, ist es kein stiller Geist, es ist ein abgestorbener Geist.

Je mehr Interesse Sie an etwas haben, je stärker Ihre Absicht ist, zu verstehen, desto einfacher, klarer und freier ist der Geist. Dann hört das Verbalisieren auf. Denn schließlich ist das Denken das Wort, und es ist das Wort, das sich störend einmischt. Es ist der Schleier aus Worten, die Erinnerung ist, der sich zwischen die Herausforderung und die Reaktion darauf schiebt. Es ist das Wort, das auf die Herausforderung reagiert, was wir als Denkvorgang bezeichnen. Und so kann der Geist, der ständig daherredet, der alles in Worte fasst, die Wahrheit nicht erfassen – die Wahrheit in Beziehung zu etwas – keine abstrakte Wahrheit. Es gibt keine abstrakte Wahrheit. Aber die Wahrheit ist sehr subtil. …

Sie kommt im Verborgenen wie ein Dieb in der Nacht, nicht wenn Sie darauf vorbereitet sind, sie zu empfangen.

Der ungeschützte Intellekt

Sie können sich selbst nur (er)kennen, wenn Sie nicht bewusst vorgehen, wenn Sie nicht darauf abzielen, sich nicht schützen, nicht ständig darauf bedacht sind, die Dinge zu lenken, zu ändern, zu bändigen, zu kontrollieren – wenn Sie unerwartet sich selbst sehen, das heißt, wenn der Geist keine vorgefasste Meinung über sich selbst hat, wenn er offen ist, unvorbereitet auf die Begegnung mit dem Unbekannten.

Wenn Ihr Geist vorbereitet ist, können Sie das Unbekannte ganz gewiss nicht erkennen, denn Sie sind das Unbekannte. Wenn Sie sich sagen: »Ich bin Gott«, oder »ich bin bloß eine Ansammlung gesellschaftlicher Einflüsse oder ein Bündel von Eigenschaften« – wenn Sie irgendeine vorgefasste Meinung über sich selbst haben, können Sie das Unbekannte, das Spontane nicht verstehen.

Spontaneität ist also nur möglich, wenn der Intellekt ungeschützt ist, wenn er sich nicht absichert, wenn er nicht länger Angst um sich hat, und das kann nur von innen kommen. Das heißt, das Spontane muss das Neue sein, das Unbekannte, das Unberechenbare, das Schöpferische, das, was ausgedrückt, was geliebt werden muss, und in dem der Wille als kontrollierende und steuernde Regung des Intellekts keinen Platz hat. Beobachten Sie einmal Ihre eigene Gefühlswelt, und Sie werden feststellen, dass die Momente großer Freude, großer Ekstase ganz ungeplant kommen, sie geschehen einfach, geheimnisvoll, im Verborgenen, ohne dass wir wissen wie.

Erinnerung ist nichts Lebendiges

Was meinen wir mit Denken? Wann denken Sie? Denken ist offensichtlich die Folge einer Reaktion des Nervensystems oder der Psyche, nicht wahr? Es ist die unmittelbare Reaktion der Sinne auf eine Sinneswahrnehmung oder auf der psychischen Ebene die Reaktion der gespeicherten Erinnerungen. Es gibt die unmittelbare Reaktion der Nerven auf eine Sinneswahrnehmung, und es gibt die psychische Reaktion der gespeicherten Erinnerungen, die Einflüsse der Volksgemeinschaft, der gesellschaftlichen Gruppe, des Gurus, der Familie, der Tradition und so weiter – all das bezeichnen Sie als Denken. Der Denkvorgang ist also die Reaktion der Erinnerung, nicht wahr? Wenn Sie keine Erinnerungen hätten, hätten Sie keine Gedanken, und die Reaktion der Erinnerung auf eine bestimmte Erfahrung setzt den Denkprozess in Gang.

Was ist also Erinnerung? Wenn Sie Ihre eigenen Erinnerungen betrachten sowie Ihre Art und Weise, Erinnerungen zu sammeln und zu speichern, werden Sie feststellen, dass die Erinnerungen entweder praktischer, technischer Natur sind und mit Informationen, Technik, Mathematik, Physik und ähnlichen Dingen zu tun haben – oder dass es sich um die Überreste einer nicht abgeschlossenen, unvollständigen Erfahrung handelt, nicht wahr? Beobachten Sie einmal ihre eigene Erinnerung, und Sie werden es sehen. Wenn Sie eine Erfahrung abschließen, vollständig zu Ende bringen, existiert keine Erinnerung an diese Erfahrung im Sinne eines psychischen Überrestes. Ein Rest bleibt nur dann zurück, wenn eine Erfahrung nicht vollkommen verstanden wird, und wir verstehen eine Erfahrung nicht, weil wir jede Erfahrung durch vergangene Erinnerungen betrachten. Deshalb begegnen wir dem Neuen nie als dem Neuen, sondern immer nur durch die Brille des Alten. Es ist also ganz klar, dass unsere Reaktion auf eine Erfahrung immer konditioniert, immer begrenzt ist.

Unser Bewusstsein stammt aus der Vergangenheit

Wenn Sie sehr aufmerksam beobachten, werden Sie erkennen, dass das Denken nichts Konstantes ist, sondern dass es zwischen zwei Gedanken immer eine Unterbrechung gibt. Auch wenn sie nur den Bruchteil einer Sekunde dauert, ist da eine Pause, die beim Vor- und Zurückschwingen des Pendels von Bedeutung ist. Wir erkennen die Tatsache, dass unser Denken durch die Vergangenheit konditioniert ist, die dann in die Zukunft projiziert wird. In dem Moment, in dem Sie die Vergangenheit zulassen, müssen Sie auch die Zukunft zulassen, denn es gibt nicht zwei solche Zustände wie die Vergangenheit und die Zukunft, sondern nur einen einzigen Zustand, der sowohl das Bewusste als auch das Unbewusste einschließt, die kollektive Vergangenheit und die persönliche Vergangenheit. Die kollektive und die persönliche Vergangenheit antworten auf die Gegenwart mit bestimmten Reaktionen, die das persönliche Bewusstsein erschaffen. Deshalb stammt unser Bewusstsein aus der Vergangenheit, und diese bildet den gesamten geistigen Hintergrund unserer Existenz. In dem Moment, in dem Sie die Vergangenheit haben, haben Sie unweigerlich auch die Zukunft, weil die Zukunft nur die Fortsetzung der modifizierten Vergangenheit ist, aber sie bleibt immer die Vergangenheit. Unser Problem ist also, wie wir in diesem Prozess der Vergangenheit eine grundlegende Veränderung zuwege bringen, ohne nur eine weitere Konditionierung, nur eine andere Form von Vergangenheit zu schaffen.

Warum sind wir gedankenlos?

Der Denkende denkt seine Gedanken gewohnheitsmäßig, durch Wiederholung, Nachahmung, und das führt zu Unwissenheit und Leid. Ist Gewohnheit nicht Gedankenlosigkeit? Bewusstheit schafft Ordnung, aber sie führt niemals zur Gewohnheit. Feste Vorlieben führen nur zu Gedankenlosigkeit. Warum ist man gedankenlos? Weil Denken schmerzhaft ist, es kann beunruhigen, Widerstände erzeugen und dazu führen, dass das eigene Handeln im Widerspruch zum vorgegebenen Verhaltensmuster steht. Das Denken und Fühlen auszuweiten und sich, ohne auszuwählen, der Dinge bewusst zu werden kann in unbekannte Tiefen führen, aber der Geist rebelliert gegen das Unbekannte. Also bewegt er sich vom Bekannten zum Bekannten, von Gewohnheit zu Gewohnheit, von Denkschema zu Denkschema. Ein solcher Geist gibt niemals das Bekannte auf, um das Unbekannte zu entdecken. Da der Denkende den mit dem Denken verbundenen Schmerz wahrnimmt, wird er durch Nachahmen und Gewohnheit gedankenlos, und da er Angst hat, unabhängig zu denken, erschafft er verschiedene Schablonen der Gedankenlosigkeit. Da der Denkende sich fürchtet, entspringt sein Handeln der Angst, und dann betrachtet er seine Handlungen und versucht, sie zu ändern. Der Denkende hat Angst vor seinen eigenen Schöpfungen, aber die Tat ist der Täter, also fürchtet der Denkende sich selbst. Der Denkende ist selbst die Angst. Er ist die Ursache von Unwissenheit und Leid. Vielleicht spaltet er sich in viele verschiedene Arten von Gedanken auf, aber das Denken ist und bleibt der Denkende. Der Denkende und seine Bemühungen, etwas zu sein, zu werden, sind die eigentliche Ursache von Konflikt und Verwirrung.

Der Denkende ist das Denken

Ist es nicht notwendig, den Denkenden zu verstehen, den Täter, den Handelnden, weil sein Denken, sein Tun, sein Handeln nicht von ihm getrennt werden kann? Der Denkende ist das Denken, der Täter ist die Tat, der Handelnde ist die Handlung. Der Denkende offenbart sich in seinem Denken. Durch sein Handeln verursacht er sein eigenes Leid, seine Unwissenheit, seine Streitigkeiten. Der Maler malt dieses Bild aus vergänglichem Glück, aus Leid und Verwirrung. Warum erschafft er dieses schmerzliche Bild? Das ist das Problem, das untersucht, verstanden und aufgelöst werden muss. Warum denkt der Denkende seine Gedanken, denen all sein Handeln entspringt? Zweifellos ist dies die Wand, gegen die Sie Ihren Kopf geschlagen haben, nicht wahr? Wenn der Denkende über sich selbst hinausgehen kann, haben alle Konflikte ein Ende, aber um über sich hinausgehen zu können, muss er sich kennen. Was erkannt und verstanden wird, was beendet und vervollständigt wird, wiederholt sich nicht. Die Wiederholung verleiht dem Denker Kontinuität.

Es gibt keine Freiheit im Denken

Ich weiß nicht, ob jedem von uns bewusst ist, dass wir in einem widersprüchlichen Zustand leben. Wir reden von Frieden und treffen Vorbereitungen für den Krieg. Wir sprechen von Gewaltlosigkeit und sind im Grunde gewalttätig. Wir reden darüber, gut zu sein, und sind es nicht. Wir sprechen von Liebe und sind voller Ehrgeiz, Konkurrenzdenken, rücksichtsloser Effizienz. Es gibt also viele Widersprüche. Und ein Handeln aus dieser Widersprüchlichkeit heraus, bringt nichts als Frustrationen und weitere Widersprüche mit sich. …

Alles Denken besteht nur aus einzelnen Teilen, es kann nie das Ganze erfassen. Denken ist die Reaktion des Gedächtnisses, und Erinnerung ist immer bruchstückhaft, weil sie die Folge einer Erfahrung ist. Das Denken ist also die Reaktion eines Geistes, der durch Erfahrungen konditioniert wurde. Alles Denken, alle Erfahrungen, alles Wissen bestehen also unweigerlich nur aus Teilen des Ganzen, und deshalb kann das Denken unsere zahlreichen Probleme nicht lösen. Sie können versuchen, diese vielen Probleme logisch und vernünftig zu durchdenken, aber wenn Sie Ihren eigenen Geist beobachten, werden sie feststellen, dass Ihr Denken durch Ihre Umstände konditioniert ist, durch die Kultur, in die Sie hineingeboren wurden, durch die Nahrung, die Sie zu sich nehmen, durch das Klima, in dem Sie leben, durch die Zeitungen, die Sie lesen, durch die Zwänge und Einflüsse in Ihrem täglichen Leben. …

Wir müssen also ganz klar verstehen, dass unser Denken die Reaktion des Gedächtnisses ist und dass das Gedächtnis mechanisch funktioniert. Wissen ist immer unvollständig, und alles Denken, das dem Wissen entspringt, ist begrenzt, besteht nur aus einzelnen Teilen und ist niemals frei. Es gibt also keine Freiheit im Denken. Aber wir können anfangen, eine Freiheit zu entdecken, die kein Vorgang des Denkens ist und in der sich der Geist einfach all seiner Konflikte und der auf ihn einwirkenden Einflüsse bewusst ist.

Ohne den Denkenden denken

Beruht das Handeln also wirklich auf einem Gedanken, oder kommt zuerst die Handlung und folgt der Gedanke nach? Wenn Sie das genauer beobachten, werden Sie feststellen, dass immer zuerst das Handeln kommt und nicht der Gedanke.

Der Affe auf dem Baum hat Hunger, und dann verspürt er den Drang, eine Frucht oder eine Nuss zu verspeisen. Zuerst kommt das Handeln, und erst danach taucht der Gedanke auf, dass man die Frucht oder Nuss besser hätte aufheben sollen. Mit anderen Worten: Was ist zuerst da – das Handeln oder der Handelnde? Gibt es einen Handelnden ohne Handeln? Verstehen Sie? Das ist es, was wir uns immer fragen: Wer ist es, der sieht? Wer ist der Beobachter? Ist der Denkende von seinen Gedanken getrennt, der Beobachter von dem, was er beobachtet, der Erfahrende von seiner Erfahrung, der Täter von seinem Tun? … Aber wenn Sie diesen Vorgang wirklich ganz sorgfältig, genau und intelligent untersuchen, werden Sie erkennen, dass immer zuerst das Handeln kommt und dass Handeln mit einem Ziel vor Augen den Handelnden erschafft. Können Sie folgen? Ist das Handeln auf ein Ziel ausgerichtet, bringt das Erreichen dieses Zieles den Handelnden hervor. Wenn Sie völlig klar und vorurteilslos denken, ohne sich an vorgegebene Denkmuster zu halten, ohne zu versuchen, jemanden zu überzeugen, ohne Ziel vor Augen, dann existiert in diesem Denken kein Denkender – da ist nur das Denken. Nur wenn Sie mit Ihrem Denken ein Ziel verfolgen, werden Sie wichtig und nicht das Denken. Vielleicht haben einige von Ihnen das schon einmal beobachtet. Es ist wirklich wichtig, das herauszufinden, denn dadurch können wir erkennen, wie man [richtig] handelt. Wenn der Denkende zuerst kommt, ist er wichtiger als das Denken, und alle Philosophien, Sitten und Gebräuche und Aktivitäten in unserer gegenwärtigen Zivilisation beruhen auf dieser Annahme. Aber wenn das Denken zuerst kommt, dann ist es wichtiger als der Denkende.

Unmittelbares Wahrnehmen

Für mich gibt es nur Wahrnehmen – was bedeutet, etwas unmittelbar als wahr oder unwahr zu erkennen. Dieses unmittelbare Wahrnehmen des Unwahren und des Wahren ist der entscheidende Faktor – nicht der Intellekt mit seiner Logik, die auf seiner Gerissenheit, seinem Wissen, seinen Verpflichtungen beruht. Es ist Ihnen sicher schon einmal passiert, dass Sie die Wahrheit irgendeiner Sache unmittelbar erfasst haben – beispielsweise die Wahrheit, dass Sie nichts und niemandem angehören können. Das ist Gewahrsein: Die Wahrheit von etwas unmittelbar zu erkennen, ohne Analyse, ohne logisches Durchdenken, ohne all das, was der Intellekt unternimmt, um das Wahrnehmen hinauszuschieben. Das ist etwas ganz anderes als Intuition – ein Wort, das wir so leicht und unbedacht benutzen. …

Für mich gibt es nur dieses direkte Wahrnehmen – kein logisches Durchdenken, keine Berechnung, keine Analyse. Sie müssen die Fähigkeit haben, zu analysieren, Sie brauchen einen guten, scharfen Verstand, um logisch denken zu können. Aber ein Geist, der nur auf logisches Denken und Analyse beschränkt ist, ist unfähig, das wahrzunehmen, was wahr ist. …

Wenn Sie mit sich selbst Zwiesprache halten, werden Sie wissen, warum Sie irgendwo dazugehören, warum Sie sich verpflichtet haben. Und wenn Sie das weiter verfolgen, erkennen Sie die Sklaverei, die Einschränkung der Freiheit, den Mangel an Würde, der mit dieser Verpflichtung einhergeht. Wenn Sie all das unmittelbar wahrnehmen, sind Sie frei. Sie brauchen sich gar nicht anzustrengen, um frei zu sein. Deshalb ist Wahrnehmen entscheidend.

Das Verstehen von Augenblick zu Augenblick

Zu einem grundlegenden Verstehen des eigenen Inneren kommt es nicht durch Wissen oder durch das Sammeln von Erfahrungen, was ja nichts anderes ist als die Schulung des Gedächtnisses. Sich selbst zu verstehen geschieht von Augenblick zu Augenblick. Wenn wir nur Wissen über das Selbst ansammeln, so verhindert genau dieses Wissen weiteres Verstehen, weil das angesammelte Wissen und die gespeicherten Erfahrungen zu dem Zentrum werden, durch welches das Denken sich bündelt und ausrichtet und das seine Wesensart bestimmt.

Verstehen Sie die Abläufe in Ihrem Denken

Stellen Sie sich vor, Sie hätten noch nie ein Buch gelesen, weder ein religiöses noch ein psychologisches, und müssten herausfinden, was der Sinn oder die Bedeutung des Lebens ist. Wie würden Sie das anfangen? Stellen Sie sich vor, es gäbe keine spirituellen Meister, keine religiösen Organisationen, keinen Buddha, keinen Christus, und Sie müssten bei Null anfangen. Wie würden Sie beginnen? Als Erstes sollten Sie doch Ihren eigenen Denkvorgang verstehen, nicht wahr – und nicht sich oder die eigenen Gedanken in die Zukunft projizieren und einen Gott erschaffen, wie er Ihnen zusagt. Das wäre doch zu kindisch. Zuerst müssten Sie also die Arbeitsweise ihres Denkens verstehen, wie Ihr Denken funktioniert. Das ist die einzige Möglichkeit, etwas Neues zu entdecken, oder nicht?

Wenn wir sagen, dass Lernen oder Wissen ein Hindernis darstellt, bezieht sich das nicht auf technisches Wissen – wie man ein Auto steuert oder eine Maschine bedient – oder auf die Leistungsfähigkeit, die solches Wissen mit sich bringt. Wir meinen etwas ganz anderes: dieses kreative Glücksgefühl, das durch kein Maß an Wissen oder Lernen hervorgerufen werden kann. Schöpferisch im wahrsten Sinne des Wortes zu sein bedeutet, in jedem Moment frei von der Vergangenheit zu sein, denn es ist ja die Vergangenheit, die ständig die Gegenwart überschattet. Das bloße Festhalten an Informationen, an den Erfahrungen anderer, an dem, was jemand gesagt hat, wie großartig es auch sein mag, und der Versuch, das eigene Handeln dem anzunähern – all das ist Wissen, nicht wahr? Aber um etwas Neues zu entdecken, müssen Sie sich allein auf den Weg machen, Sie müssen sich völlig entblößt auf die Reise machen, insbesondere entblößt von Wissen, denn es ist sehr einfach, mit Hilfe von Wissen und Glauben Erfahrungen zu machen, aber diese Erfahrungen sind nur das Produkt der Projektion von eigenen Gefühlen, Wünschen und Vorstellungen und somit absolut unwirklich, unwahr.

Wissen ist nicht Weisheit

Auf unserer Suche nach Wissen, in unserem unersättlichen Verlangen, geht uns die Liebe verloren, wir dämpfen unser Gefühl für Schönheit, unsere Empfindsamkeit gegenüber der Grausamkeit. Wir spezialisieren uns mehr und mehr und sind immer weniger ein Ganzes. Weisheit kann nicht durch Wissen ersetzt werden. Wie viele Erklärungen, wie viele Fakten wir auch zusammentragen, sie werden den Menschen nicht von seinem Leiden befreien. Wissen ist notwendig, die Wissenschaft hat ihren Platz in unserem Leben, aber wenn Herz und Geist vom Wissen erstickt werden und wenn die Ursache des Leidens wegerklärt wird, wird das Leben unnütz und bedeutungslos. …

Informationen oder das Wissen über Fakten ist, auch wenn es immer mehr zunimmt, von Natur aus begrenzt. Weisheit ist endlos, sie schließt Wissen und die Handlungsweise ein, aber wir ergreifen einen Ast und denken, es sei der ganze Baum. Das Wissen über ein Teilstück kann uns nie die Freude des Ganzen vermitteln. Der Intellekt kann nie zum Ganzen führen, denn er ist nur ein Segment, ein Teilstück.

Wir haben den Intellekt vom Gefühl abgetrennt und auf Kosten des Gefühls entwickelt. Wir sind wie ein dreibeiniger Hocker, bei dem ein Bein viel länger ist als die anderen beiden, und deshalb sind wir nicht im Gleichgewicht. Wir wurden dazu erzogen, intellektuell zu sein, unsere Erziehung schult den Intellekt so, dass er scharfsinnig, gerissen und begierig wird, sich immer mehr aneignet, und so spielt er die wichtigste Rolle in unserem Leben. Intelligenz ist viel umfassender als der Intellekt, denn sie vereint Vernunft und Liebe, aber damit Intelligenz da sein kann, muss Selbsterkenntnis da sein, das tiefe Verstehen der gesamten Vorgänge im eigenen Inneren.

Die Funktion des Intellekts

Ich weiß nicht, ob Sie sich schon einmal Gedanken über das Wesen des Intellekts gemacht haben. Der Intellekt und seine Aktivitäten haben auf einer bestimmten Ebene durchaus ihre Berechtigung, nicht wahr? Aber wenn der Intellekt sich in dieses reine Gefühl einmischt, macht sich Mittelmäßigkeit breit. Die Funktionsweise des Intellekts zu verstehen und sich dieses reinen Gefühls bewusst zu sein, ohne zuzulassen, dass sich die beiden vermischen und gegenseitig zerstören, erfordert ein sehr hohes Maß an reiner, intensiver Bewusstheit. …

Die Funktion des Intellekts besteht also immer darin, zu hinterfragen, zu analysieren, etwas herauszufinden, nicht wahr. Aber weil wir nach innerer, nach psychischer Sicherheit streben, weil wir Angst vor dem Leben haben, kommen wir zu einem bestimmten Schluss, auf den wir uns dann festlegen. Auf eine Festlegung folgt die nächste, und ich sage, dass ein solcher Geist, ein solcher Intellekt, der ein Sklave seiner Schlussfolgerungen ist, aufgehört hat zu denken und zu hinterfragen.

Außenseiter sein

Ich weiß nicht, ob Sie je bemerkt haben, welche enorme Rolle der Intellekt in unserem Leben spielt. Zeitungen und Zeitschriften, alles, wovon wir umgeben sind, trägt zur Kultivierung der Vernunft bei. Nicht, dass ich etwas gegen Vernunft hätte. Im Gegenteil, es ist wichtig, dass man einen ganz klaren und scharfen Verstand hat. Aber wenn Sie genau hinschauen, werden Sie feststellen, dass der Intellekt unaufhörlich analysiert, warum wir zu etwas dazugehören oder auch nicht, warum man ein Außenseiter sein muss, um die Wirklichkeit entdecken zu können und so weiter. Wir haben gelernt, uns selbst zu analysieren. Es gibt also den Intellekt mit seiner Fähigkeit, die Dinge zu untersuchen, zu analysieren und logische Schlüsse zu ziehen. Und dann gibt es das Gefühl, das reine Empfinden, das vom Intellekt ständig gestört und beeinflusst wird. Und wenn der Intellekt sich in das reine Gefühl einmischt, erwächst daraus ein mittelmäßiger Geist. Auf der einen Seite haben wir den Intellekt mit seiner Fähigkeit, auf der Grundlage seiner Vorlieben und Abneigungen, seiner Konditionierung, seiner Erfahrung und seines Wissens zu denken, und auf der anderen haben wir das Gefühl, das durch die Gesellschaft, durch die Angst verdorben und verfälscht wird. Werden diese beiden uns offenbaren, was wahr ist? Oder gibt es nur reines Wahrnehmen und sonst nichts?

Ein Geist, der lernt

Was meinen wir mit Lernen? Findet Lernen statt, wenn Sie nur Wissen anhäufen und Informationen sammeln? Das ist eine Art des Lernens, nicht wahr? Als Student der Ingenieurwissenschaften studieren Sie Mathematik und so weiter, Sie lernen, informieren sich über das jeweilige Fach. Sie sammeln Wissen an, um dieses Wissen praktisch anzuwenden. Ihr Lernen besteht aus Hinzufügen und Anhäufen. Ist es Lernen, wenn der Geist nur etwas übernimmt, hinzufügt, sich aneignet? Oder ist Lernen etwas ganz anderes? Ich behaupte, dass der Vorgang des Hinzufügens, den wir heute Lernen nennen, überhaupt nichts mit Lernen zu tun hat. Es ist nur eine Schulung des Gedächtnisses, die zu einem mechanischen Vorgang wird, und ein Geist, der mechanisch funktioniert wie eine Maschine, ist unfähig zu lernen. Eine Maschine ist nie in der Lage zu lernen, außer durch Hinzufügen. Lernen ist etwas ganz anderes, und ich werde versuchen, Ihnen das aufzuzeigen.

Ein lernender Geist sagt nie: »Ich weiß«, weil Wissen immer nur aus Teilstücken besteht, während Lernen immer vollständig ist. Lernen bedeutet nicht, mit einem bestimmten Maß an Wissen anzufangen und diesem noch weiteres Wissen hinzuzufügen. Das ist überhaupt kein Lernen, sondern ein rein mechanischer Prozess. Für mich ist Lernen etwas völlig anderes. Ich lerne von Augenblick zu Augenblick etwas über mich selbst, und dieses Selbst ist äußerst lebendig. Es lebt, ist in Bewegung. Es hat keinen Anfang und kein Ende. Wenn ich sage: »Ich kenne mich selbst«, hat das Lernen im angesammelten Wissen sein Ende gefunden. Lernen ist nie ein Anhäufen durch schrittweises Ergänzen. Es ist ein fortlaufendes Erkennen, das keinen Anfang und kein Ende hat.

Wissen wird zur Autorität

Fortwährendes Lernen ist nicht möglich, wenn eine Aneignung von Wissen stattfindet, diese beiden Dinge sind unvereinbar, bilden einen Widerspruch. Das fortwährende Lernen beinhaltet einen Zustand, in welchem der Geist keine frühere Erfahrung als Wissen abgespeichert hat. Wissen wird angeeignet, während Lernen eine ständige Bewegung ist und kein Vorgang, bei dem etwas hinzugefügt oder angeeignet wird. Deshalb beinhaltet fortwährendes Lernen einen Zustand, in welchem der menschliche Geist keine Autorität hat. Alles Wissen wird zur Autorität, und ein Geist, der in der Autorität des Wissens verwurzelt ist, kann unmöglich lernen. Der Geist kann nur lernen, wenn der Vorgang des Hinzufügens vollständig aufgehört hat.

Den meisten von uns fällt es ziemlich schwer, zwischen Lernen und dem Aneignen von Wissen zu unterscheiden. Durch Erfahrung, durch Lesen und Zuhören sammelt der Geist Wissen an. Das ist ein Aneignungsvorgang, ein Vorgang, bei dem bereits vorhandenem Wissen weiteres Wissen hinzugefügt wird. Und vor diesem Hintergrund des Wissens funktionieren wir. Das, was wir also normalerweise Lernen nennen, ist genau dieser Vorgang, bei dem wir neue Informationen sammeln und sie dem bereits gespeicherten Wissen hinzufügen. … Aber ich spreche von etwas ganz anderem. Mit Lernen meine ich nicht, dass man dem, was man bereits weiß, etwas hinzufügt. Sie können nur lernen, wenn keine Gebundenheit an die Vergangenheit in Form von Wissen besteht, das heißt, wenn Sie etwas Neues sehen und es nicht im Sinne des Bekannten auslegen.

Der Geist, der lernt, ist ein unschuldiger Geist, während der Geist, der nur Wissen erwirbt, alt ist, auf der Stelle tritt und durch die Vergangenheit verdorben wird. Ein unschuldiger Geist nimmt augenblicklich wahr, er lernt die ganze Zeit, ohne anzusammeln, und nur ein solcher Geist ist voll entwickelt.

Das Gehirn bringt den Geist hervor

Was ist der menschliche Geist? Wenn ich diese Frage stelle, dann warten Sie bitte nicht auf eine Antwort von mir. Betrachten Sie Ihren eigenen Geist, beobachten Sie, wie Ihr eigenes Denken funktioniert. Was ich beschreibe, ist nur ein Hinweis. Es ist nicht die Wirklichkeit. Die Wirklichkeit müssen Sie selbst erfahren. Das Wort, die Beschreibung, das Symbol sind nicht die wirkliche Sache. Das Wort »Tür« ist offenkundig nicht die Tür. Das Wort »Liebe« ist nicht das Gefühl, ist nicht jene außergewöhnliche Qualität, auf die das Wort hinweist. Wir müssen also Acht geben, dass wir das Wort, den Namen, das Symbol nicht mit der Tatsache verwechseln. Wenn Sie auf der rein begrifflichen Ebene bleiben und über die Frage diskutieren, was der Geist ist, werden Sie nichts verstehen, weil Sie dann nie die Beschaffenheit dieses erstaunlichen Phänomens spüren können, die »Geist« genannt wird.

Was also ist der Geist? Er ist offensichtlich unser gesamtes Bewusstsein, die gesamte Art und Weise, wie wir sind, die gesamten Vorgänge unseres Denkens. Der Geist ist das Produkt des Gehirns. Das Gehirn bringt den Geist hervor, ohne Gehirn gibt es keinen Geist, aber der Geist ist etwas anderes als das Gehirn. Er ist das Kind des Gehirns. Wenn das Gehirn in seiner Funktion eingeschränkt ist, wenn es geschädigt ist, ist auch der Geist geschädigt. Das Gehirn, das jede Empfindung, jedes Gefühl des Vergnügens und des Schmerzes aufzeichnet, das Gehirn mit all seinen Zellgeweben, mit all seinen Reaktionen, erschafft das, was wir Geist nennen, obwohl der Geist unabhängig vom Gehirn ist.

Sie müssen das nicht akzeptieren. Sie können damit experimentieren und es selbst herausfinden.

Der verankerte Geist

Wir funktionieren wie Maschinen in unserer ermüdenden täglichen Routine. Wie bereitwillig der Geist eine gegebene Lebensweise übernimmt und wie hartnäckig er daran festhält! Wie festgenagelt wird der Geist von Vorstellungen zusammengehalten, er lebt mit und durch Vorstellungen. Der Geist ist nie frei und beweglich, denn er ist immer an etwas gefesselt. Er bewegt sich innerhalb des Einflussbereichs seines eigenen Zentrums, der enger oder weiter sein kann. Er wagt nicht, sich davon zu entfernen, und wenn er es doch einmal tut, verliert er sich in Ängsten. Es ist nicht die Angst vor dem Unbekannten, sondern die Angst vor dem Verlust des Bekannten. Nicht das Unbekannte löst Angst aus, sondern die Abhängigkeit vom Bekannten. Angst hängt immer mit Verlangen zusammen, dem Verlangen nach dem Mehr oder dem Weniger. Der Geist, der unaufhörlich an Mustern webt, ist der Erzeuger der Zeit, und mit der Zeit gehen Angst, Hoffnung und Tod einher.

Der Geist ist das Produkt der Zeit

Der Geist wird ununterbrochen beeinflusst, damit er in bestimmten Bahnen denkt. Früher waren nur die organisierten Religionen hinter den Menschen her, aber jetzt haben die Regierungen größtenteils diesen Job übernommen. Sie wollen Ihren Geist formen und unter Kontrolle bringen. An der Oberfläche kann der Geist gegen diese Kontrolle Widerstand leisten. ... Oberflächlich betrachtet, haben Sie bei der ganzen Angelegenheit auch ein Wörtchen mitzureden, aber unter der Oberfläche, in den Tiefen des Unbewussten, lastet das ganze Gewicht der Zeit, der Tradition auf Ihnen und drängt Sie in eine bestimmte Richtung. Der bewusste Teil des Geistes mag in der Lage sein, sich in gewissem Maße selbst zu kontrollieren und zu lenken, aber im Unbewussten warten, pulsieren und drängen Ihre Ambitionen, Ihre ungelösten Probleme, Ihre abergläubischen Vorstellungen, Ihre Ängste. ...

Dieser ganze Bereich des Geistes ist das Produkt der Zeit. Er ist das Produkt von Konflikten und Anpassungen, einer ganzen Reihe von übernommenen Dingen ohne wirkliches Verstehen. Deshalb leben wir in einem widersprüchlichen Zustand. Unser Leben ist ein unaufhörliches Abmühen. Wir sind unglücklich und wollen glücklich sein. Wir sind gewalttätig und üben uns im Ideal der Gewaltlosigkeit. Wir leben also in einem ständigen Konflikt – der menschliche Geist ist ein Schlachtfeld. Wir wünschen uns Sicherheit und wissen doch im tiefsten Inneren, dass es so etwas wie Sicherheit gar nicht gibt. In Wahrheit wollen wir der Tatsache nicht ins Auge sehen, dass es keine Sicherheit gibt. Deshalb streben wir unaufhörlich nach Sicherheit, woraus die Angst, nicht sicher zu sein, resultiert.

Einfach zu leben ist die größte Revolution

Der Geist ist in einem vorgegebenen Muster gefangen. Seine eigene Existenz ist der Rahmen, innerhalb dessen er sich bewegt und arbeitet. Das Muster bezieht sich auf die Vergangenheit oder die Zukunft, es ist Verzweiflung und Hoffnung, Verwirrung und Utopie, das, was war, und das, was sein sollte. Jeder von uns kennt das. Sie wollen aus dem alten Muster ausbrechen und es durch ein »neues« ersetzen, aber das neue ist nur das alte in veränderter Form. … Sie wollen eine neue Welt schaffen. Es ist unmöglich. Vielleicht können Sie sich selbst und anderen etwas vormachen, aber solange das alte Muster nicht völlig zerstört ist, kann keine radikale Veränderung stattfinden. Sie können damit herumspielen, aber Sie sind nicht die Hoffnung der Welt. Die Zerstörung des Musters – des alten und des so genannten neuen – ist von größter Bedeutung, wenn aus diesem Chaos Ordnung hervorgehen soll. Und deshalb ist es so wichtig, die Wege des Geistes zu verstehen. …

Kann der Geist überhaupt ohne Muster sein, kann er frei von diesem Hin und Her der Wünsche und des Verlangens sein? Das ist definitiv möglich. Das zu tun bedeutet, im Jetzt zu leben. Zu leben heißt, ohne Hoffnung auszukommen, sich nicht um morgen zu kümmern. Das ist keine Hoffnungslosigkeit oder Gleichgültigkeit. Aber wir leben nicht, wir wandeln immer auf der Straße des Todes, der Vergangenheit oder der Zukunft. Einfach zu leben ist die größte Revolution. Einfach zu leben heißt, keinem Muster zu folgen. Der Tod dagegen hat eines: die Vergangenheit oder die Zukunft, das, was war, oder die Utopie, und so laden Sie den Tod ein und nicht das Leben.

Die innere Revolution

Was wahr ist, kann nur von Augenblick zu Augenblick entdeckt werden, es ist nichts, das fortbesteht, aber der Geist, der es entdecken will, der selbst ein Produkt der Zeit ist, kann nur in der Sphäre der Zeit tätig sein. Deshalb ist er unfähig, das zu finden, was wahr ist.

Um den Geist zu kennen, muss sich der Geist selbst kennen lernen, denn es gibt kein vom Geist unabhängiges »Ich«. Es gibt keine vom Geist getrennten Eigenschaften, so wie beispielsweise die Eigenschaften des Diamanten nicht vom Diamant getrennt sind. Wenn Sie den Geist verstehen wollen, können Sie ihn nicht anhand der Vorstellungen eines anderen Menschen interpretieren, sondern müssen beobachten, wie Ihr eigener Geist in seiner Gesamtheit arbeitet. Wenn Sie die ganzen Vorgänge in ihm kennen – wie er schlussfolgert, seine Wünsche, seine Motive, seine Bestrebungen, seinen Neid, seine Habgier und seine Angst – dann kann der Geist über sich selbst hinausgehen, und wenn er das tut, kommt es zur Entdeckung von etwas völlig Neuem. Die Qualität dieses Neuen weckt eine große Leidenschaft, eine große Begeisterung, die zu einem tiefen inneren Wandel führt: Und allein diese innere Revolution kann die Welt verändern; kein politisches oder wirtschaftliches System kann es.

Es gibt nur Bewusstsein

In Wirklichkeit gibt es nur einen Seinszustand und nicht zwei, so wie das Bewusste und das Unbewusste. Es gibt nur einen Seinszustand – das Bewusstsein –, auch wenn Sie ihn vielleicht in das Bewusste und das Unbewusste aufspalten. Aber dieses Bewusstsein stammt immer aus der Vergangenheit, nie aus der Gegenwart. Sie sind sich nur der Dinge bewusst, die vorbei sind. Sie sind sich dessen, was ich zu vermitteln versuche, erst eine Sekunde später bewusst, oder etwa nicht? Sie verstehen es einen Moment später. Das Jetzt ist Ihnen nie bewusst. Schauen Sie in Ihr eigenes Herz, beobachten Sie Ihren eigenen Geist, und Sie werden feststellen, dass sich das Bewusstsein zwischen Vergangenheit und Zukunft bewegt, und dass die Gegenwart nur ein Übergang von der Vergangenheit in die Zukunft ist. …

Wenn Sie Ihren eigenen Geist in Aktion beobachten, werden Sie erkennen, dass die Bewegung in die Vergangenheit und in die Zukunft ein Vorgang ist, bei dem die Gegenwart gar nicht existiert. Entweder ist die Vergangenheit ein Mittel, um vor der Gegenwart zu fliehen, die vielleicht unangenehm ist, oder die Zukunft ist eine Hoffnung, die von der Gegenwart wegführt. Der Geist ist also mit der Vergangenheit oder der Zukunft beschäftigt und streift die Gegenwart ab. … Entweder verurteilt er die Tatsache und lehnt sie ab, oder er akzeptiert sie und identifiziert sich mit ihr. Ein solcher Geist ist offenkundig nicht in der Lage, irgendeine Tatsache als Tatsache zu sehen. Das bedeutet, dass der jeweilige Zustand unseres Bewusstseins, der durch die Vergangenheit und unser Denken konditioniert ist, die konditionierte Reaktion auf die Herausforderung durch eine Tatsache ist. Je stärker Ihre Reaktion von Ihrer Konditionierung durch einen Glauben, durch die Vergangenheit bestimmt wird, desto mehr wird die Vergangenheit gestärkt.

Diese Stärkung der Vergangenheit macht die Kontinuität des Selbst aus, welche es die Zukunft nennt. Das ist also der Zustand unseres Bewusstseins – ein Pendel, das zwischen Vergangenheit und Zukunft hin und her schwingt.

Jenseits der Zeit

Der konditionierte menschliche Geist ist zweifellos unfähig, das zu entdecken, was jenseits der Zeit liegt. Das heißt, dass der Geist, wie wir ihn kennen, durch die Vergangenheit konditioniert ist. Die Vergangenheit, die sich über die Gegenwart in die Zukunft bewegt, konditioniert den Geist, und dieser konditionierte Geist, der Konflikte hat, Schwierigkeiten hat, Angst hat, unsicher ist, sucht nach irgendetwas jenseits der Grenzen der Zeit. Das tun wir doch alle auf unterschiedliche Art und Weise, nicht wahr? Aber wie kann ein Geist, der das Produkt der Zeit ist, jemals das Zeitlose finden?

In das Gebäude Ihrer Überzeugungen, Ihrer Besitztümer, Ihrer Abhängigkeiten und bequemen, tröstlichen Denkweisen wird ständig eingebrochen. Aber der Geist strebt weiterhin nach Sicherheit, und deshalb besteht ein Konflikt zwischen dem, was Sie wollen, und dem, was der Lauf des Lebens von Ihnen fordert. Das geschieht jedem von uns. …

Ich weiß nicht, ob Sie dieses Problem überhaupt interessiert. Das tägliche Leben mit all seinen Schwierigkeiten scheint für die meisten von uns schon genug zu sein. Wir sind einzig und allein daran interessiert, unmittelbare Lösungen für unsere verschiedenen Probleme zu finden. Aber früher oder später erweisen sich die schnellen Lösungen als unbefriedigend, weil es für kein Problem eine Lösung gibt, die außerhalb des Problems liegt. Aber wenn ich das Problem in all seinen Verästelungen verstehen kann, dann existiert es nicht mehr.

Ein Geist mit Problemen ist kein ernsthafter Geist

Eine der wichtigsten Fragen, die man sich stellen muss, lautet: Wie weit oder wie tief kann der Geist in sich selbst eindringen? Das bestimmt das Maß an Ernsthaftigkeit, denn es beinhaltet, sich der gesamten Beschaffenheit des eigenen psychischen Seins bewusst zu sein, mit all seinen Impulsen und Bestrebungen, seinen Zwängen, seinem Wunsch, sich zu verwirklichen, seinen Frustrationen, seinem Elend, seinen Ängsten und Kämpfen, seinem Leid und seinen unzähligen Problemen. Ein Geist, der ständig Probleme hat, ist überhaupt kein ernsthafter Geist, aber der Geist, der jedes Problem versteht, sowie es auftaucht, und es sofort auflöst, so dass er es nicht mit in den nächsten Tag hineinnimmt – ein solcher Geist ist ernsthaft. ...

Woran sind die meisten von uns interessiert? Wenn wir Geld haben, wenden wir uns so genannten spirituellen Dingen oder intellektuellem Zeitvertreib zu, oder wir sprechen über Kunst oder beginnen zu malen, um uns selbst auszudrücken. Wenn wir kein Geld haben, wird unsere Zeit Tag für Tag davon in Anspruch genommen, es zu verdienen, und wir sind in diesem Elend gefangen, in dieser endlosen Routine und Langeweile. Die meisten von uns sind darauf abgerichtet, jahraus, jahrein in irgendeinem Job mechanisch zu funktionieren. Wir tragen Verantwortung, haben eine Frau und Kinder, für die wir sorgen müssen, und, gefangen in dieser verrückten Welt, versuchen wir, ernsthaft zu sein, religiös zu werden, wir gehen in die Kirche, treten dieser oder jener religiösen Organisation bei – oder wir hören von diesen Treffen hier und kommen vorbei, weil wir gerade Urlaub haben. Aber nichts von alledem wird diese außergewöhnliche Umwandlung des Geistes bewirken.

Der religiöse Geist trägt den wissenschaftlichen Geist in sich

Ein religiöser Geist ist frei von jeder Autorität. Und es ist äußerst schwierig, frei von Autoritäten zu sein – nicht nur frei von der Autorität, die uns von anderen aufgezwungen wird, sondern auch von der Autorität unserer eigenen gesammelten Erfahrungen, die der Vergangenheit angehören, was Tradition bedeutet. Der religiöse Geist hat keine Glaubenssätze, keine dogmatischen Vorstellungen. Er bewegt sich von Tatsache zu Tatsache, und deshalb ist der religiöse Geist wie der wissenschaftliche Geist. Aber der wissenschaftliche Geist ist nicht der religiöse Geist. Der religiöse Geist trägt den wissenschaftlichen Geist in sich, aber der Geist, der im wissenschaftlichen Denken geschult ist, ist kein religiöser Geist.

Ein religiöser Geist ist am Ganzen interessiert – nicht an einer bestimmten Funktion, sondern an den gesamten Funktionsabläufen der menschlichen Existenz. Das Gehirn hat Interesse an einer bestimmten Funktion, es spezialisiert sich. Es ist als Spezialist tätig, als Wissenschaftler, Arzt, Ingenieur, Musiker, Künstler, Schriftsteller. Und es sind diese spezialisierten, eingeschränkten Techniken, die zur Spaltung führen, nicht nur innerlich, sondern auch äußerlich. Der Wissenschaftler wird wahrscheinlich als der wichtigste Mensch betrachtet, den die Gesellschaft gerade jetzt braucht, ebenso wie der Arzt. So wird die Funktion wichtiger als alles andere, und das ist mit Status verbunden, und Status bedeutet Prestige. Überall, wo es Spezialisierung gibt, muss es also zur Gegensätzlichkeit und zu einer Einschränkung kommen, und das ist die Arbeitsweise des Gehirns.

Oktober

Zeit

♦

Wahrnehmen und
Erkennen

♦

Gehirn

♦

Grundlegende
Veränderung

Die Zeit bietet keine Lösung

Alle Religionen haben stets behauptet, dass man Zeit braucht, die psychische Zeit, über die wir hier sprechen. Der Himmel ist weit weg, und man kann nur durch einen allmählichen Entwicklungsprozess hinein gelangen, durch Unterdrückung, durch Wachstum oder durch die Identifikation mit einem Objekt, mit etwas Höherem. Wir fragen uns nun, ob es möglich ist, sofort, unmittelbar frei von Angst zu sein. Denn sonst verursacht Angst ein Durcheinander; die psychische Zeit schafft unweigerlich eine gewaltige Unordnung im eigenen Innern.

Ich stelle die ganze Vorstellung von einer Entwicklung in Frage, natürlich nicht die von der Evolution des physischen Daseins, aber die von der Entwicklung des Denkens, das sich mit einer bestimmten Form des Daseins in der Zeit identifiziert hat. Das Gehirn hat offensichtlich eine Entwicklung durchlaufen, um seinen gegenwärtigen Zustand zu erreichen, und es entwickelt sich vielleicht noch weiter, expandiert noch weiter. Aber als Mensch habe ich 40 oder 50 Jahre in einer Welt gelebt, die ein Gebilde aus allen möglichen Theorien, Konflikten und Vorstellungen ist, in einer Gesellschaft, in der Habgier, Neid und Konkurrenzdenken zu Kriegen geführt haben. Für einen leidenden Menschen ist es bedeutungslos, sich eine Lösung von der Zeit zu erhoffen, von der allmählichen Weiterentwicklung des Menschen innerhalb der nächsten zwei Millionen Jahre. Ist es uns möglich, so wie wir jetzt sind, frei von Angst und psychischer Zeit zu sein? Physische Zeit muss natürlich existieren, ihr kann man nicht entkommen. Es fragt sich aber, ob die psychische Zeit überhaupt Ordnung herstellen kann, und zwar nicht nur im Einzelnen, sondern auch in der Gesellschaft als Ganzes. Wir sind Teil der Gesellschaft, wir sind nicht von ihr getrennt. Wenn in einem Menschen Ordnung ist, herrscht unweigerlich Ordnung im äußeren Umfeld.

Ein zeitloser Zustand

Wenn wir über die Zeit sprechen, meinen wir nicht die chronologische Zeit, nicht die Uhrzeit. Diese Zeit existiert, muss existieren. Wenn Sie einen Bus oder Zug erreichen wollen oder morgen eine Verabredung haben, sind Sie auf die Uhrzeit angewiesen. Aber gibt es ein Morgen im psychischen Sinne, das heißt, die vom Geist geschaffene Zeit? Gibt es psychisch gesehen wirklich ein Morgen? Oder wird dieses Morgen vom Denken erschaffen, weil das Denken sieht, dass es unmöglich ist, sich unmittelbar, direkt zu äußern, und deshalb diesen schrittweisen Ablauf erfindet? Ich sehe selbst, als Mensch, dass es ungeheuer wichtig ist, eine radikale Umwälzung in meiner Lebensweise, in meinem Denken, Fühlen und Handeln herbeizuführen, und ich sage mir: »Ich werde mir Zeit dafür nehmen. Morgen oder in einem Monat werde ich anders sein.« Das ist die Form von Zeit, über die wir sprechen: die psychische Grundstruktur der Zeit, des Morgen oder der Zukunft, und in dieser Zeit leben wir. Zeit ist die Vergangenheit, die Gegenwart und die Zukunft, aber nicht nach der Uhrzeit. Ich war gestern. Das Gestern agiert durch das Heute und erschafft die Zukunft. Das ist eine ziemlich einfache Angelegenheit. Ich habe vor einem Jahr eine bestimmte Erfahrung gemacht, die in meinem Geist eine Spur hinterlassen hat, und ich interpretiere die Gegenwart gemäß dieser Erfahrung, diesem Wissen, dieser Tradition, dieser Konditionierung, und so erschaffe ich die Zukunft. Ich bin in diesem Kreislauf gefangen. Das nennen wir Leben. Das nennen wir Zeit.

Das Denken, das Sie sind, mit all seinen Erinnerungen, Konditionierungen, Hoffnungen, seiner Verzweiflung, der absoluten Einsamkeit dieser Existenz – all das ist Zeit. ... Und um einen zeitlosen Zustand verstehen zu können, wenn die Zeit zum Stillstand gekommen ist, muss man herausfinden, ob der Geist absolut frei von allen Erfahrungen sein kann, das heißt von der Zeit.

Das eigentliche Wesen des Denkens

Zeit ist Denken und Denken ist der Prozess des Erinnerns, der Zeit in Form eines Gestern, Heute und Morgen erschafft, in einer Form, die wir als Mittel benutzen, um etwas zu erreichen, als Lebensweise. Für uns ist Zeit außerordentlich wichtig – in einem Leben nach dem anderen. Ein Leben führt zu einem weiteren, das ein wenig anders verläuft, das sich fortsetzt. Zeit ist jedenfalls das eigentliche Wesen des Denkens, Denken ist Zeit. Und solange die Zeit als Mittel zum Zweck existiert, kann der Geist nicht über sich selbst hinausgehen. Die Fähigkeit, über sich selbst hinauszugehen, gehört zu dem neuen Geist, der frei von der Zeit ist. Zeit ist auch ein Faktor bei der Angst. Mit Zeit meine ich nicht die chronologische Zeit, die Uhrzeit – nicht die Sekunden, Minuten, Stunden, Tage, Jahre. Ich spreche von der Zeit, die ein psychischer, innerer Vorgang ist. Das ist diese Tatsache, die die Angst entstehen lässt. Zeit ist Angst, so wie Zeit Denken ist. Sie gebiert die Angst. Es ist Zeit, die Frustration und Konflikte hervorruft, denn das unmittelbare Wahrnehmen der Tatsache, das Erkennen der Tatsache ist zeitlos. …

Um also die Angst zu verstehen, muss man sich der Zeit bewusst sein – der Zeit als Entfernung, als Raum, als »Ich«, die das Denken in Form von Gestern, Heute und Morgen erschafft, wobei es die Erinnerung an Gestern benutzt, um sich an die Gegenwart anzupassen und so die Zukunft zu formen. Für die meisten von uns ist Angst also eine absolute Realität, und ein Geist, der in Angst verwickelt ist, in der Vielschichtigkeit der Angst, kann nie frei sein, er kann nie die Angst als Ganzes verstehen, ohne das komplizierte Wesen der Zeit zu verstehen. Diese beiden Dinge gehen Hand in Hand.

Die von der Zeit geschaffene Unordnung

Zeit bedeutet, sich von dem, was ist, zu dem, »was sein sollte«, hin zu bewegen. Ich habe Angst, aber eines Tages werde ich angstfrei sein, und deshalb ist Zeit notwendig, um von der Angst frei zu werden – das glauben wir zumindest. Um von dem, was ist, zu dem zu werden, »was sein sollte«, braucht es Zeit. Zeit beinhaltet also auch eine Anstrengung, ein Bemühen in der Zeitspanne zwischen dem, was ist, und dem, »was sein sollte«. Ich mag die Angst nicht, und ich bemühe mich, sie zu verstehen, zu analysieren, zu sezieren, oder ich werde ihre Ursache aufdecken oder einfach vor ihr fliehen. All das enthält gewisse Anstrengungen meinerseits – und an Mühe, an Anstrengung sind wir gewöhnt. Wir leben im ständigen Konflikt zwischen dem, was ist, und dem, »was sein sollte«. Das, »was sein sollte«, ist aber nur eine Vorstellung, und die Vorstellung ist erfunden, sie ist nicht das, »was ich bin«, was ja die Tatsache ist. Das, »was ich bin«, kann sich nur verändern, wenn ich die von der Zeit geschaffene Unordnung verstehe.

Ist es mir also möglich, von einem Moment auf den anderen vollständig frei von Angst zu sein? Wenn ich der Angst erlaube, weiter zu existieren, schaffe ich ununterbrochen Unordnung, und daran sieht man, dass Zeit ein Element der Unordnung ist und kein Mittel, um letztendlich angstfrei zu werden. Es gibt also keinen allmählichen Prozess, um die Angst loszuwerden, so wie man auch nicht allmählich das Gift des Nationalismus loswerden kann. Wenn Sie nationalistisch denken und sagen, dass es irgendwann Brüderlichkeit unter den Menschen geben wird, finden in der Zwischenzeit Kriege statt, gibt es Hass, Leid, entsetzliche Spaltung unter den Menschen. Deshalb schafft Zeit Unordnung.

Zeit ist ein Gift

In Ihrem Badezimmer steht eine Flasche, die mit der Aufschrift »Gift« versehen ist. Sie wissen, dass es sich um Gift handelt, und gehen sehr vorsichtig mit der Flasche um – sogar im Dunkeln. Sie achten immer darauf. Sie fragen nicht: »Wie soll ich mich davon fern halten, wie soll ich auf diese Flasche achten?« Sie wissen, dass sie Gift enthält, also sind Sie äußerst sorgsam und aufmerksam im Umgang damit. Zeit ist ein Gift, sie schafft Unordnung. Wenn das für Sie eine Tatsache ist, dann können Sie auch einen Schritt weitergehen und verstehen, wie Sie unmittelbar frei von Angst sein können. Aber wenn Sie Zeit immer noch als ein Mittel betrachten, um sich von der Angst zu befreien, dann findet keine Kommunikation zwischen Ihnen und mir statt.

Schauen Sie, es gibt noch viel mehr. Vielleicht gibt es ja noch eine ganz andere Art von Zeit. Wir kennen nur zwei Arten von Zeit, die physische und die psychische, und wir sind Gefangene der Zeit. Die physische Zeit spielt eine wichtige Rolle in unserer Psyche, und die Psyche übt einen großen Einfluss auf die physische Ebene aus. Wir sind in diesem Kampf, in diesen Einflüssen gefangen. Man muss die physische Zeit akzeptieren, um rechtzeitig einen Bus oder Zug zu erreichen, aber wenn man die psychische Zeit vollkommen verneint, dann stößt man vielleicht auf eine Zeit, die etwas ganz anderes ist, eine Zeit, die weder einen Bezug zu der einen, noch zu der anderen hat. Ich wünschte, Sie würden mit mir in diese Zeit kommen! Dann bedeutet Zeit nicht Unordnung. Dann ist alles vollkommene Ordnung.

Die Wahrheit kommt wie ein Blitz

Wahrheit oder Verstehen kommt wie ein Blitz, und dieser Blitz ist nichts Bleibendes. Er befindet sich nicht im Bereich der Zeit. Finden Sie das selbst heraus. Verstehen ist frisch, tritt auf der Stelle ein; es ist nicht die Fortsetzung von etwas, das gewesen ist. Was gewesen ist, kann Ihnen nicht zum Verstehen verhelfen. Solange man nach Kontinuität strebt – sich in Beziehungen, in der Liebe Dauerhaftigkeit wünscht, sich nach ewigem Frieden sehnt und all das –, strebt man nach etwas, das sich im Bereich der Zeit befindet und daher nicht zum Zeitlosen gehört.

Ein sinnloses Unterfangen

Solange wir im Sinne von Zeit denken, müssen wir zwangsläufig Angst vor dem Tod haben. Ich habe etwas gelernt, aber ich habe nicht das Höchste entdeckt, und ich muss es finden, bevor ich sterbe. Oder wenn ich es nicht finde, bevor ich sterbe, hoffe ich zumindest, dass ich es im nächsten Leben finden werde und so weiter. Unser gesamtes Denken beruht auf Zeit. Unser Denken ist das Bekannte, ist das Ergebnis des Bekannten, und das Bekannte ist der Ablauf der Zeit. Und mit diesem Denken versuchen wir, herauszufinden, was es bedeutet, unsterblich oder jenseits der Zeit zu sein, was ein sinnloses Unterfangen ist. Es hat keinerlei Bedeutung, außer vielleicht für Philosophen, Theoretiker und Leute, die darüber spekulieren wollen. Wenn ich die Wahrheit entdecken will, und zwar nicht morgen, sondern jetzt, direkt, muss ich – dieses »Ich«, das Selbst, das ununterbrochen ansammelt, kämpft und sich durch Erinnern Kontinuität gibt –, muss das dann nicht aufhören zu existieren? Können wir nicht sterben, während wir leben – ich meine keinen künstlichen Gedächtnisverlust, das wäre Amnesie, sondern tatsächlich aufhören, durch das Gedächtnis Dinge anzusammeln, und so aufhören, dem »Ich« Kontinuität zu geben? Ist es dem Geist nicht möglich, während er in dieser Welt lebt, die dem Bereich der Zeit angehört, ohne irgendeine Form von Zwang einen Zustand herzustellen, in welchem der Erfahrende und die Erfahrung keine Basis haben? Solange der Erfahrende existiert, der Beobachter, der Denkende, muss auch die Angst vor dem Ende und somit vor dem Tod existieren. …

Wenn der Geist also all das wissen kann, wenn er sich dessen voll bewusst sein kann und nicht einfach sagt: »Ja, das ist einfach« – wenn der Geist sich der gesamten Bewusstseinsvorgänge bewusst sein kann, die ganze Bedeutung von Kontinuität und Zeit erfassen kann und sieht, wie vergeblich der Versuch ist, mit Hilfe der Zeit das zu finden, was jenseits der Zeit ist –, wenn sich der Geist all dessen bewusst sein kann, gibt es vielleicht einen Tod, der in Wirklichkeit eine schöpferische Kraft ist, die völlig über die Zeit hinausgeht.

Wahrnehmen handelt

Sie sehen, und ich sehe nicht – warum ist das so? Ich glaube, das passiert, weil man in der Zeit gefangen ist; Sie sehen die Dinge nicht in der Zeit, ich sehe sie in der Zeit. Ihr Sehen kommt aus Ihrem ganzen Sein und Ihr ganzes Sein ist nicht in der Zeit gefangen. Sie haben nicht die Vorstellung, dass man allmählich irgendwo ankommt, Sie sehen etwas unmittelbar, und es ist dieses Wahrnehmen, das handelt. Ich sehe nicht. Ich will herausfinden, warum ich nicht sehe. Was ist es, das mir erlaubt, etwas in seiner Gesamtheit zu sehen, sodass ich das Ganze sofort verstehe? Sie sehen die ganze Struktur und Beschaffenheit des Lebens: Die Schönheit, die Hässlichkeit, das Leid, die Freude, die außerordentliche Empfindsamkeit – Sie sehen das Ganze, und ich kann es nicht sehen. Ich sehe einen Teil davon, aber ich sehe nicht das Ganze. … Der Mensch, der etwas im Ganzen sieht, der das Leben in seiner Gesamtheit sieht, muss sich offensichtlich außerhalb der Zeit befinden. Bitte hören Sie zu, meine Herrschaften, denn das hat tatsächlich mit unserem täglichen Leben zu tun, es ist nichts Spirituelles oder Philosophisches außerhalb unserer täglichen Existenz. Wenn wir das verstehen, dann verstehen wir unseren täglichen Trott, unsere Langeweile, unsere Leiden, unsere widerwärtigen Sorgen und Ängste. Tun Sie es also nicht ab, indem Sie sagen: »Was hat das mit unserem täglichen Leben zu tun?« Es hat damit zu tun. Man kann erkennen – zumindest mir ist das ganz klar –, dass man, wie ein Chirurg, den ganzen Strang des Elends mit einem einzigen Schnitt kappen kann. Deshalb will ich dieser Sache gemeinsam mit Ihnen auf den Grund gehen.

An der Grenze allen Denkens

Ist es Ihnen je passiert – ich bin sicher, dass Sie das schon einmal erlebt haben –, dass Sie plötzlich etwas erkennen und in diesem Moment des Erkennens überhaupt keine Probleme haben? In dem Augenblick, in dem Sie das Problem erkannt haben, ist es komplett verschwunden. Verstehen Sie, meine Herrschaften? Sie haben ein Problem, und Sie denken darüber nach, setzen sich mit ihm auseinander, machen sich Sorgen darüber, Sie versuchen mit allen Mitteln innerhalb Ihrer geistigen Grenzen, dieses Problem zu verstehen. Und irgendwann sagen Sie: »Ich weiß nicht mehr weiter.« Niemand ist da, der Ihnen hilft, das Problem zu verstehen, kein Guru, kein Buch. Sie sind mit dem Problem allein, und es gibt keinen Ausweg. Nachdem Sie bis an Ihre Grenzen gegangen sind, um das Problem auszuloten, lassen Sie es, wie es ist. Ihr Geist macht sich keine Sorgen mehr, er zerrt nicht mehr an dem Problem herum, sagt nicht mehr: »Ich muss eine Lösung finden.« Er wird also still, nicht wahr? Und in dieser Stille finden Sie die Lösung. Ist Ihnen das nicht auch schon einmal passiert? Das ist keine große Sache. Es passiert auch großen Mathematikern und Wissenschaftlern und manchen Leuten hin und wieder im alltäglichen Leben. Und was bedeutet das? Der Geist hat seine Kapazität voll ausgeschöpft und ist an die Grenze allen Denkens gelangt, ohne eine Antwort oder Lösung gefunden zu haben, und deshalb wird er still – aber nicht aufgrund von Ermüdung, nicht weil er sagt: »Ich werde still sein und dadurch eine Lösung finden.« Nachdem er alles in seiner Macht Stehende getan hat, um eine Antwort zu finden, wird der Geist von selbst still. Es kommt zu einem Bewusstseinszustand ohne Auswählen und ohne Wollen, zu einem Bewusstseinszustand, in dem es keine Ängste und Sorgen gibt, und in diesem Zustand geschieht das Erkennen. Allein dieses Erkennen wird all unsere Probleme lösen.

Diese Bewusstheit ohne Auswählen

Große Seher haben uns immer gesagt, wie wichtig es sei, Erfahrungen zu machen. Sie erklärten uns, dass wir durch Erfahrung zum Verstehen gelangen. Aber nur der unschuldige Geist, der nicht von Erfahrungen getrübt ist, der völlig frei von der Vergangenheit ist – nur ein solcher Geist kann die Wirklichkeit wahrnehmen und erkennen. Wenn Sie sehen, dass das wahr ist, wenn Sie es für den Bruchteil einer Sekunde erkennen, werden Sie die außerordentliche Klarheit eines unschuldigen Geistes erleben. Das bedeutet, dass alle alten Verkrustungen der Erinnerung abfallen, dass man die Vergangenheit ablegt. Aber um das wahrzunehmen, darf es keine Frage nach dem »Wie« geben. Der Geist darf nicht durch das »Wie« oder durch den Wunsch nach einer Lösung abgelenkt sein. Ein solcher Geist ist nicht aufmerksam. Wie ich bereits sagte, ist das Ende schon im Anfang enthalten. Im Anfang steckt der Samen des Endes dessen, was wir Leiden nennen. Das Ende des Leidens wird im Leiden selbst wahr, nicht weg vom Leiden. Sich vom Leiden zu entfernen heißt, dass man bloß eine Antwort findet, eine Schlussfolgerung, eine Fluchtmöglichkeit. Aber das Leiden geht weiter. Wenn Sie ihm dagegen Ihre ganze Aufmerksamkeit widmen, das heißt, mit Ihrem ganzen Sein aufmerksam sind, werden Sie feststellen, dass es zu einem unmittelbaren Erkennen kommt, an dem keine Zeit beteiligt ist und in dem es kein Bemühen und keinen Konflikt gibt. Und es ist dieses unmittelbare Wahrnehmen, diese Bewusstheit, ohne auszuwählen, die dem Leiden ein Ende setzt.

Der aktive stille Geist

Der Geist, der wirklich still ist, ist erstaunlich aktiv, lebendig, leistungsfähig – aber nicht im Hinblick auf etwas Bestimmtes. Nur ein solcher Geist kann frei sein – frei von Erfahrungen, von Wissen, vom Wort. Ein solcher Geist kann erkennen, was wahr ist, sein Wahrnehmen ist direkt und außerhalb der Zeit.

Der Geist kann nur still sein, wenn er den Mechanismus der Zeit verstanden hat, und das erfordert große Achtsamkeit, nicht wahr? Muss ein solcher Geist nicht frei sein – nicht von irgendetwas, sondern einfach frei? Wir kennen Freiheit nur als die Freiheit von etwas. Und ein Geist, der frei von etwas ist, ist kein freier Geist. Eine solche Freiheit, die Freiheit von etwas Bestimmtem, ist nur eine Reaktion, es ist keine wirkliche Freiheit. Ein Geist, der nach Freiheit strebt, ist niemals frei. Aber der Geist ist frei, wenn er die Tatsachen erkennt, so wie sie sind, ohne sie zu interpretieren, zu verurteilen, zu werten. Und weil er frei ist, ist ein solcher Geist unschuldig, ob er nun 100 Tage oder 100 Jahre gelebt und seine Erfahrungen gemacht hat. Er ist unschuldig, weil er frei ist, nicht frei von etwas, sondern in sich selbst frei. Nur ein solcher Geist kann das erkennen, was wahr ist, was außerhalb der Zeit ist.

Aus dem Wahrnehmen erwächst Energie

Das Problem besteht also sicherlich darin, den Geist ganz und gar zu befreien, so dass er sich in einem Bewusstseinszustand befindet, der keine Grenzen hat. Und wie entdeckt der Geist diesen Zustand? Wie gelangt er zu dieser Freiheit?

Ich hoffe, Sie stellen sich diese Frage ernsthaft selbst, weil nicht ich Sie Ihnen stelle. Ich versuche nicht, Sie zu beeinflussen. Ich weise Sie nur darauf hin, wie wichtig es ist, sich diese Frage zu stellen. Wird diese Frage von jemand anderem gestellt, ist das völlig bedeutungslos, wenn Sie sie sich nicht selbst hartnäckig und mit großer Dringlichkeit stellen. Der Spielraum der Freiheit wird jeden Tag kleiner, wie Sie wissen müssten, wenn Sie überhaupt aufmerksam sind. Die Politiker, die führenden Persönlichkeiten, die Priester, die Zeitungen und Bücher, die Sie lesen, das Wissen, das Sie sich aneignen, die Überzeugungen, an denen Sie festhalten – all das engt den Spielraum der Freiheit immer weiter ein. Wenn Sie sich dieses Vorgangs bewusst sind, wenn Sie wirklich die geistige Enge wahrnehmen, die zunehmende geistige Versklavung, dann werden Sie feststellen, dass aus dem Wahrnehmen Energie erwächst – und es ist diese aus dem Wahrnehmen gewonnene Energie, die den engen Geist, den ehrbaren Geist zerschmettern wird, den Geist, der in den Tempel geht, den Geist, der Angst hat. Daher ist Wahrnehmen also der Weg der Wahrheit.

Der geschwätzige Verstand

Etwas wirklich wahrzunehmen ist eine erstaunliche Erfahrung. Ich weiß nicht, ob Sie jemals irgendetwas wirklich wahrgenommen haben – ob Sie je eine Blume oder ein Gesicht oder den Himmel oder das Meer wirklich wahrgenommen haben. Natürlich sehen Sie diese Dinge, wenn Sie im Bus oder im Auto vorbeifahren, aber ich frage mich, ob Sie sich je die Mühe gemacht haben, eine Blume tatsächlich anzuschauen? Und was geschieht, wenn Sie eine Blume anschauen? Sie benennen Sie sofort, Sie machen sich Gedanken darüber, zu welcher Art sie gehört, oder Sie sagen: »Was für eine wunderschöne Farbe sie hat. Ich würde sie gerne in meinen Garten pflanzen, ich würde sie gerne meiner Frau schenken oder ins Knopfloch meiner Jacke stecken« und so weiter. Mit anderen Worten, in dem Moment, in dem Sie die Blume anschauen, fängt Ihr Verstand an, sich darüber auszulassen. Und deshalb nehmen Sie die Blume überhaupt nicht wahr. Sie nehmen nur dann etwas wirklich wahr, wenn Ihr Geist still ist, wenn es keinerlei Geschwätz gibt. Wenn Sie den Abendstern über dem Meer ohne eine Regung des Geistes anschauen können, dann nehmen Sie wirklich seine außerordentliche Schönheit wahr. Und wenn Sie Schönheit wahrnehmen, erfahren Sie dann nicht auch den Zustand der Liebe? Zweifellos sind Schönheit und Liebe ein und dasselbe. Ohne Liebe gibt es keine Schönheit, und ohne Schönheit gibt es keine Liebe. Schönheit liegt in der Form, in der Sprache, im Benehmen. Ohne Liebe ist unser Benehmen inhaltsleer, dann ist es nur das Produkt der Gesellschaft, einer bestimmten Kultur; und etwas, das erzeugt wird, ist mechanisch, ist leblos. Aber wenn der Geist ohne die geringste Regung wahrnimmt, ist er fähig, bis zu seinem eigenen Grund zu schauen; und ein solches Wahrnehmen ist wirklich zeitlos. Sie müssen nichts tun, um das zu bewirken. Es gibt keine geistige Schulung, keine Übung, keine Methode durch die Sie lernen können, wirklich wahrzunehmen.

Wissen lenkt den Geist ab

Sie haben nur ein Instrument zur Verfügung, und das ist der Geist. Der Geist ist auch das Gehirn. Um die Wahrheit dieser Sache herauszufinden, müssen Sie deshalb verstehen, was und wie der Geist ist, nicht wahr? Wenn der Geist unehrlich ist und krumme Wege geht, werden Sie nie klar sehen. Wenn der Geist sehr begrenzt ist, können Sie das Unbegrenzbare nicht wahrnehmen. Der Geist ist das Instrument des Wahrnehmens, und um wahrhaft wahrzunehmen, muss der Geist geradlinig und aufrichtig werden, er muss von jeglicher Konditionierung, von allen Ängsten gereinigt werden. Der Geist muss auch frei von Wissen sein, weil Wissen den Geist ablenkt und die Dinge verdreht. Die enorme Fähigkeit des Geistes, etwas zu erfinden, sich einzubilden, darüber zu spekulieren, nachzudenken – muss diese Fähigkeit nicht beiseite gelassen werden, damit der Geist sehr klar und sehr einfach ist? Denn nur der unschuldige Geist, der Geist, der unzählige Erfahrungen gemacht hat und dennoch frei von Wissen und Erfahrung ist – nur ein solcher Geist kann das entdecken, was mehr ist als das Gehirn und der Geist. Andernfalls ist das, was Sie entdecken, von Ihren bisherigen Erfahrungen gefärbt, und Ihre Erfahrung ist das Resultat Ihrer Konditionierung.

Von Einflüssen überschwemmt

Warum altert der Geist? Er ist alt – oder etwa nicht – in dem Sinne, dass er altersschwach wird, abbaut, sich ständig wiederholt, in Gewohnheiten gefangen ist: in sexuellen Gewohnheiten, religiösen Gewohnheiten, beruflichen Gewohnheiten oder in verschiedenen Gewohnheiten durch Ehrgeiz. Der menschliche Geist ist so belastet mit unzähligen Erfahrungen und Erinnerungen, so entstellt und vernarbt durch Leid, dass er nichts neu sehen kann, sondern alles, was er sieht, gemäß seiner eigenen Erinnerungen, Schlussfolgerungen und Rezepte interpretiert. Er zitiert ständig. Er ist autoritätsgebunden, er ist alt. Es ist leicht zu erkennen, warum das geschieht. Unsere gesamte Erziehung und Bildung ist praktisch nur ein Gedächtnistraining, und dann haben wir noch die Massenmedien, die Zeitungen und Zeitschriften, Radio und Fernsehen. Die Professoren halten Vorlesungen und wiederholen immer wieder das Gleiche, bis Ihr Gehirn das aufnimmt, was sie wiederholt haben, und Sie würgen es in einer Prüfung wieder hoch und bekommen Ihren Universitätsabschluss und machen mit der ganzen Prozedur weiter – der Job, der Alltagstrott, die unaufhörliche Wiederholung. Aber nicht nur das – darüber hinaus findet durch den Ehrgeiz noch der innere Kampf mit seinen Frustrationen statt, mit dem Wettbewerb nicht nur um Arbeitsplätze, sondern um Gott, dem man nahe sein will, den man auf schnellstem Wege erreichen möchte. …

Hier geschieht also Folgendes: Durch Druck, Stress und Belastung ist unser Geist übervoll, bewusst oder unbewusst überflutet von Einflüssen und Sorgen. … Wir zermürben den Geist und nutzen ihn nicht.

Das alte Gehirn, unser Gehirn, das vom Tier stammt

Ich glaube, es ist sehr wichtig, dass wir verstehen, wie das alte Gehirn arbeitet, wie es funktioniert und was es tut. Wenn das neue Gehirn aktiv ist, kann das alte das neue unmöglich verstehen. Nur wenn das alte Gehirn, unser konditioniertes Gehirn, unser Gehirn, das vom Tier stammt, das Gehirn, das Jahrhunderte lang kultiviert wurde, das immer nur nach seiner eigenen Sicherheit und Bequemlichkeit strebt – nur wenn dieses alte Gehirn still ist, werden Sie erkennen, dass es noch eine vollkommen andersartige Bewegung gibt, und diese Bewegung führt zu innerer Klarheit. Diese Bewegung ist bereits Klarheit. Um das zu verstehen, müssen Sie das alte Gehirn verstehen, sich dessen bewusst sein, was in ihm vorgeht, müssen Sie all seine Regungen, Aktivitäten, Ansprüche, Bestrebungen kennen, und deshalb ist Meditation so wichtig. Ich meine nicht das absurde, systematisierte Einüben einer bestimmten Denkgewohnheit und was es sonst noch alles gibt. Das ist alles unreif und kindisch. Mit Meditation meine ich das Verstehen der Arbeitsweise des alten Gehirns, es zu beobachten, zu wissen, wie es reagiert, wie es auf Herausforderungen anspricht, seine Neigungen, sein Verlangen, seine aggressiven Bestrebungen – das alles zu kennen, sowohl den unbewussten als auch den bewussten Teil davon. Wenn Sie es kennen, wenn Sie sich all dessen bewusst sind, ohne es zu kontrollieren, ohne es zu steuern, ohne zu sagen: »Dies ist gut, das ist schlecht; ich werde dies behalten und das verwerfen« – wenn Sie die gesamten Vorgänge im alten Geist sehen, wenn Sie dies restlos sehen, dann wird er still.

Ein frischer Geist

Ich glaube, dass das ständige Bemühen, etwas zu sein, etwas zu werden, die eigentliche Ursache für die Destruktivität und das Altern des Geistes ist. Bedenken Sie, wie schnell wir altern, und nicht nur die Menschen über 60, sondern auch die jungen Leute. Wie alt sie geistig schon sind! Nur sehr wenige Menschen bewahren sich einen jungen Geist. Mit jung meine ich nicht den Geist, der nur nach Vergnügen strebt, nur eine schöne Zeit haben will, sondern einen Geist, der unverdorben ist, der nicht durch die Unfälle und Ereignisse des Lebens verletzt oder verbogen und verdreht ist, einen Geist, der nicht durch Kämpfe, durch Trauer, durch ständiges Abmühen ausgelaugt ist. Es ist unbedingt notwendig, einen jungen Geist zu haben, denn der alte Geist ist so vernarbt von Erinnerungen, dass er weder lebendig noch ernsthaft sein kann. Er ist ein toter Geist, ein entschiedener, festgelegter Geist. Ein Geist, der sich entschieden hat und gemäß seiner Entscheidungen lebt, ist tot. Ein junger Geist dagegen entscheidet immer wieder neu, ein frischer Geist belastet sich nicht mit unzähligen Erinnerungen. Und ein Geist, auf dem nicht der geringste Schatten des Leidens lastet, auch wenn er das Tal des Leids vielleicht durchschreitet, bleibt unverletzt. …

Ich glaube nicht, dass man sich einen solchen jungen Geist irgendwie aneignen kann. Er ist keine Sache, die man sich durch Mühe und Anstrengung, durch gewisse Opfer erkaufen kann. Es gibt keine Währung und keinen Markt dafür, aber wenn Sie die Bedeutung, die Notwendigkeit und die Wahrheit des Ganzen erkennen, dann geschieht etwas anderes.

Geben Sie alle Methoden auf

Wie kann der religiöse Geist oder der neue Geist zum Vorschein kommen? Haben Sie dazu ein System oder eine Methode? Durch eine Methode – eine Methode im Sinne eines Systems, einer Übung, von etwas, das Sie Tag für Tag wiederholen? Kann eine Methode einen neuen Geist hervorbringen? ... Eine Methode beinhaltet jedenfalls ein kontinuierliches Üben, das nach bestimmten Vorgaben auf ein bestimmtes Ergebnis ausgerichtet ist – und das bedeutet, dass man sich eine mechanische Gewohnheit aneignet, um durch diese mechanische Gewohnheit einen Geist Wirklichkeit werden zu lassen, der nicht mechanisch ist. ...

Wenn Sie »geistige Schulung« sagen, so beruht jegliche Schulung auf einer Methode, die einem bestimmten Schema folgt. Und dieses Schema verspricht Ihnen ein Ergebnis, das von einem Geist im Voraus bestimmt wird, der bereits an etwas glaubt, der bereits einen Standpunkt eingenommen hat. Kann also eine Methode, im weitesten oder engsten Sinn des Wortes, diesen neuen Geist hervorbringen? Wenn nicht, dann muss jede Methode wie jede Gewohnheit komplett verschwinden, denn sie ist verkehrt. ... Methoden konditionieren lediglich den Geist im Hinblick auf das gewünschte Resultat. Sie müssen alle mechanischen Denkgewohnheiten aufgeben. ... Der Geist muss alle mechanisch ablaufenden Denkvorgänge hinter sich lassen. Die Vorstellung, dass eine Methode, ein System, eine geistige Schulung, eine ständig beibehaltene Gewohnheit diesen neuen Geist hervorbringen wird, stimmt also nicht. Man muss all das völlig ablegen, weil es mechanisch ist. Ein Geist, der mechanisch funktioniert, ist ein traditionsgebundener Geist. Er kann das Leben, das nicht mechanisch ist, nicht kennen lernen. Also müssen alle Methoden beiseite gelassen werden.

Ein Geist ohne festen Halt oder Zufluchtsort

Sie brauchen einen neuen Geist, einen, der frei von der Zeit ist, der nicht mehr in zeitlichen und räumlichen Abständen denkt, der keinen begrenzenden Horizont hat, einen Geist, der keinen festen Halt oder Zufluchtsort hat. Sie brauchen einen solchen Geist, um nicht nur mit den immer währenden, sondern auch mit den unmittelbaren Problemen des Daseins umgehen zu können.

Deshalb geht es um die Frage: Kann jeder von uns einen solchen Geist haben? Nicht allmählich ausbilden, denn ein Ausbilden, eine Entwicklung, ein Prozess sind mit Zeit verbunden. Es muss unmittelbar geschehen. Es muss *jetzt* eine innere Umwandlung im Sinne einer zeitlosen Qualität stattfinden. Leben ist Tod, und der Tod wartet auf Sie. Mit dem Tod können Sie nicht streiten, wie Sie mit dem Leben streiten können. Kann man also einen solchen Geist haben? – nicht als eine Errungenschaft, als ein Ziel, nicht als etwas, worauf man hinarbeitet, nicht als etwas, das man schließlich erreicht, denn all das setzt Raum und Zeit voraus. Wir haben eine sehr bequeme, luxuriöse Theorie, nämlich, dass wir Zeit haben, um Fortschritte zu machen, etwas zu erreichen, zu vollbringen, der Wahrheit nahe zu kommen. Das ist eine irreführende Vorstellung, eine absolute Selbsttäuschung – in diesem Sinne ist Zeit eine Selbsttäuschung.

Aktiv aber still

Um den neuen Geist entdecken zu können, müssen wir nicht nur die Reaktionen des alten Gehirns verstehen, es ist darüber hinaus auch notwendig, dass das alte Gehirn still ist. Das alte Gehirn muss aktiv, aber still sein. Können Sie mir folgen? Schauen Sie, wenn Sie für sich selbst – unbeeinflusst von dem, was jemand anders gesagt hat – entdecken wollen, ob es eine Wirklichkeit gibt, ob es so etwas wie Gott gibt – das Wort »Gott« ist nicht die Tatsache –, dann muss Ihr altes Gehirn, das in einer Tradition erzogen wurde, entweder Anti-Gott oder Pro-Gott, in einer bestimmten Kultur, durch Milieueinflüsse und Propaganda, durch Jahrhunderte langen gesellschaftlichen Druck geprägt wurde, absolut still sein. Denn sonst projiziert es nur seine eigenen Bilder, Vorstellungen und Werte. Aber diese Werte, diese Vorstellungen und Überzeugungen sind das Ergebnis dessen, was man Ihnen erzählt hat, oder sie sind das Resultat Ihrer Reaktionen auf das, was man Ihnen erzählt hat. Unbewusst sagen Sie also: »Das ist meine Erfahrung!«

Das heißt, Sie müssen die Gültigkeit von Erfahrungen in Frage stellen – Ihrer eigenen Erfahrungen oder der Erfahrungen von jemand anderem, egal, um wen es sich handelt. Durch dieses Anzweifeln, Forschen, Hinterfragen, Wissenwollen, Schauen, aufmerksame Lauschen wird das alte Gehirn still. Dabei schläft es nicht. Es ist sehr aktiv, aber es ist still. Es ist durch Beobachten und genaues Untersuchen zu dieser Stille gelangt. Um untersuchen und beobachten zu können, brauchen Sie Licht. Dieses Licht ist Ihre ständige Wachsamkeit.

Da ist eine Stille

Ich hoffe, dass Sie zuhören, aber nicht mit der Erinnerung an das, was Sie bereits wissen – und das ist sehr schwierig. Sie hören etwas, und Ihr Geist reagiert sofort mit seinem Wissen, seinen Schlussfolgerungen, seinen Meinungen, seinen Erinnerungen. Er hört zu und fragt dabei nach einem zukünftigen Verstehen. Beobachten Sie sich einmal selbst – wie Sie zuhören –, und Sie werden feststellen, dass genau das abläuft. Sie haben beim Zuhören entweder eine Schussfolgerung, ein Wissen, bestimmte Erinnerungen und Erfahrungen im Kopf, oder Sie wollen eine Antwort und sind ungeduldig. Sie wollen wissen, worum es überhaupt geht, worum es im Leben überhaupt geht, in dieser außerordentlichen Vielschichtigkeit des Lebens. Sie hören in Wirklichkeit überhaupt nicht zu. Sie können nur zuhören, wenn der Geist still ist, wenn er nicht sofort reagiert, wenn eine kleine Spanne zwischen Ihrer Reaktion und dem Gesagten bleibt. In dieser Lücke ist Stille, und allein in dieser Stille sind ein Erfassen und Begreifen möglich – womit kein intellektuelles Verstehen gemeint ist. Wenn es eine Lücke zwischen dem Gesagten und Ihrer Reaktion darauf gibt, dann entsteht in dieser Pause – ob Sie diese nun endlos ausdehnen, eine lange Zeit oder nur ein paar Sekunden –, wenn Sie genau beobachten, entsteht in dieser Pause Klarheit. Diese Pause ist der neue Geist. Die sofortige Reaktion ist das alte Gehirn, und das alte Gehirn funktioniert in seinem eigenen, traditionellen, akzeptierten, reaktionären, tierischen Sinne. Wenn das außer Kraft gesetzt wird, wenn die Reaktion aufgeschoben wird, werden Sie feststellen, dass das neue Gehirn handelt, und nur das neue Gehirn ist in der Lage, zu verstehen – das alte nicht.

Unsere Verantwortung

Um die Welt zu verändern, müssen wir bei uns selbst anfangen, und dabei ist unsere Absicht entscheidend. Unsere Absicht muss sein, uns selbst zu verstehen und nicht von anderen zu erwarten, sich zu ändern oder durch eine Revolution, sei es von rechts oder von links, eine mäßige Veränderung herbeizuführen. Es ist wichtig zu verstehen, dass das unsere Verantwortung ist – Ihre und meine. Denn wie klein die Welt, in der wir leben, auch sein mag, wenn wir uns selbst verändern können, wenn wir in unserem täglichen Leben zu einer radikal anderen Sichtweise gelangen können, dann werden wir vielleicht die Welt in ihrer Gesamtheit beeinflussen, die Beziehungen zu anderen im umfassenden Sinne.

Wenn der Geist beschäftigt ist

Ob Veränderungen bewusst oder unbewusst herbeigeführt werden, bleibt sich gleich. Bewusste Veränderung beinhaltet eine Anstrengung, und unbewusstes Streben nach Veränderung beinhaltet ebenfalls ein Bemühen, einen Kampf. Solange ein Kampf stattfindet, ein Konflikt besteht, ist die Veränderung nur erzwungen und nicht durch Verstehen zustande gekommen, und deshalb ist es überhaupt keine wirkliche Veränderung. Ist der Geist also in der Lage, sich mit dem Problem der Veränderung auseinander zu setzen – beispielsweise bei der Habgier –, ohne sich anzustrengen oder zu bemühen, indem er einfach die ganzen Zusammenhänge und Folgen der Habgier sieht? Denn Sie können nicht alles sehen, was Habgier beinhaltet, solange das Bestreben da ist, sie zu verändern. Wirkliche Veränderung ist nur möglich, wenn der Geist ganz neu an das Problem herangeht. Nicht mit seinen ganzen Erinnerungen an tausend vergangene Tage. Ihr Geist kann offensichtlich nicht frisch und eifrig sein, wenn er beschäftigt ist. Und der Geist hört nur dann auf, mit etwas beschäftigt zu sein, wenn er die Wahrheit über sein eigenes Beschäftigtsein erkennt. Sie können die Wahrheit nicht sehen, wenn Sie nicht mit Ihrer vollen Aufmerksamkeit dabei sind, wenn Sie das, was gesagt wird, in etwas umdeuten, das Ihnen zusagt, oder es interpretieren, wie Sie es für richtig halten. Sie müssen mit einem frischen Geist an etwas Neues herangehen, und ein Geist ist nicht frisch, wenn er bewusst oder unbewusst mit etwas beschäftigt ist.

Wissen ist hinderlich für Veränderungen

Wir kommen also zu der Frage, ob der Geist sich vom Bekannten befreien kann, denn nur dann kommt es zu einer grundlegenden Veränderung. Dies erfordert große Einsicht und viel Forschen. Bitte stimmen Sie mir nicht zu, sondern gehen Sie der Sache auf den Grund, meditieren Sie, zerbrechen Sie sich den Kopf, um die Wahrheit oder Unwahrheit all dessen herauszufinden. Bewirkt Wissen, das ja das Bekannte ist, eine Veränderung? Wissen ist erforderlich, wenn ich eine Brücke bauen will, aber muss mein Geist etwas im Hinblick auf das wissen, was er verändert? Wenn ich weiß, in welchem Zustand der Geist sein wird, nachdem er eine Veränderung durchgemacht hat, dann ist es jedenfalls keine Veränderung mehr. Solches Wissen behindert die Veränderung, denn es wird zu einem Mittel der Befriedigung, und solange ein Zentrum existiert, das nach Befriedigung, Belohnung oder Sicherheit strebt, ist überhaupt keine Veränderung möglich. Und all unsere Bemühungen beruhen auf diesem Zentrum für Belohnung, Bestrafung, Erfolg oder Gewinn, nicht wahr? Das ist alles, woran die meisten von uns interessiert sind, und wenn es uns hilft zu bekommen, was wir wollen, verändern wir uns auch. Aber eine solche Veränderung ist überhaupt keine. Der Geist, der sich von Grund auf, bis in die tiefsten Tiefen in einem Zustand der Veränderung befinden möchte, in einem Zustand innerer Umwälzung, muss frei vom Bekannten sein. Dann wird er erstaunlich still, und nur ein solcher Geist wird die radikale Umwandlung erfahren, die so dringend notwendig ist.

Vollkommene Leere

Damit ein vollständiger Wandel im Bewusstsein stattfinden kann, müssen Sie das Analysieren und Suchen aufgeben und dürfen nicht länger unter irgendeinem Einfluss stehen – was ungeheuer schwierig ist. Der Geist hat, indem er erkennt, was unwahr ist, das Unwahre vollkommen hinter sich gelassen, ohne zu wissen, was wahr ist. Wenn Sie bereits wissen, was wahr ist, dann tauschen Sie nur das, was Sie für unwahr halten, gegen das aus, was Sie sich als wahr vorstellen. Es ist kein Verzicht, wenn Sie wissen, was Sie dafür bekommen. Es ist nur dann ein Verzicht, wenn Sie etwas loslassen, ohne zu wissen, was geschehen wird. Dieser Zustand des Verneinens ist absolut notwendig. Bitte hören Sie aufmerksam zu, denn wenn Sie so weit gegangen sind, werden Sie feststellen, dass Sie in diesem Zustand des Verneinens entdecken, was wahr ist, weil Verneinen das Entleeren des Bewusstseins vom Bekannten ist. Schließlich beruht das Bewusstsein auf Wissen, auf Erfahrung, auf dem Erbe der menschlichen Rasse, auf Erinnerung, auf den Dingen, die man erlebt hat. Erfahrungen stammen immer aus der Vergangenheit, wirken auf die Gegenwart ein, werden durch sie modifiziert und setzen sich in die Zukunft fort. All das ist Bewusstsein, jener riesige Speicher für die vergangenen Jahrtausende. Er ist nur für die technischen Aspekte des Lebens von Nutzen. Es wäre absurd, die ganzen naturwissenschaftlichen Kenntnisse abzulehnen, die sich der Mensch im Laufe der Zeit angeeignet hat. Aber um eine grundlegende Umwandlung des Bewusstseins, eine Umwälzung in dieser ganzen Struktur herbeizuführen, muss darin vollkommene Leere herrschen. Diese Leere ist nur möglich, wenn entdeckt, wenn wirklich gesehen wird, was falsch, das heißt, was unwahr ist. Dann werden Sie sehen, wenn Sie so weit gegangen sind, dass die Leere selbst eine vollständige Umwälzung im Bewusstsein bewirkt. Sie hat stattgefunden.

Absichtliche Veränderung ist überhaupt keine Veränderung

Indem sich der Einzelne verändert, verändert sich auch die Gemeinschaft. Das sind nicht zwei separate, gegensätzliche Dinge – der Einzelne und die Gemeinschaft –, obwohl gewisse politische Gruppierungen versuchen, diese beiden voneinander zu trennen und den Einzelnen zur Anpassung an die Gemeinschaft zu zwingen.

Wenn wir miteinander dieses ganze Problem der Veränderung entwirren könnten – auf welche Weise sich eine Veränderung im Einzelnen herbeiführen lässt und was diese Veränderung beinhaltet –, dann würde vielleicht durch eben diesen Vorgang des Zuhörens und der Beteiligung am Forschen eine Veränderung zustande kommen, das heißt, ohne ihr eigenes Wollen. Für mich ist eine absichtliche Veränderung, eine durch Zwang, Disziplin oder Anpassung erwirkte Veränderung überhaupt keine Veränderung. Wenn Druck, Beeinflussung, irgendein neues Konzept, Propaganda, eine Furcht oder ein Motiv Sie zwingt, sich zu ändern, so ist das überhaupt keine Veränderung. Und obwohl Sie dem vom Verstand her vielleicht bereitwillig zustimmen, versichere ich Ihnen, dass es etwas ziemlich Außergewöhnliches ist, das wirkliche Wesen der Veränderung ohne Motiv zu erfassen.

Jenseits des Denkens

Sie haben Ihre Vorstellungen geändert, Sie haben Ihr Denken geändert, aber Denken ist immer konditioniert. Ob es die Gedanken von Jesus, Buddha, X,Y oder Z sind, es ist immer noch Denken, und deshalb kann ein Gedanke im Gegensatz zu einem anderen stehen. Und wenn ein Gegensatz, ein Konflikt, zwischen zwei Gedanken besteht, ist das Resultat eine modifizierte Fortsetzung des gleichen Denkens. Mit anderen Worten, die Veränderung findet immer noch im Bereich des Denkens statt, und eine Veränderung innerhalb des Bereichs des Denkens ist überhaupt keine Veränderung. Ein Gedanke oder eine Reihe von Gedanken wurde lediglich durch eine andere ersetzt.

Ist es angesichts dieser ganzen Zusammenhänge möglich, das Denken zu lassen und eine Veränderung außerhalb des Bereichs des Denkens herbeizuführen? Alles Bewusstsein, ob es aus der Vergangenheit, der Gegenwart oder der Zukunft herrührt, bewegt sich innerhalb des Bereichs des Denkens. Und jede Veränderung innerhalb dieses Bereichs, der die Grenzen des Geistes festlegt, ist keine echte Veränderung. Eine radikale Veränderung kann nur außerhalb des Bereichs des Denkens stattfinden, nicht innerhalb dieses Bereichs, und der Geist kann diesen Bereich nur verlassen, wenn er dessen Grenzen sieht und erkennt, dass jede Veränderung innerhalb dieses Bereichs überhaupt keine Veränderung ist. Das ist wahre Meditation.

Echte Veränderung

Eine Veränderung ist nur vom Bekannten zum Unbekannten hin möglich, nicht vom Bekannten zum Bekannten. Bitte denken Sie gemeinsam mit mir darüber nach. Die Veränderung im Bereich des Bekannten ist mit Autorität verbunden, mit einer hierarchischen Lebensauffassung – Sie wissen, ich weiß nicht. Deshalb verehre ich Sie, ich errichte ein System, ich laufe einem Guru nach. Ich folge Ihnen, weil Sie mir geben, was ich wissen möchte, Sie geben mir ein sicheres Geleit, das zum Ergebnis führen wird, zum Erfolg und zum Ergebnis. Der Erfolg ist das Bekannte. Ich weiß, was es bedeutet, erfolgreich zu sein. Und das ist es, was ich will. Also bewegen wir uns vom Bekannten zum Bekannten, wobei zwangsläufig Autorität im Spiel ist – die Autorität einer allgemeinen Zustimmung, die Autorität des Führers, des Gurus, der Hierarchie, desjenigen, der weiß, und desjenigen, der nicht weiß. Und der, der weiß, muss mir den Erfolg garantieren, den Erfolg meines Bemühens, meines Bestrebens, eine Veränderung herbeizuführen, damit ich glücklich werde und bekomme, was ich will. Ist das nicht bei den meisten von uns das Motiv, sich zu ändern? Bitte beobachten Sie Ihr eigenes Denken, und Sie werden Ihre eigene Lebens- und Verhaltensweise erkennen. … Wenn Sie sich das anschauen – ist das Veränderung? Wirkliche Veränderung, Umwälzung findet vom Bekannten zum Unbekannten hin statt, ist mit keinerlei Autorität verbunden und kann auch völliges Scheitern bedeuten. Aber wenn man Ihnen versichert, dass Sie etwas erreichen werden, dass Sie Erfolg haben werden, dass Sie glücklich sein werden, das ewige Leben haben werden, dann gibt es kein Problem. Dann wandeln Sie auf den bekannten Pfaden, was bedeutet, dass Sie selbst immer im Zentrum der Dinge stehen.

Kann sich ein Mensch ändern?

Ich bin ziemlich sicher, jeder von uns hat sich schon einmal gefragt, ob man sich überhaupt ändern kann. Ich weiß, dass sich äußere Umstände ändern. Wir heiraten, lassen uns scheiden, bekommen Kinder. Da ist der Tod, ein besserer Job, der Druck aufgrund neuer Technologien und so weiter. Im Äußeren finden enorme Veränderungen im Bereich der Kybernetik und Automatisierung statt. Jeder muss sich schon einmal gefragt haben, ob es überhaupt möglich ist, sich selbst zu ändern, und zwar nicht im Bezug zu äußeren Ereignissen, nicht in Form einer Veränderung, die eine bloße Wiederholung oder eine modifizierte Fortsetzung des Alten ist, sondern ob eine radikale Umwandlung, eine totale Veränderung des menschlichen Bewusstseins möglich ist. Wenn man erkennt, wie man bei sich selbst wohl bemerkt haben muss, dass man sich in Wirklichkeit nicht verändert, wird man furchtbar niedergeschlagen oder man flieht vor sich selbst. Also taucht unweigerlich die Frage auf: Ist eine Veränderung überhaupt möglich? Wir gehen zurück in eine Zeit, in der wir jung waren, und alles fällt uns wieder ein. Verändern sich Menschen überhaupt? Haben Sie sich überhaupt verändert? Vielleicht gab es eine kleine Veränderung an der Oberfläche, aber haben Sie sich tief greifend, radikal geändert? Vielleicht wollen wir uns gar nicht ändern, weil unser Leben eigentlich ganz bequem ist. ...

Ich will mich ändern. Ich sehe, dass ich furchtbar unglücklich, niedergeschlagen, hässlich, gewalttätig bin, mit einem gelegentlichen Aufblitzen von etwas Anderem, das nicht bloß die Folge eines Motivs ist. Und ich setze meinen Willen ein, um etwas dagegen zu tun. Ich sage, dass ich anders sein muss, ich muss diese oder jene Angewohnheit ablegen. Ich muss anders denken, anders handeln, ich muss mehr dies und weniger das sein. Man strengt sich unheimlich an, und am Ende ist man immer noch schäbig, deprimiert, hässlich, brutal und ohne einen Sinn für das, was wirklichen Wert hat. Also fragt man sich, ob eine Veränderung überhaupt möglich ist. Kann sich ein Mensch ändern?

Grundlegende Veränderung ohne Motiv

Wie kann ich mich ändern? Ich erkenne die Wahrheit – zumindest sehe ich, dass etwas dran ist –, dass eine Veränderung, ein Wandel auf einer Ebene beginnen muss, die der Geist, der bewusste wie der unbewusste Teil, nicht erreichen kann, weil mein Bewusstsein als Ganzes konditioniert ist. Was soll ich also tun? Ich hoffe, ich drücke mich klar genug aus? Wenn ich es einmal anders sagen darf: Kann der Geist, der bewusste als auch der unbewusste Teil, frei von der Gesellschaft sein? – Gesellschaft im Sinne der ganzen Erziehung und Kultur, der ganzen Normen, Werte und Standards? Denn wenn er nicht frei ist, dann ist jede Veränderung, die er innerhalb dieses konditionierten Zustands herbeizuführen versucht, nach wie vor begrenzt und ist somit überhaupt keine Veränderung. Kann ich also ohne jedes Motiv schauen? Kann mein Geist ohne jeden Antrieb existieren, ohne jegliches Motiv, sich zu ändern oder sich nicht zu ändern? Denn jedes Motiv entspringt der Reaktion, die von einer bestimmten Kultur, einem bestimmten geistigen Hintergrund beeinflusst ist. Kann mein Geist also frei von der jeweiligen Kultur sein, in der ich erzogen wurde? Das ist in der Tat eine ziemlich wichtige Frage. Denn wenn der Geist nicht frei von der Kultur ist, in der er aufgezogen und mit der er gefüttert wurde, kann der Einzelne niemals Frieden finden, niemals frei sein. Seine Götter und Mythen, seine Symbole und all seine Bemühungen sind begrenzt, denn sie befinden sich immer noch im Bereich des konditionierten Geistes. Welche Anstrengungen er innerhalb dieses begrenzten Bereichs auch unternimmt – sie sind in der Tat vergeblich im wahrsten Sinne des Wortes. Vielleicht hat das Gefängnis eine bessere Ausstattung – mehr Licht, größere Fenster, besseres Essen –, aber es ist und bleibt das Gefängnis einer bestimmten Kultur.

Eine innere Revolution

Können der Denkende und das Denken, der Beobachter und das, was er beobachtet, eins sein? Sie werden es nie herausfinden, wenn Sie nur einen kurzen Blick auf dieses Problem werfen und mich oberflächlich fragen, was ich mit dieser oder jener Aussage meine. Es ist eindeutig Ihr Problem, es ist nicht nur mein Problem. Sie sind nicht hier, um herauszufinden, wie ich dieses Problem oder die Probleme der Welt sehe. Dieser ständige innere Kampf, der so zerstörerisch, so ruinös ist – er ist Ihr Problem, oder nicht? Und es ist auch Ihr Problem, auf welche Weise Sie eine radikale Veränderung in Ihrem Innern herbeiführen und dass Sie sich nicht mit oberflächlichen Veränderungen in der Politik, der Wirtschaft oder der Verwaltung zufrieden geben. Sie versuchen nicht, mich oder meine Sichtweise des Lebens zu verstehen. Sie versuchen, sich selbst zu verstehen, und dies sind die Probleme, denen Sie sich stellen müssen. Indem wir sie miteinander betrachten – was wir ja hier in diesen Gesprächen tun –, können wir uns vielleicht gegenseitig helfen, sie klarer zu sehen, deutlicher wahrzunehmen. Aber es genügt nicht, nur auf der begrifflichen Ebene klar zu sehen. Dadurch findet keine schöpferische Veränderung in der Psyche statt. Wir müssen über die Worte hinausgehen, über alle Symbole und die damit verbundenen Empfindungen. …

Wir müssen alle diese Dinge beiseite lassen und zur zentralen Frage kommen – wie man das »Ich« auflöst, das uns an die Zeit bindet, in dem keine Liebe, kein Mitgefühl vorhanden sind. Darüber hinauszugehen ist nur möglich, wenn der Geist sich nicht in den Denkenden und das Denken aufspaltet. Nur wenn der Denkende und das Denken eins sind, ist Stille möglich, jene Stille, in der keine Bilder erzeugt werden und in dem es kein Warten auf weitere Erfahrungen gibt. In dieser Stille existiert kein Erfahrender, der erfährt, und nur dann findet eine innere Revolution statt, die schöpferisch ist.

November

Leben

♦

Sterben

♦

Wiedergeburt

♦

Liebe

Mit den Gewohnheiten brechen

Wir wollen miteinander herausfinden, wie man diesen ganzen Prozess der Entstehung von Gewohnheiten und der Aufgabe von Gewohnheiten verstehen kann. Wir können das Rauchen als allgemeines Beispiel nehmen, und Sie können es durch Ihre eigene Angewohnheit, Ihr eigenes spezifisches Problem ersetzen und direkt damit experimentieren, so wie ich mit dem Problem des Rauchens experimentiere. Es ist ein Problem oder es wird zu einem Problem, wenn ich es aufgeben will. Solange ich damit einverstanden bin, ist es kein Problem. Das Problem entsteht erst, wenn ich etwas gegen eine bestimmte Angewohnheit tun muss, wenn die Gewohnheit zu einem Störfaktor wird. Das Rauchen ist in meinem Leben zu einem Störfaktor geworden, also will ich mich davon frei machen. Ich will mit dem Rauchen aufhören, ich will die Angewohnheit loswerden, sie hinter mir lassen, also ist mein Umgang damit ab jetzt von Widerstand oder Verurteilung geprägt. Das heißt, ich will nicht rauchen, und deshalb packe ich das Problem an, indem ich die Angewohnheit des Rauchens entweder unterdrücke, verurteile oder einen Ersatz dafür suche – anstatt zu rauchen, kaue ich Kaugummi. Kann ich mir das Problem nun aber ohne Verurteilung, Rechtfertigung oder Unterdrückung anschauen? Kann ich meine Gewohnheit, zu rauchen, ohne jegliche Ablehnung betrachten? Versuchen Sie jetzt, während ich spreche, damit zu experimentieren, und Sie werden feststellen, wie außerordentlich schwierig es ist, etwas weder abzulehnen noch zu akzeptieren. Denn unsere ganze Tradition, unser ganzer geistiger Hintergrund treibt uns dazu, Dinge eher abzulehnen oder zu rechtfertigen, als ihnen einfach mit Neugier zu begegnen. Anstatt passiv achtsam zu sein, ist der Geist immer dabei, auf ein Problem einzuwirken.

Alle vier Jahreszeiten an einem Tag erleben

Ist es nicht ganz wichtig, dass eine ständige Erneuerung oder Wiedergeburt stattfindet? Wenn die Gegenwart mit den Erfahrungen von gestern belastet ist, kann keine Erneuerung stattfinden. Erneuerung ist nicht der Kreislauf von Geburt und Tod, sondern geschieht jenseits der Gegensätze. Nur wenn wir frei von angesammelten Erinnerungen sind, ist Erneuerung möglich, und es gibt kein Verstehen außer in der Gegenwart.

Der menschliche Geist kann die Gegenwart nur verstehen, wenn er nicht vergleicht oder urteilt. Das Bedürfnis, die Gegenwart zu verändern oder zu verurteilen, ohne sie zu verstehen, lässt die Vergangenheit andauern. Nur indem wir das Abbild der Vergangenheit im Spiegel der Gegenwart ohne jede Verzerrung sehen und verstehen, ist Erneuerung möglich. …

Haben Sie nicht schon festgestellt, dass eine Erfahrung, die Sie voll und ganz durchlebt haben, keine Spuren hinterlässt? Nur die unabgeschlossenen, unvollständigen Erfahrungen hinterlassen ihre Spuren und verleihen der Erinnerung, mit der sich das Selbst identifiziert, Kontinuität. Wir betrachten die Gegenwart als Mittel zum Zweck, und deshalb verliert sie für uns ihre immense Bedeutung. Die Gegenwart ist das Ewige. Aber wie kann ein Geist, der aus vielen Teilen besteht, zusammengefügt wurde, etwas verstehen, das nicht zusammengefügt ist, das jenseits aller Werte existiert, das Ewige?

Leben Sie jede Erfahrung, die Ihnen das Leben bringt, so vollständig und intensiv wie möglich aus. Durchdenken und erfühlen Sie ihre ganze Weite und Tiefe. Seien Sie sich der mit ihr verbundenen Schmerzen und Freuden sowie Ihrer Urteile und Identifikationen bewusst. Nur wenn die Erfahrung vollständig durchlebt und abgeschlossen ist, findet eine Erneuerung statt. Wir müssen in der Lage sein, alle vier Jahreszeiten an einem Tag zu durchleben. Wir müssen uns der Dinge voll bewusst sein, die sich jeden Tag ansammeln, wir müssen sie erleben, verstehen und frei von ihnen sein.

Anonyme Kreativität

Haben Sie jemals darüber nachgedacht? Wir wollen berühmt sein als Schriftsteller, Dichter, Maler, als Politiker, als Sänger oder was auch immer. Warum? Weil wir das, was wir tun, nicht wirklich lieben. Wenn Sie von Herzen gerne singen, malen oder Gedichte schreiben – wenn Sie es wirklich liebten – dann würden Sie keinen Gedanken daran verschwenden, ob Sie berühmt sind oder nicht. Der Wunsch berühmt zu sein ist billig, banal, dumm, völlig bedeutungslos. Aber weil wir das, was wir tun, nicht lieben, wollen wir uns durch Ruhm innerlich reicher machen. In unserer heutigen Erziehung ist etwas faul, weil sie uns beibringt, den Erfolg zu lieben und nicht das, was wir tun. Das Ergebnis ist wichtiger geworden als das Tun.

Es ist gut, sein Licht unter den Scheffel zu stellen, anonym zu sein, das zu lieben, was man tut, und nicht damit zu prahlen. Es ist gut, in der Anonymität Gutes zu tun und liebenswürdig zu sein. Das macht Sie nicht berühmt, es bringt Ihr Konterfei nicht in die Zeitungen. Die Politiker kommen nicht zu Ihnen nach Hause. Sie sind einfach ein anonymer schöpferischer Mensch, und darin liegt große Schönheit, großer Reichtum.

Leere Techniken

Sie können Kreativität nicht mit technischen Fertigkeiten in Einklang bringen. Sie spielen vielleicht perfekt Klavier und sind trotzdem nicht kreativ. Ihr Klavierspiel mag äußerst brillant sein, und Sie sind trotzdem kein Musiker. Sie können vielleicht gut mit Farben umgehen, können sie sehr geschickt auf die Leinwand bringen und sind dennoch kein kreativer Maler. Sie können vielleicht ein Gesicht, ein Bild aus Stein erschaffen, weil Sie die Technik erlernt haben, und sind dennoch kein schöpferischer Bildhauer. Zuerst kommt die Kreativität, nicht die Technik, und deshalb sind wir unser ganzes Leben lang unglücklich. Wir beherrschen die Technik – wie man ein Haus baut, wie man eine Brücke konstruiert, einen Motor zusammensetzt, wie man Kinder nach einem bestimmten System unterrichtet –, wir haben all diese Techniken erlernt, aber unser Herz und unser Geist sind leer. Wir sind erstklassige Maschinen, wir wissen, wie man tadellos funktioniert, aber das Lebendige lieben wir nicht. Sie können ein guter Ingenieur oder Pianist sein, Sie haben vielleicht einen hervorragenden Stil in Englisch oder Marathi oder Ihrer Muttersprache, aber man kann nicht über die Technik zur Kreativität gelangen. Wenn Sie etwas zu sagen haben, erschaffen Sie Ihren eigenen Stil. Aber wenn Sie nichts zu sagen haben, ist das, was Sie schreiben, selbst wenn Sie einen wunderschönen Stil haben, nur das herkömmliche Einerlei, eine Wiederholung des Alten mit neuen Worten. …

Weil wir also das Lied verloren haben, wird der Sänger für uns wichtig. Wir lernen vom Sänger die Technik des Singens, aber da ist kein Lied. Und ich sage, dass das Lied das Wesentliche ist, dass die Freude am Singen das Wesentliche ist. Wenn die Freude da ist, kann die Technik aus dem Nichts heraus geschaffen werden. Sie werden Ihre eigene Technik erfinden, Sie müssen nicht erst Sprechkunst oder Stillehre studieren. Wenn Sie es haben, sehen Sie, und das Sehen und Erkennen der Schönheit ist Kunst.

Man muss wissen, wann man nicht kooperieren darf

Politische, soziale und religiöse Reformer werden nur noch mehr Leid über die Menschheit bringen, solange der Mensch nicht versteht, was in seinem eigenen Geist vorgeht. Durch das Verstehen der gesamten Abläufe im menschlichen Geist findet eine radikale innere Umwälzung statt, und aus dieser inneren Revolution entspringt die Fähigkeit zu echter Zusammenarbeit, nicht zu einer Zusammenarbeit nach einem vorgegebenen Schema, mit einer Autorität, mit jemandem, der »weiß«. Wenn Sie aufgrund dieser inneren Revolution wissen, wie man zusammenarbeitet, werden Sie auch wissen, wann man nicht zusammenarbeiten kann oder darf, und das ist sehr wichtig, vielleicht sogar noch wichtiger. Jetzt arbeiten wir mit jedem Menschen zusammen, der eine Reform, eine Veränderung anbietet, die nur zu einer Fortsetzung der Konflikte und des Elends führen. Aber wenn wir erkennen können, was es heißt, über den Geist der Zusammenarbeit zu verfügen, der mit dem Verstehen der gesamten Abläufe im Bewusstsein in Erscheinung tritt und in dem Freiheit vom Selbst herrscht, dann besteht die Möglichkeit, eine neue Zivilisation zu schaffen, eine völlig neue Welt, in der es kein Streben nach Besitz, keinen Neid und kein Vergleichen gibt. Das ist keine Utopie, sondern der tatsächliche Zustand eines Geistes, der ständig forscht und auf der Suche ist nach dem, was wahr und segensreich ist.

Warum gibt es Kriminalität?

Schauen Sie, entweder gibt es eine Rebellion innerhalb der gesellschaftlichen Ordnung oder einen vollkommenen Wandel außerhalb der Gesellschaft. Der vollkommene Wandel außerhalb der Gesellschaft ist das, was ich eine religiöse Revolution nenne. Jede Revolution, die nicht religiös ist, spielt sich innerhalb der Gesellschaft ab und ist somit überhaupt keine revolutionäre Veränderung, sondern nur eine modifizierte Fortsetzung der alten Ordnung. Was wir überall auf der Welt beobachten können, ist eine Rebellion innerhalb der Gesellschaft, und dieses Aufbegehren nimmt oft eine Form an, die wir als Kriminalität bezeichnen. Diese Art der Rebellion ist fast unvermeidlich, solange unsere Erziehung nur darauf abzielt, die jungen Menschen so abzurichten, dass sie in die Gesellschaft hineinpassen – das heißt, eine Arbeit zu bekommen, Geld zu verdienen, nach Besitz zu streben, immer mehr haben zu wollen, sich anzupassen.

Darauf ist unsere so genannte Erziehung überall auf der Welt ausgerichtet – den jungen Leuten beizubringen, sich in religiösen, moralischen und wirtschaftlichen Belangen anzupassen. Daher hat ihre Rebellion natürlich keine Bedeutung, außer dass sie unterdrückt, beseitigt oder kontrolliert werden muss. Eine solche Rebellion findet immer noch innerhalb der Grundstruktur der Gesellschaft statt und ist deshalb überhaupt nichts Schöpferisches. Aber durch die richtige Erziehung könnten wir vielleicht ein anderes Verstehen wecken, in dem wir dazu beitragen, den Geist von jeglicher Konditionierung zu befreien – das heißt, indem wir die jungen Menschen ermutigen, sich der vielen Einflüsse bewusst zu werden, die den Geist konditionieren und zur Anpassung bewegen.

Der Sinn und Zweck des Lebens

Es gibt eine Menge Leute, die Ihnen bereitwillig sagen werden, was der Sinn des Lebens ist. Sie werden Ihnen erzählen, was in den heiligen Schriften steht. Einige schlaue Leute werden auch immer wieder einen neuen Sinn des Lebens erfinden. Die politischen Gruppierungen werden einen Sinn nennen, die religiösen einen anderen und so weiter. Was ist also der Sinn des Lebens, wenn Sie verwirrt sind? Wenn ich verwirrt bin, stelle ich Ihnen diese Frage nach dem Sinn des Lebens, weil ich hoffe, dass ich inmitten dieser Verwirrung eine Antwort finden werde. Wie kann ich aber eine wahre Antwort finden, wenn ich verwirrt bin? Verstehen Sie? Wenn ich verwirrt bin, kann ich nur eine Antwort erhalten, die ebenfalls verwirrt ist. Wenn mein Geist verwirrt ist, verstört ist, wenn in ihm weder Schönheit noch Stille ist, werde ich jede Antwort durch diesen Schleier der Verwirrung, Angst und Besorgnis empfangen, und deshalb wird sie verfälscht sein. Es ist also nicht wichtig zu fragen: »Was ist der Sinn des Lebens?«, sondern die innere Verwirrung aufzulösen. Es ist, als ob ein Blinder fragt: »Was ist Licht?« Wenn ich ihm erzähle, was Licht ist, wird er aus seiner Blindheit, seiner Dunkelheit heraus zuhören. Könnte er dagegen sehen, würde er niemals fragen, was Licht ist. Dann ist es einfach da.

Und so werden Sie auch herausfinden, was der Sinn des Lebens ist, wenn Sie Ihre innere Verwirrung klären können. Dann brauchen Sie nicht zu fragen, brauchen nicht danach zu suchen, Sie müssen nur frei von allen Ursachen sein, die zur Verwirrung führen.

Anonym in dieser Welt leben

Kann man nicht in dieser Welt leben, ohne ehrgeizig zu sein, und einfach das sein, was man ist? Wenn Sie anfangen zu verstehen, was Sie sind, ohne zu versuchen, etwas daran zu ändern, dann geschieht eine Veränderung in dem, was Sie sind. Ich glaube, dass man in dieser Welt anonym leben kann, vollkommen unbekannt, ohne berühmt, ehrgeizig und grausam zu sein. Man kann sehr glücklich leben, wenn man dem Selbst keine besondere Bedeutung beimisst, und auch das ist Teil der richtigen Erziehung.

Die ganze Welt betet den Erfolg an. Wir hören Geschichten vom armen Jungen, der nachts lernte und schließlich Richter wurde, oder von einem, der als Zeitungsverkäufer begann und als Multimillionär endete. Sie werden mit der Verherrlichung des Erfolgs gefüttert. Mit dem Erringen großer Erfolge ist auch großes Leid verbunden, aber die meisten von uns sind in Ihrem Erfolgsstreben gefangen; Erfolg ist uns viel wichtiger als das Verstehen und Auflösen des Leidens.

Nur eine Stunde zu leben

Was würden Sie tun, wenn Sie nur noch eine Stunde zu leben hätten? Würden Sie nicht alle äußeren Angelegenheiten regeln, Ihr Testament machen und so weiter? Würden Sie nicht Ihre Angehörigen und Freunde zusammenrufen und um Verzeihung für alles bitten, was Sie diesen Menschen vielleicht angetan haben, und auch ihnen alles vergeben, was sie Ihnen angetan haben? Würden Sie nicht alle geistigen Dinge, Ihre Wünsche und die Welt völlig loslassen? Und wenn man das für eine Stunde tun kann, dann kann man es auch für die verbleibenden Tage und Jahre tun. … Versuchen Sie es, und Sie werden es herausfinden.

Jeden Tag sterben

Was ist das Alter? Ist es die Anzahl an Jahren, die Sie gelebt haben? Das ist Teil des Alters. Sie wurden in einem bestimmten Jahr geboren, und jetzt sind Sie fünfzehn, vierzig oder sechzig Jahre alt. Ihr Körper altert – und auch Ihr Geist altert, wenn er die Last der vielen Erfahrungen, Leiden und Mühen des Lebens trägt. Ein solcher Geist kann nie entdecken, was Wahrheit ist. Er ist nur fähig, etwas zu entdecken, wenn er jung, frisch und unschuldig ist, aber Unschuld ist keine Frage des Alters. Nicht nur das Kind ist unschuldig – vielleicht ist es das gar nicht –, sondern auch der Geist, der fähig ist, Erfahrungen zu machen, ohne die Überreste dieser Erfahrungen anzusammeln. Es ist unvermeidlich, dass der Geist Erfahrungen macht. Er muss auf alles ansprechen – auf den Fluss, das kranke Tier, den toten Körper, der zum Verbrennungsplatz getragen wird, auf die armen Dorfbewohner, die am Straßenrand ihre Lasten tragen, auf die Qualen und das Elend des Lebens – sonst ist er schon tot. Er muss fähig sein, darauf anzusprechen, ohne sich von der Erfahrung gefangen nehmen zu lassen. Die Tradition, das Ansammeln von Erfahrungen, die Asche der Erinnerungen lassen den Geist altern. Ein menschlicher Geist, der jeden Tag die Erinnerungen an gestern aufgibt, der alle Freuden und Leiden der Vergangenheit loslässt – ein solcher Geist ist frisch, unschuldig und hat kein Alter. Ohne diese Unschuld werden Sie Gott niemals finden, ob Sie nun zehn oder sechzig Jahre alt sind.

Den Zustand des Todes fühlen

Wir fürchten uns vor dem Sterben. Um diese Angst vor dem Tod zu verlieren, müssen wir in Kontakt mit ihm kommen – nicht mit der Vorstellung, die das Gehirn vom Tod geschaffen hat, sondern wir müssen den Zustand wirklich fühlen. Andernfalls hat die Angst nie ein Ende, denn das Wort Tod erzeugt Angst, und wir wollen noch nicht einmal darüber sprechen. Ist es uns als gesunden, normalen Menschen, die in der Lage sind, klar und objektiv zu denken, zu beobachten, möglich, ganz in Kontakt mit der Realität des Todes zu kommen? Der Organismus stirbt irgendwann durch Abnutzung oder Krankheit. Wenn wir gesund sind, wollen wir herausfinden, was Tod bedeutet. Das ist kein krankhaftes Verlangen, denn vielleicht kann das Sterben uns helfen, das Leben zu verstehen. Das Leben, wie es jetzt ist, ist Quälerei, endloses Durcheinander, ein einziger Widerspruch und deshalb gibt es Konflikte, Elend und Verwirrung. Der tägliche Gang ins Büro, die Wiederholung des Vergnügens mit seinen Schmerzen, die Angst, das Suchen, die Unsicherheit – das ist es, was wir Leben nennen. Wir haben uns an diese Art zu leben gewöhnt. Wir akzeptieren sie, werden damit alt und sterben.

Um herauszufinden, was Leben und was Sterben bedeutet, muss man in Kontakt mit dem Tod kommen, das heißt, man muss jeden Tag mit allem abschließen, was man gekannt hat. Man muss das Bild loslassen, das man sich von sich selbst gemacht hat, von seiner Familie, von seiner Beziehung, das Bild, das man durch Vergnügen erschaffen hat, durch seine Beziehung zur Gesellschaft, zu allem. Das ist es doch, was geschieht, wenn der Tod kommt.

Angst vor dem Tod?

Warum haben Sie Angst vor dem Tod? Vielleicht, weil Sie nicht zu leben verstehen? Hätten Sie Angst vor dem Tod, wenn Sie wüssten, wie man erfüllt lebt? Wenn Sie die Bäume liebten, den Sonnenuntergang, die Vögel, das fallende Blatt, wenn Sie leidende Männer und Frauen bewusst wahrnähmen, arme Menschen und wirklich Liebe im Herzen fühlten – hätten Sie dann Angst vor dem Tod? Wirklich? Lassen Sie sich nicht von mir beeinflussen. Lassen Sie uns miteinander darüber nachdenken. Sie leben nicht mit Freude im Herzen, Sie sind nicht glücklich, Sie sind nicht wirklich empfänglich für Ihre Umgebung. Ist das der Grund dafür, dass Sie fragen, was geschieht, wenn Sie sterben? Für Sie ist das Leben Leiden, und deshalb haben Sie ein viel größeres Interesse am Tod. Sie meinen, dass Sie vielleicht nach dem Tod glücklich sein werden. Aber das ist ein sehr weit reichendes Problem, und ich weiß nicht, ob Sie dem wirklich auf den Grund gehen wollen. Schließlich steckt Angst hinter all dem – Angst vor dem Sterben, Angst vor dem Leben, Angst vor dem Leiden. Wenn Sie nicht erkennen können, was das ist, was die Angst verursacht, und nicht frei davon sein können, dann macht es keinen großen Unterschied, ob Sie leben oder tot sind.

Ich habe Angst

Ich versuche nun herauszufinden, wie ich frei von der Angst um das Bekannte sein kann, das heißt, von der Angst vor dem Verlust meiner Familie, meines guten Rufes, meiner Stellung, meines Bankkontos, meiner Wünsche und anderer Dinge. Vielleicht sagen Sie, dass Angst aus dem Gewissen herrührt. Aber Ihr Gewissen entwickelt sich aus Ihrer Konditionierung und ist somit immer noch das Produkt des Bekannten. Was weiß ich eigentlich? Wissen heißt, Vorstellungen zu haben, Meinungen über bestimmte Dinge zu haben, durch die Beziehung zum Bekannten ein Gefühl von Kontinuität zu haben, und nichts anderes. …

Wir haben Angst vor dem Schmerz. Physischer Schmerz ist eine Reaktion der Nerven, aber psychischer Schmerz entsteht, wenn ich an Dingen festhalte, die mir Befriedigung schenken, denn dann habe ich Angst vor allem und jedem, was mir diese Dinge wegnehmen könnte. Das, was sich in der Psyche angesammelt hat, verhindert psychischen Schmerz, solange nicht daran gerührt wird, das heißt, ich bestehe aus einem Haufen angesammelter Erfahrungen, die jede ernsthafte Störung verhindern – und ich will auch nicht gestört werden. Deshalb habe ich Angst vor jedem, der sie in Aufruhr bringen könnte. Also hat meine Angst mit dem Bekannten zu tun, ich habe Angst um die physischen und psychischen Dinge, die ich angesammelt habe, um mich vor Schmerz zu schützen oder Leid zu vermeiden. … Wissen hilft ebenfalls, Schmerz zu vermeiden. So wie medizinisches Wissen hilft, physischen Schmerz zu vermeiden, so helfen uns Glaubensvorstellungen, psychischen Schmerz zu vermeiden. Deshalb habe ich Angst, meine Glaubensvorstellungen zu verlieren, obwohl ich nicht über das umfassende Wissen oder konkrete Beweise verfüge, dass diese Glaubensvorstellungen zutreffen.

Nur was stirbt, kann sich erneuern

Wenn wir von einem spirituellen Wesen sprechen, meinen wir damit offensichtlich etwas, das sich nicht im Bereich des menschlichen Geistes befindet. Ist nun das »Ich« ein solches spirituelles Wesen? Wenn es ein spirituelles Wesen ist, muss es jenseits aller Zeit existieren. Somit kann es weder wiedergeboren werden noch fortbestehen. Das Denken kann es nicht erfassen, weil das Denken sich innerhalb der Grenzen der Zeit abspielt, das Denken stammt aus dem Gestern, es ist eine ständige Bewegung, die Reaktion der Vergangenheit. Somit ist Denken im Grunde ein Produkt der Zeit. Wenn der Geist über das »Ich« nachdenken kann, dann gehört es der Zeit an, das heißt also, dass dieses »Ich« nicht frei von der Zeit und somit nichts Spirituelles ist – das ist ganz klar. Das »Ich« und das »Du« sind also nur ein Denkprozess, und Sie wollen wissen, ob dieser Denkprozess unabhängig vom physischen Körper weitergeht, wiedergeboren wird, sich in einer anderen physischen Form reinkarniert? Nun gehen Sie noch ein bisschen weiter. Kann das, was weitergeht, je das Wirkliche entdecken, das über Zeit und Raum hinausgeht? Kann dieses »Ich«, dieses Wesen, das nichts als ein Denkprozess ist, jemals neu sein? Wenn nicht, muss es ein Ende des Denkens geben. Ist nicht alles, was andauert, von Natur aus destruktiv? Etwas, das fortbesteht, kann sich niemals erneuern. Und solange das Denken durch Erinnerungen, Wünsche und Erfahrungen weitergeht, kann es sich nicht erneuern. Deshalb kann das, was fortgesetzt wird, das Wirkliche nicht kennen. Sie können tausend Mal wiedergeboren werden und doch niemals das Wirkliche kennen, denn nur das, was stirbt, das, was endet, kann sich erneuern.

Widerspruchslos sterben

Wissen Sie, was es bedeutet, mit dem Tod in Kontakt zu kommen, widerspruchslos zu sterben? Denn der Tod diskutiert nicht mit Ihnen, wenn er kommt. Um ihm begegnen zu können, müssen Sie jeden Tag alles aufgeben: Ihr Leid, Ihre Einsamkeit, die Beziehung, an die Sie sich klammern. Sie müssen Ihr Denken loslassen, Ihre Gewohnheiten, Ihre Frau, damit Sie sie wieder mit neuen Augen sehen können. Sie müssen Ihre Verbindung zur Gesellschaft aufgeben, damit Sie als Mensch neu, frisch, jung sind und sie wirklich anschauen können. Aber Sie können dem Tod nicht begegnen, wenn Sie nicht jeden Tag sterben. Nur wenn Sie sterben, ist Liebe da. Ein Mensch, der Angst hat, hat keine Liebe – er hat Gewohnheiten, er hat Sympathie, er kann sich dazu zwingen, freundlich und an der Oberfläche rücksichtsvoll zu sein. Aber Angst verursacht Leid, und Leid ist Zeit in Form von Denken.

Um also das Leiden zu beenden, müssen Sie schon im Leben mit dem Tod in Kontakt kommen, indem Sie Ihren Namen loslassen, Ihr Haus, Ihr Eigentum, Ihre Anliegen, damit Sie frisch, jung, innerlich klar sind und die Dinge ganz unverfälscht sehen können, so wie sie sind. Das ist es, was geschieht, wenn Sie sterben. Aber wir haben den Tod auf das Physische beschränkt. Unser gesunder Menschenverstand sagt uns, dass der Organismus eines Tages sterben muss. Also erfinden wir ein Leben, das wir geführt haben, ein Leben, das von Leiden, täglicher Grobheit, zunehmenden Problemen und Dummheit geprägt ist. Dieses Leben wollen wir weiterführen. Das nennen wir dann »Seele« und bezeichnen es als das Heiligste, als einen Teil des Göttlichen, aber es ist immer noch Teil Ihres Denkens und hat deshalb nichts mit Göttlichkeit zu tun. Es ist Ihr Leben!

Sie müssen also täglich sterben – sterben, weil Sie dann mit dem Leben in Kontakt sind.

Im Tod ist Unsterblichkeit

In jedem Ende findet mit Sicherheit eine Erneuerung statt, nicht wahr? Nur durch den Tod entsteht etwas Neues. Ich sage das nicht, um Sie zu trösten. Das ist nicht etwas, das man glauben muss, über das man nachdenken oder das man intellektuell untersuchen und akzeptieren muss, denn dann machen Sie es nur wieder zu einem Trost, so wie Sie an Reinkarnation oder ein Weiterleben nach dem Tod glauben und so weiter. Tatsache ist jedoch, dass das, was fortbesteht, keine Wiedergeburt, keine Erneuerung erleben kann. Demnach erfolgt im täglichen Sterben eine Wiedergeburt, eine Erneuerung. Das ist Unsterblichkeit. Im Tod ist Unsterblichkeit – nicht in dem Tod, vor dem Sie sich fürchten, sondern im Tod von voreiligen Schlüssen, von Erinnerungen und Erfahrungen, mit denen Sie sich als »Ich« identifiziert haben. Im Sterben dieses »Ich«, von Augenblick zu Augenblick, findet sich die Ewigkeit, die Unsterblichkeit, etwas, was man erfahren muss – über das man nicht spekulieren oder Vorträge halten kann, so wie Sie es mit der Reinkarnation und diesem ganzen Kram machen.

...

Wenn Sie keine Angst mehr haben, weil in jeder Minute etwas endet und deshalb etwas Neues beginnt, sind Sie offen für das Unbekannte. Die Wirklichkeit ist das Unbekannte. Der Tod ist ebenfalls das Unbekannte. Aber zu sagen, der Tod sei schön, zu behaupten, er sei wundervoll, weil wir im Jenseits weiterleben werden und all dieser Unsinn, entbehrt jeglicher Realität. Realistisch ist es, den Tod als das zu sehen, was er ist: ein Ende. Ein Ende, das zu einer Erneuerung, einer Wiedergeburt führt und nicht zu einer Kontinuität. Denn das, was weitergeht, verfällt, und was die Kraft hat, sich selbst zu erneuern, ist ewig.

Reinkarnation ist im Grunde Ichbezogenheit

Sie wollen von mir versichert haben, dass Sie ein weiteres Leben erleben werden, aber darin liegen weder Glück noch Weisheit. Die Sehnsucht nach Unsterblichkeit durch Reinkarnation ist im Grunde Ichbezogenheit und hat deshalb nichts mit der Wahrheit zu tun. Ihre Suche nach Unsterblichkeit ist nur eine andere Form des Verlangens nach einem Fortbestehen Ihrer Abwehrreaktionen, um Ihr Selbst gegen das Leben und die Intelligenz zu schützen. Ein solches Verlangen kann nur zur Selbsttäuschung führen. Es geht also nicht um die Frage, ob es so etwas wie Reinkarnation gibt, sondern darum, vollkommene Erfüllung in der Gegenwart zu finden. Und das können Sie nur, wenn sich weder Ihr Geist noch ihr Herz vor dem Leben schützen. Der Geist ist schlau und raffiniert bei seiner Selbstverteidigung, und er muss selbst erkennen, wie illusorisch dieser Selbstschutz ist. Das bedeutet, dass man auf ganz neue Weise denken und handeln muss. Sie müssen sich aus dem Netz falscher Werte befreien, das Ihnen von der Umwelt aufgedrängt wurde. Dann gibt es Unsterblichkeit, Wahrheit.

Was ist Reinkarnation?

Wir wollen herausfinden, was Sie mit Reinkarnation meinen – die Wahrheit darüber, nicht, was Sie gerne glauben möchten, nicht, was irgendjemand Ihnen darüber erzählt hat oder was Ihr Lehrer gesagt hat. Zur Freiheit gelangen Sie jedenfalls nur durch die Wahrheit und nicht durch Ihre eigenen Schlussfolgerungen, Ihre eigene Meinung. ... Wenn Sie sagen: »Ich werde wiedergeboren«, müssen Sie wissen, was dieses »Ich« ist. ... Ist das »Ich« eine spirituelle Wesenheit, ist es etwas Kontinuierliches, etwas, das unabhängig vom Gedächtnis, von Ihren Erfahrungen, von Ihrem Wissen existiert? Das »Ich« ist entweder eine spirituelle Wesenheit, oder es ist nur ein Denkprozess. Es ist entweder etwas, das außerhalb der Zeit existiert, etwas, das wir als spirituell bezeichnen, das sich nicht mit Zeit messen lässt, oder es gehört zum Bereich der Zeit, zum Bereich der Erinnerung, des Denkens. Etwas anderes kann es nicht sein. Wir wollen herausfinden, ob es über das Maß der Zeit hinausgeht. Ich hoffe, Sie verstehen, wovon ich spreche. Lassen Sie uns herausfinden, ob das »Ich« in seinem Wesenskern etwas Spirituelles ist. Mit »spirituell« meinen wir doch etwas, das nicht konditioniert werden kann, das keine Projektion des menschlichen Geistes ist, das sich nicht im Bereich des Denkens befindet, etwas, das nicht stirbt? Wenn wir von einer spirituellen Wesenheit sprechen, meinen wir ganz offensichtlich etwas, das nicht im Bereich des menschlichen Geistes existiert. Ist nun das »Ich« so ein spirituelles Wesen? Wenn es ein spirituelles Wesen ist, muss es über alle Zeit hinausgehen. Deshalb kann es nicht wiedergeboren werden und auch nicht fortbestehen. ... Etwas, das Kontinuität besitzt, kann sich niemals erneuern. Solange das Denken durch Erinnerungen, Wünsche und Erfahrungen fortbesteht, kann es sich nicht erneuern. Deshalb kann das, was fortbesteht, nie die Wirklichkeit kennen.

Gibt es so etwas wie eine Seele?

Um zu verstehen, was es mit dem Tod auf sich hat, müssen wir die Angst los werden, die uns dazu bringt, die verschiedenen Theorien über ein Leben nach dem Tode oder Unsterblichkeit oder Reinkarnation zu erfinden. Wir sagen also, das heißt, die Menschen im Osten sagen es, dass es Reinkarnation gibt, dass es Wiedergeburt gibt, eine ständige Erneuerung, die weiter und weiter geht – die Seele, die so genannte Seele. Bitte hören Sie aufmerksam zu.

Gibt es so etwas? Wir wollen das gerne glauben, weil es ein angenehmer Gedanke für uns ist, weil die Seele etwas ist, das wir über das Denken, über die Worte gestellt haben, jenseits von allem. Sie ist etwas Ewiges, Spirituelles, das nie sterben kann, und deshalb klammert sich das Denken daran. Aber gibt es überhaupt so etwas wie eine Seele, etwas, das über die Zeit, über das Denken hinausgeht, etwas, das der Mensch nicht erfunden hat, etwas, das über seine Natur hinausgeht, etwas, das sich nicht der raffinierte menschliche Verstand ausgedacht hat? Denn der menschliche Geist ist mit einer ungeheuren Unsicherheit und Verwirrung konfrontiert, er sieht, dass es nichts Dauerhaftes im Leben gibt – nichts. Die Beziehung zu Ihrer Frau, Ihrem Mann, Ihre Arbeit – nichts ist dauerhaft. Und so erfindet der Geist etwas Bleibendes, das er Seele nennt. Weil er aber darüber nachdenken kann, sich darüber Gedanken machen kann, befindet sich dieses Etwas natürlich immer noch im Bereich der Zeit. Wenn ich mir über irgendetwas Gedanken machen kann, dann ist es Teil meines Denkens. Und mein Denken ist das Produkt der Zeit, der Erfahrungen, des Wissens. Die Seele befindet sich also immer noch im Bereich der Zeit. ..

Die Vorstellung vom Fortbestehen einer Seele, die immer wieder geboren wird, ist bedeutungslos, weil sie die Erfindung eines Geistes ist, der Angst hat, der fortbestehen will, nach Dauerhaftigkeit strebt, der Gewissheit haben will, weil ihm das Hoffnung gibt.

Was meinen Sie mit Karma?

Karma beinhaltet Ursache und Wirkung, nicht wahr? Ein Handeln, das eine Ursache hat und eine bestimmte Wirkung hervorbringt; Handeln, das der Konditionierung entspringt und weitere Ergebnisse zeitigt. Karma beinhaltet also Ursache und Wirkung. Sind Ursache und Wirkung etwas Konstantes, sind Ursache und Wirkung je etwas, das feststeht? Wird nicht die Wirkung ebenfalls zur Ursache? Es gibt also keine feststehende Ursache oder feststehende Wirkung. Das Heute ist eine Folge des Gestern. Das Heute geht sowohl im zeitlichen Ablauf als auch psychisch aus dem Gestern hervor, und das Heute ist die Ursache für das Morgen. Die Ursache ist also die Wirkung, und die Wirkung wird wiederum zur Ursache – es ist eine kontinuierliche Bewegung, ... es gibt keine feststehende Ursache und keine feststehende Wirkung. Wären Ursache und Wirkung etwas Feststehendes, dann würde das Spezialisierung bedeuten – und ist Spezialisierung nicht gleichbedeutend mit Tod? Jede Spezies, die sich spezialisiert, muss zwangsläufig ein Ende nehmen. Das Großartige am Menschen ist ja, dass er sich nicht spezialisieren kann. Er kann sich wohl in technischer Hinsicht spezialisieren, aber in seinem Wesen kann er es nicht. Eine Eichel ist spezialisiert – sie kann nichts anderes sein, als sie ist. Aber mit dem Menschen geht es nie ganz zu Ende. Er hat die Möglichkeit, sich ständig zu erneuern. Er ist nicht durch Spezialisierung begrenzt. Solange wir die Ursache, den geistigen Hintergrund, die Konditionierung nicht im Zusammenhang mit der Wirkung betrachten, muss es einen Konflikt zwischen dem Denken und dem Hintergrund geben. Das Problem ist also weit vielschichter als die Frage, ob man an Reinkarnation glaubt oder nicht, denn die wesentliche Frage ist, wie man handelt, und nicht, ob man an Reinkarnation oder Karma glaubt. Das ist absolut unwesentlich.

Handeln, das auf Vorstellungen beruht

Können wir uns durch Handeln je aus dieser Kette von Ursache und Wirkung befreien? Ich habe in der Vergangenheit etwas getan. Ich habe eine Erfahrung gemacht, die ganz offensichtlich meine heutige Reaktion beeinflusst. Und die heutige Reaktion bestimmt wiederum das Morgen Das ist der ganze Prozess des Karma, von Ursache und Wirkung. Und ein solcher Prozess muss zweifellos, auch wenn er zeitweise mit Vergnügen verbunden ist, letztendlich Schmerz verursachen. Das ist der springende Punkt bei der Sache: Kann das Denken frei sein? Ein Denken oder Handeln, das frei ist, verursacht keinen Schmerz, bringt keine Konditionierung mit sich. Das ist der entscheidende Punkt bei dieser ganzen Frage. Ist also ein Handeln möglich, das keinen Bezug zur Vergangenheit hat? Kann es ein Handeln geben, das nicht auf Vorstellungen beruht? Vorstellungen sind die Fortsetzung des Gestern in einer abgewandelten Form, und diese Fortsetzung konditioniert das Morgen, die Zukunft. Somit kann ein auf Vorstellungen beruhendes Handeln niemals frei sein. Solange das Handeln auf Vorstellungen beruht, wird es unweigerlich weitere Konflikte heraufbeschwören. Kann es ein Handeln geben, das nichts mit der Vergangenheit zu tun hat? Ist es möglich, ohne die Last der Erfahrung, ohne das Wissen von gestern zu handeln? Solange das Handeln das Ergebnis der Vergangenheit ist, kann es niemals frei sein, und nur in Freiheit können Sie das entdecken, was wahr ist. Es ist also so, dass der Geist, da er nicht frei ist, gar nicht handeln kann, er kann nur reagieren. Reaktion ist die Grundlage unseres Handelns. Unser Handeln ist kein wirkliches Handeln, sondern nur die Fortsetzung von Reaktionen, weil es das Ergebnis unserer Erinnerungen, Erfahrungen, gestrigen Reaktionen ist. Die eigentliche Frage lautet also: Kann der Geist frei von seiner Konditionierung sein?

Liebe ist nicht Vergnügen

Ohne das Wesen der Lust und des Vergnügens zu verstehen, werden Sie nie verstehen, was Liebe ist. Liebe ist nicht Vergnügen. Liebe ist etwas ganz anderes. Und um zu verstehen, was Lust, was Vergnügen sind, müssen Sie etwas darüber lernen. Für die meisten von uns, eigentlich für jeden Menschen, ist Sex ein Problem. Warum? Bitte hören Sie genau zu. Weil Sie nicht in der Lage sind, das Problem zu lösen, laufen Sie davor weg. Der Sannyasin flieht davor, in dem er ein Gelübde der Enthaltsamkeit ablegt, indem er Sexualität ablehnt. Bitte schauen Sie, was mit einem solchen Geist geschieht. Indem Sie etwas ablehnen, das Teil Ihres ganzen Wesens, Ihres gesamten Organismus ist – die Drüsen und so weiter –, indem Sie es unterdrücken, haben Sie sich selbst der Lebendigkeit beraubt, und in Ihrem Innern tobt ein ständiger Kampf.

Wie wir bereits gesagt haben, haben wir offensichtlich nur zwei Möglichkeiten, mit einem Problem umzugehen: entweder unterdrücken wir es, oder wir laufen davor weg. Es zu unterdrücken ist eigentlich dasselbe, wie davor wegzulaufen. Und wir haben ein ganzes Netz von Fluchtwegen – sehr komplizierte, intellektuelle, emotionale – und unsere alltäglichen Aktivitäten. Es gibt verschiedene Formen der Flucht, die wir uns im Augenblick nicht im Detail anschauen wollen. Aber wir haben dieses Problem. Der Sannyasin flieht auf seine Weise, aber er hat damit das Problem nicht gelöst. Er hat es unterdrückt, indem er ein Gelübde abgelegt hat, und das Problem brodelt in seinem Inneren weiter. Er trägt vielleicht das äußerliche Gewand der Einfachheit, aber auch für ihn wird das zu einem ungeheuren Problem, wie für den Menschen, der ein ganz gewöhnliches Leben lebt. Wie lösen Sie dieses Problem?

Liebe kann man nicht kultivieren

Liebe kann man nicht kultivieren. Und man kann Liebe nicht in göttliche und körperliche Liebe einteilen. Es gibt nur Liebe – und nicht, dass Sie den einen oder viele lieben. Das ist auch so eine absurde Frage: »Lieben Sie alle?« Eine duftende Blume kümmert es nicht, wer an ihr schnuppert oder wer uninteressiert vorbeigeht. So ist Liebe. Liebe ist keine Erinnerung. Sie ist kein Bestandteil des menschlichen Geistes oder des Verstandes. Aber sie tritt von selbst als Mitgefühl in Erscheinung, wenn dieses ganze Problem des menschlichen Daseins – mit Angst, Habgier, Neid, Verzweiflung, Hoffnung – verstanden und gelöst wurde. Ein ehrgeiziger Mensch kann nicht lieben. Ein Mensch, der an seiner Familie hängt, liebt auch nicht. Und Eifersucht hat ebenfalls nichts mit Liebe zu tun. Wenn Sie sagen: »Ich liebe meine Frau«, meinen Sie es nicht wirklich, denn im nächsten Augenblick sind Sie eifersüchtig auf sie.

Liebe geht mit großer Freiheit einher – was nicht bedeutet, zu tun, was Ihnen beliebt. Liebe gedeiht nur, wenn der Geist ganz still, uneigennützig und nicht selbstbezogen ist. Das sind keine Ideale. Wenn Sie keine Liebe empfinden, können Sie machen, was Sie wollen – alle Götter dieser Erde anbeten, gesellschaftlich aktiv sein oder versuchen, die Armut zu beseitigen, die Politik zu reformieren, Bücher oder Gedichte schreiben –, Sie sind dennoch ein Mensch, der innerlich abgestorben ist. Und ohne Liebe werden Ihre Probleme zunehmen, sie werden sich endlos vervielfältigen. Wenn Sie Liebe im Herzen haben, können Sie auch machen, was Sie wollen: es gibt kein Risiko, keine Konflikte. Dann ist Liebe die Essenz wahrer Tugend. Und ein Geist, der sich nicht im Zustand der Liebe befindet, ist kein religiöser Geist. Aber nur der religiöse Geist ist von Problemen befreit und kennt die Schönheit von Liebe und Wahrheit.

Liebe ohne Anreiz

Was ist Liebe ohne Motiv? Kann es Liebe ohne einen Anreiz geben, ohne den Wunsch, auf irgendeine Weise davon zu profitieren? Kann es eine Liebe geben, bei der man nicht verletzt ist, wenn die Liebe nicht erwidert wird? Wenn ich Ihnen meine Freundschaft anbiete und Sie sich abwenden – bin ich dann nicht verletzt? Ist dieses Gefühl der Verletztheit ein Zeichen von Freundschaft, Großzügigkeit oder Sympathie? Solange ich mich verletzt fühle, solange da Angst ist, solange ich Ihnen helfe in der Hoffnung, dass Sie mir helfen – was man auch »einen Dienst erweisen« nennt –, ist ganz gewiss keine Liebe da.

Wenn Sie das verstehen, haben Sie die Antwort.

Liebe ist gefährlich

Wie kann der Mensch ohne Liebe leben? Wir können nur existieren, und ein Dasein ohne Liebe bedeutet Kontrolle, Verwirrung, Schmerz – und das ist das Leben, was sich die meisten von uns erschaffen. Wir organisieren unser Leben, um unsere Existenz zu sichern, und betrachten den Konflikt als unvermeidlich, weil unser Dasein ein nie endendes Verlangen nach Macht ist. Wenn wir lieben, hat natürlich auch die Organisation den ihr angemessenen Platz und ihre Berechtigung. Aber ohne Liebe wird Organisation zum Albtraum, sie wird rein mechanisch und effizient, wie die Armee. Aber da es in modernen Gesellschaften nur auf Effizienz ankommt, brauchen wir Armeen – und der Zweck einer Armee besteht darin, Kriege zu verursachen. Selbst im so genannten Frieden werden wir umso rücksichtsloser, brutaler und hartherziger, je effizienter wir in intellektueller Hinsicht sind. Deshalb herrscht so viel Verwirrung in der Welt, wird die Bürokratie immer mächtiger, gibt es immer mehr totalitäre Regierungen. Wir nehmen das alles als unvermeidlich hin, weil wir im Kopf und nicht im Herzen leben und weil deshalb keine Liebe da ist. Liebe ist das gefährlichste und unsicherste Element im Leben. Und weil wir nicht unsicher sein wollen, weil wir nicht in Gefahr sein wollen, leben wir im Kopf. Ein Mensch, der liebt, lebt gefährlich, und wir wollen nicht gefährlich leben. Wir wollen effizient leben. Wir wollen nur in einem organisierten Rahmen leben, weil wir glauben, dass Organisationen der Welt Ordnung und Frieden bringen werden. Organisationen haben noch nie Ordnung und Frieden geschaffen. Nur Liebe, nur guter Wille, nur Barmherzigkeit können letztendlich – und deshalb jetzt – Ordnung und Frieden bringen.

Wie reagieren Sie?

Wie reagieren Sie, wenn Sie diese armen Frauen sehen, die eine schwere Last zum Markt schleppen, oder wenn Sie die Kinder beobachten, die im Schlamm spielen und sonst kaum etwas zum Spielen haben, [Kinder], die nie eine Ausbildung haben werden, wie Sie sie erhalten haben, die kein anständiges Zuhause haben, keine Sauberkeit kennen, keine angemessene Kleidung und nicht genug zu essen haben – wie reagieren Sie, wenn Sie all das beobachten? Es ist sehr wichtig, dass Sie selbst herausfinden, wie Sie reagieren. Ich kann Ihnen sagen, was meine Reaktion war.

Diese Kinder haben keinen anständigen Schlafplatz, Vater und Mutter sind den ganzen Tag über beschäftigt und haben nie einen freien Tag. Diese Kinder wissen nicht, wie es sich anfühlt, geliebt zu werden, umsorgt zu werden. Die Eltern setzten sich nie mit ihnen hin, um ihnen Geschichten über die Schönheit der Erde und des Himmels zu erzählen. Was ist das für eine Gesellschaft, die diese Umstände hervorgebracht hat – wo es unermesslich reiche Leute gibt, die alles haben, was sie sich nur wünschen können, und gleichzeitig Jungen und Mädchen, die überhaupt nichts haben? Was ist das für eine Gesellschaft, und wie ist sie entstanden? Sie können diese Gesellschaft von Grund auf umgestalten, ihr System zerbrechen, aber schon im Zusammenbruch des alten Gesellschaftssystems entsteht ein neues, dasselbe Spiel in anderer Form – die Funktionäre mit ihren besonderen Häusern auf dem Land, die Privilegien, die Uniformen und so weiter. Das geschah bisher nach jeder Revolution – nach der französischen, der russischen, der chinesischen. Ist es möglich, eine Gesellschaft zu schaffen, in der es diese ganze Korruption und dieses ganze Elend nicht mehr gibt? Eine solche Gesellschaft kann nur geschaffen werden, wenn wir, Sie und ich, uns als Einzelpersonen aus der Gemeinschaft lösen, wenn wir frei von Ehrgeiz sind und wissen, was es bedeutet, zu lieben. Das war meine ganze blitzartige Reaktion.

Mitgefühl ist nicht das Wort

Das Denken kann unter gar keinen Umständen Mitgefühl entwickeln. Ich benutze das Wort »Mitgefühl« nicht als das Gegenteil, die Antithese, von Hass oder Gewalt. Solange nicht jeder von uns tiefes Mitgefühl empfindet, werden wir immer brutaler und unmenschlicher miteinander umgehen. Wir werden einen mechanischen Geist haben, der wie ein Computer funktioniert, der nur dazu ausgebildet wurde, bestimmte Funktionen zu erfüllen. Wir werden weiterhin nach physischer und psychischer Sicherheit streben, und die außerordentliche Tiefe und Schönheit, der ganze Sinn des Lebens werden uns entgehen.

Mit Mitgefühl meine ich nicht etwas, das man sich aneignet. Mitgefühl ist nicht das Wort, denn das Wort ist nur Vergangenheit, sondern etwas, das Teil der aktiven Gegenwart ist. Es ist das Verb, nicht der Begriff, die Bezeichnung oder das Substantiv. Es besteht ein Unterschied zwischen dem Verb und dem Substantiv. Das Verb bezieht sich auf die aktive Gegenwart, während der Begriff immer zur Vergangenheit gehört und deshalb statisch ist. Sie können dem Begriff, der Bezeichnung, Lebendigkeit oder Dynamik beimessen, aber er ist nicht dasselbe wie das Verb, das die aktive Gegenwart ausdrückt. …

Mitgefühl ist nicht Sentimentalität, nicht diese verschwommene Sympathie oder Empathie. Mitgefühl ist nicht etwas, was Sie mit Hilfe von Gedanken, Selbstdisziplin, Kontrolle, Unterdrückung oder indem Sie freundlich, höflich und sanft sind entwickeln können. Mitgefühl kommt nur zum Vorschein, wenn das Denken bis an seine Wurzel aufgehört hat.

Mitgefühl und Güte

Kann Mitgefühl, kann diese Güte, dieses Gefühl für die Heiligkeit des Lebens – kann dieses Gefühl durch Druck oder Zwang erzeugt werden? Wo auf irgendeine Weise Druck ausgeübt wird, wo Propaganda gemacht wird, wo Moralpredigten gehalten werden, kann kein Mitgefühl sein. Genauso wenig steht Mitgefühl dahinter, wenn nur etwas verändert wird, weil man die Notwendigkeit sieht, den technologischen Herausforderungen auf eine Weise zu begegnen, dass der Mensch Mensch bleibt und nicht zur Maschine wird. Es muss also eine Veränderung ohne jeden Anlass stattfinden. Eine Veränderung, hinter der ein Anlass steckt, hat nichts mit Mitgefühl zu tun, sie ist Teil eines Handels. Das ist also ein Problem.

Ein weiteres Problem ist: Wie wird es sich auf die Gesellschaft auswirken, wenn ich mich ändere? Oder interessiert mich das alles überhaupt nicht? Denn die meisten Menschen sind gar nicht an den Dingen interessiert, über die wir sprechen – und Sie sind es auch nicht, wenn Sie hier aus bloßer Neugier oder aus einer Laune heraus zuhören und dann Ihrer Wege gehen. Die neuen Technologien entwickeln sich so schnell, dass die meisten Menschen einfach von dieser Entwicklung mitgeschleift werden und gar nicht in der Lage sind, dem Leben mit dem Reichtum der Liebe, mit Mitgefühl und tiefer Einsicht zu begegnen. Und wie wird es sich auf die Gesellschaft auswirken – die meine Beziehung zu Ihnen ist –, wenn ich mich ändere? Die Gesellschaft ist kein eigenartiges, mythisches Wesen. Sie ist die Beziehung, die wir zueinander haben. Wie wird es sich auf den Rest der Welt auswirken, wenn sich zwei oder drei von uns ändern? Oder gibt es eine Möglichkeit, das Bewusstsein der ganzen Menschheit zu beeinflussen?

Das heißt, gibt es einen Prozess, durch den der Einzelne, der verändert ist, in Kontakt mit dem Unbewussten der Menschheit kommen kann?

Mitgefühl vermitteln

Wenn es mir um Mitgefühl geht ... um Liebe, um das echte Gefühl für etwas Heiliges, wie kann ich dieses Gefühl dann vermitteln? Bitte hören Sie aufmerksam zu. Wenn ich es über das Mikrofon vermittle, über die Maschinerie der Propaganda und dadurch einen anderen überzeuge, bleibt sein Herz dennoch leer. Die Flamme der Ideologie wird ihre Wirkung tun, und er wird einfach wiederholen, so wie Sie alle wiederholen, dass wir freundlich, gut und frei sein müssen – den ganzen Unsinn, den die Politiker, die Sozialisten und andere von sich geben. Wenn wir also erkennen, dass keine Form von Druck oder Zwang, wie subtil er auch sein mag, diese Schönheit, dieses Aufblühen von Güte und Mitgefühl bewirken kann – was kann der Einzelne dann tun? ...

Welche Art von Beziehung besteht zwischen einem Menschen, der dieses Mitgefühl hat, und einem, der in der Gemeinschaft, im Herkömmlichen verwurzelt ist? Wie sollen wir eine Beziehung zwischen diesen beiden herstellen, und zwar nicht theoretisch, sondern tatsächlich? ...

Das, was sich anpasst, kann nie in Güte aufblühen. Dazu ist Freiheit nötig, und Freiheit ist nur möglich, wenn Sie verstehen, was es mit diesem ganzen Problem des Neids, der Habgier, des Ehrgeizes und dem Verlangen nach Macht wirklich auf sich hat. Denn die Freiheit von diesen Dingen ermöglicht das Aufblühen jener ungewöhnlichen Sache, die wir Charakter nennen. Ein solcher Mensch hat Mitgefühl, er weiß, was es heißt, zu lieben – nicht derjenige, der nur einen Haufen Worte über Moral wiederholt.

Das Aufblühen menschlicher Güte ist also nicht Sache der Gesellschaft, weil die Gesellschaft in sich immer korrupt ist. Nur ein Mensch, der die ganze Struktur und die Prozesse der Gesellschaft versteht und sich davon frei macht, hat Charakter, und nur in ihm kann Güte aufblühen.

Kommen Sie mit leeren Händen

Es ist nicht schwer, Mitgefühl zu haben, wenn das Herz nicht mit den Schlauheiten des Verstandes gefüllt ist. Der Geist mit seinen Ansprüchen und Ängsten, seinen Abhängigkeiten und seiner Ablehnung, seinen Entschlüssen und Impulsen ist derjenige, der die Liebe zerstört. Und wie schwierig ist es doch, ganz unkompliziert mit diesen Dingen umzugehen! Sie brauchen keine Philosophien und politischen Grundsätze, um sanft und freundlich zu sein. Die Fähigen und die Mächtigen des Landes werden organisatorische Maßnahmen treffen, um die Versorgung der Menschen mit Nahrung, Kleidung, Obdach und ärztlicher Betreuung sicherzustellen. Das ist unvermeidlich angesichts des rapiden Wachstums der Produktion. Es ist die Aufgabe einer gut organisierten Regierung und einer ausgeglichenen Gesellschaft. Aber Organisation verleiht nicht die Großzügigkeit von Herz und Hand. Großzügigkeit entspringt einer ganz anderen Quelle, einer Quelle, die unermesslich ist. Ehrgeiz und Neid zerstören sie so sicher, wie Feuer brennt. Mit dieser Quelle muss man in Kontakt kommen, aber man muss mit leeren Händen zu ihr kommen, ohne Gebet, ohne Opfer. Weder Bücher noch Gurus können uns zu dieser Quelle führen. Wir können weder durch Tugend dorthin gelangen, obwohl Tugend notwendig ist, noch durch bestimmte Fähigkeiten oder durch Gehorsam. Wenn der Geist ruhig und gelassen ist, ohne jede Bewegung, ist sie da. Ruhe und innere Gelassenheit haben kein Motiv, kennen kein Verlangen nach mehr.

Dezember

Alleinsein

♦

Religion

♦

Gott

♦

Meditation

Im Alleinsein liegt Schönheit

Ich weiß nicht, ob Sie sich jemals einsam gefühlt haben; wenn Sie plötzlich erkennen, dass Sie zu niemandem eine Beziehung haben – ich meine nicht, intellektuell erkennen, sondern tatsächlich gewahr werden – und völlig isoliert sind. Alles Denken und Fühlen sind blockiert, Sie können sich nirgendwo hinwenden, da ist niemand, an den Sie sich wenden können. Die Götter und Engel sind alle hinter den Wolken verschwunden, und wenn die Wolken sich auflösen, sind sie mit ihnen verschwunden. Sie sind absolut einsam – ich benutze hier bewusst nicht das Wort »allein«.

Alleinsein hat eine ganz andere Bedeutung. Im Alleinsein liegt Schönheit. Allein zu sein ist etwas vollkommen anderes. Und Sie müssen allein sein. Wenn sich der Mensch von der Gesellschaftsordnung befreit, die auf Habgier, Neid, Ehrgeiz, Arroganz, dem Streben nach Erfolg und Status beruht – wenn er sich von diesen Dingen freimacht, ist er vollkommen allein. Das ist eine ganz andere Sache. Dann ist da eine große Schönheit, man spürt eine Menge Energie.

Alleinsein ist nicht Einsamkeit

Obwohl wir alle Menschen sind, haben wir Mauern zwischen uns und unseren Mitmenschen errichtet – durch Nationalismus, durch Abstammung, Kasten und Klassen –, was wiederum in die Einsamkeit und Isolation führt.

Ein menschlicher Geist, der in Einsamkeit, in diesem Zustand der Isolation, gefangen ist, kann niemals verstehen, was Religion ist. Er kann glauben, er kann bestimmte Theorien, Vorstellungen, Rezepte haben, er kann versuchen, sich mit dem, was er Gott nennt, zu identifizieren. Aber mir scheint, dass Religion nicht das Geringste mit irgendeinem Glauben, mit einem Priester, einer Kirche oder einem so genannten heiligen Buch zu tun hat. Den Bewusstseinszustand eines religiösen Geistes können wir nur verstehen, wenn wir anfangen zu verstehen, was Schönheit ist. Und dem Verstehen von Schönheit kann man sich nur durch totales Alleinsein nähern.

Alleinsein hat überhaupt nichts mit Isolation zu tun und auch nichts mit Einzigartigkeit. Einzigartig zu sein heißt nur, auf irgendeine Weise unvergleichlich zu sein, während völliges Alleinsein außergewöhnliche Sensibilität, Intelligenz und tiefe Einsicht erfordert. Völlig allein zu sein bedeutet, dass der Geist frei von jeglichen Einflüssen und damit nicht von der Gesellschaft infiziert ist. Und er muss allein sein, um verstehen zu können, was Religion ist – was bedeutet, für sich selbst herauszufinden, ob es etwas Unsterbliches gibt, etwas jenseits der Zeit.

Die Einsamkeit kennen

Einsamkeit und Alleinsein sind zwei völlig verschiedene Dinge. Durch die Einsamkeit muss man hindurchgehen, um allein zu sein. Einsamkeit ist nicht vergleichbar mit Alleinsein. Ein Mensch, der die Einsamkeit kennt, kann nie das kennen, was allein ist. Befinden Sie sich in diesem Zustand des Alleinseins? Unser Geist ist nicht so integriert, dass er allein sein kann. Es ist die Arbeitsweise des menschlichen Geistes, die zur Abtrennung führt. Und das, was sich abtrennt, ist einsam.

Alleinsein dagegen strebt nicht nach Abtrennung. Es ist etwas, das nicht von der Masse, nicht von den Vielen beeinflusst ist, nicht das Produkt eines solchen Einflusses ist, das nicht wie der menschliche Geist zusammengefügt wurde. Der menschliche Geist ist das Produkt der Masse. Er ist nicht allein, da er über Jahrhunderte hinweg vom Denken zusammengetragen, zusammengefügt, hergestellt wurde. Der menschliche Geist kann nie allein sein. Er kann nie das Alleinsein erfahren. Aber wenn man sich der Einsamkeit bewusst ist, wenn man sie durchlebt, tritt dieses Alleinsein in Erscheinung. Nur dann kann das, was unermesslich ist, auftauchen. Unglücklicherweise streben die meisten von uns nach Abhängigkeit. Wir wünschen uns Gefährten, wir wollen Freunde haben, wir wollen in einem Zustand der Getrenntheit leben, einem Zustand, der Konflikte heraufbeschwört. Was allein ist, kann sich nie in einem Konflikt befinden. Aber der menschliche Geist kann das nie wahrnehmen, nie verstehen, er kann nur die Einsamkeit erfahren.

Nur im Alleinsein ist Unschuld

Die meisten von uns sind nie allein. Sie können sich in die Berge zurückziehen und als Einsiedler leben, aber wenn Sie körperlich allein sind, sind alle Ihre Vorstellungen und Erfahrungen, Ihre Traditionen und Ihr Wissen über das, was war, bei Ihnen. Der christliche Mönch ist nicht allein in seiner Klosterzelle. Seine Vorstellung von Jesus, seine Theologie mit den Glaubenssätzen und Dogmen seiner spezifischen Konditionierung sind bei ihm. Dasselbe gilt für den indischen Sannyasin, der sich von der Welt zurückzieht und in der Abgeschiedenheit lebt. Er ist nicht allein, denn auch er lebt mit seinen Erinnerungen.

Ich spreche von einem Alleinsein, in dem der Geist vollkommen frei von der Vergangenheit ist. Und nur ein solcher Geist ist tugendhaft im eigentlichen Sinne des Wortes, denn nur in diesem Alleinsein findet sich Unschuld. Vielleicht sagen Sie: »Das ist zu viel verlangt. So kann man nicht in dieser chaotischen Welt leben, wo man jeden Tag ins Büro gehen muss, den Lebensunterhalt verdienen muss, Kinder aufziehen muss, das Nörgeln der Ehefrau oder des Ehemannes aushalten muss und was sonst noch alles.« Aber ich glaube, dass das eben Gesagte einen direkten Bezug zum täglichen Leben und Handeln hat, sonst wäre es völlig wertlos. In diesem Alleinsein kommt eine Tugend zum Vorschein, die kraftvoll ist und ein außergewöhnliches Empfinden von Reinheit und Sanftmut mit sich bringt. Es spielt keine Rolle, ob man Fehler macht, das ist überhaupt nicht wichtig. Worauf es ankommt, ist, dass man dieses Gefühl hat, vollkommen allein und innerlich nicht verunreinigt zu sein, denn nur ein solcher Geist kann das erfahren oder sich dessen bewusst sein, was über das Wort, über die Bezeichnung und über die Vorstellungen der Einbildungskraft hinausgeht.

Ein Mensch, der allein ist, ist unschuldig

Einer der Umstände, der viel zum Leiden des Menschen beiträgt, ist seine große Einsamkeit. Sie können viele Kameraden haben oder viele Götter, Sie können eine Menge Wissen angesammelt haben, Sie können sozial sehr engagiert sein, endlos über Politik daherreden – und die meisten Politiker reden sowieso nur daher – und dennoch dieses Gefühl der Einsamkeit nicht loswerden. Deshalb sucht der Mensch nach einem Sinn im Leben und erfindet einen Sinn, eine Bedeutung. Aber die Einsamkeit bleibt. Können Sie sie also anschauen, ohne zu vergleichen, können Sie sie einfach sehen, wie sie ist, ohne zu versuchen, davor zu fliehen, sie zu überspielen oder ihr auf irgendeine Weise zu entkommen?

Wir sind nicht allein. Wir sind das Produkt von tausend Einflüssen, tausend Konditionierungen und psychischen Erbschaften, der Propaganda und der Kultur. Wir sind nicht allein, und deshalb sind wir Menschen aus zweiter Hand. Wenn man allein ist, völlig allein, weder einer Familie angehört, obwohl man vielleicht eine Familie hat, wenn man weder zu einer Nation noch zu einer Kultur oder einer bestimmten Gruppe gehört, bekommt man das Gefühl, ein Außenseiter zu sein – ein Außenseiter in Bezug auf alle Denk- und Handlungsweisen, in Bezug auf Familie und Nation. Und nur ein Mensch, der völlig allein ist, ist unschuldig. Und es ist diese Unschuld, die den Geist vom Leiden befreit.

Eine neue Welt schaffen

Wenn Sie eine neue Welt schaffen wollen, eine neue Zivilisation, eine neue Kunst, etwas ganz Neues, das nicht durch Tradition, Angst und Ehrgeiz verunreinigt ist, wenn Sie etwas Namenloses ins Leben rufen wollen, das Ihnen und mir gehört, eine neue Gesellschaft, gemeinsam, in der es nicht um »dich« und »mich«, sondern um »uns« geht – muss der menschliche Geist dann nicht völlig anonym und somit allein sein? Das heißt doch, dass ein Aufbegehren gegen Konformität stattfinden muss, nicht wahr? Ein Aufbegehren gegen Ehrbarkeit, denn der ehrbare Mensch ist der Durchschnittsmensch, weil er etwas haben möchte – sein Glück ist abhängig von äußeren Einflüssen, davon, was der Nachbar denkt oder was der Guru denkt, davon, was in der Bhagavad Gita, den Upanishaden und der Bibel steht oder was Jesus Christus sagt. Sein Geist ist nie allein. Er geht nie alleine seinen Weg, sondern immer mit einer Begleitung, in Begleitung seiner Vorstellungen.

Ist es nicht sehr wichtig, das ganze Ausmaß, die ganze Bedeutung der Einmischung von Außen zu sehen, der Einflüsse, der Entstehung des »Ich«, das im Widerspruch zum Namenlosen steht? Taucht, wenn man das alles sieht, nicht unweigerlich die Frage auf, ob es möglich ist, unmittelbar diesen unbeeinflussten geistigen Zustand herzustellen, den Zustand eines Geistes, der sich weder von seinen eigenen Erfahrungen noch von den Erfahrungen anderer beeinflussen lässt, der nicht verdorben werden kann, der allein ist? Nur dann ist es möglich, eine andere Welt zu schaffen, eine andere Kultur, eine andere Gesellschaft, in der es möglich ist, glücklich zu sein.

Alleinsein, in dem es keine Angst gibt

Nur wenn der Geist alle Einflüsse und Einmischungen von außen abwerfen kann, wenn er völlig allein sein kann … ist wahre Kreativität da.

Es werden immer mehr Methoden und Techniken entwickelt – Methoden, wie man die Menschen durch Propaganda, durch Druck und Nachahmung beeinflussen kann. … Es gibt unzählige Bücher darüber, wie man bestimmte Dinge macht, wie man effizient denkt, ein Haus baut, Maschinen zusammensetzt. Also verlieren wir allmählich den eigenen Antrieb, die Initiative, uns selbst etwas auszudenken. In unserer Erziehung, in unserer Beziehung zum Staat werden wir mit Hilfe verschiedener Mittel und Wege dazu gebracht, uns anzupassen, es den andere gleichzutun. Und wenn wir einem Einfluss erlauben, uns zu einer bestimmten Haltung oder Handlung zu veranlassen, bauen wir natürlich Widerstände gegen andere Einflüsse auf. Sind wir diesem Prozess nicht im negativen Sinne unterworfen, da wir diese Widerstände gegen andere Einflüsse aufbauen?

Sollte der Geist nicht immer in einem Zustand des Aufbegehrens sein, damit er die Einflüsse versteht, die ständig auf ihn einwirken, sich einmischen, ihn kontrollieren und formen? Ist es nicht eines der Merkmale des mittelmäßigen Geistes, immer Angst zu haben und sich in seinem verwirrten Zustand Ordnung und Beständigkeit und eine feste Form zu wünschen, von der er sich lenken und kontrollieren lassen kann? Und doch erzeugen diese Formen, diese verschiedenen Einflüsse Widersprüche im Einzelnen, stiften Verwirrung in seinem Innern. … Jedes Auswählen zwischen verschiedenen Einflüssen ist immer noch ein Zeichen für Mittelmäßigkeit. …

Muss der Geist nicht fähig sein, zu ergründen, wie er nicht nachahmt und sich nicht prägen lässt – und wie er frei von Angst sein kann? Muss ein solcher Geist nicht allein und somit schöpferisch sein? Diese Kreativität ist nicht Ihre oder meine, sie ist völlig namenlos.

Beginnen Sie hier

Ein religiöser Mensch sucht nicht nach Gott. Das Anliegen eines religiösen Menschen ist die Umwandlung der Gesellschaft, die er ja selbst ist. Der religiöse Mensch ist keiner, der unzählige Rituale ausführt, der Traditionen folgt, in einer toten, vergangenen Kultur lebt, endlos die Bhagavad Gita oder die Bibel erläutert, ständig religiöse Texte skandiert oder die Gelübde eines Mönches oder Sannyasins ablegt. Das ist kein religiöser Mensch, sondern einer, der vor den Tatsachen davonläuft. Ein religiöser Mensch ist ausnahmslos und in vollem Umfang daran interessiert, die Gesellschaft zu verstehen, die er selbst ist. Er ist nicht von der Gesellschaft getrennt. Indem er in seinem Innern eine vollständige, totale Veränderung herbeiführt, hören Habgier, Neid und Ehrgeiz völlig auf. Und deshalb ist er nicht abhängig von den äußeren Umständen, obwohl er das Resultat dieser Umstände ist – der Nahrung, die er zu sich nimmt, der Bücher, die er liest, der Filme, die er sich anschaut, der religiösen Dogmen, Glaubensvorstellungen, Rituale und all dieser Dinge. Er ist verantwortlich, und deshalb muss der religiöse Mensch sich selbst verstehen, als Produkt einer Gesellschaft, die er selbst geschaffen hat. Deshalb muss er hier bei sich anfangen, wenn er die Wirklichkeit finden will, und nicht in einem Tempel, nicht mit einem Bild – ganz gleich, ob das Bild von der Hand oder dem Geist erschaffen wurde. Wie kann er sonst etwas ganz Neues entdecken, einen völlig neuen Zustand?

Der religiöse Geist besitzt Sprengkraft

Können wir für uns selbst herausfinden, was ein religiöser Geist, was religiöses Bewusstsein sind? Der Wissenschaftler ist in seinem Labor wirklich Wissenschaftler, er wird nicht von seinem Nationalismus oder von seinen Ängsten, Eitelkeiten, Ambitionen und persönlichen Wünschen beeinflusst. Hier ist er nur daran interessiert zu forschen. Aber außerhalb des Labors ist er wie alle anderen, hat seine Vorurteile, seinen Ehrgeiz, seinen Nationalismus, seine Eitelkeiten, seine Eifersucht und all diese Dinge. Ein solcher Geist kann dem religiösen Bewusstsein nicht nahe kommen. Der religiöse Geist agiert nicht aus einem Zentrum der Autorität heraus, ob es sich bei dieser nun um das angesammelte Wissen einer Tradition oder um seine Erfahrungen handelt – die ja nur die Fortsetzung der Tradition, die Fortsetzung der Konditionierung sind. Der religiöse Geist denkt nicht zeitgebunden, nicht an unmittelbare Ergebnisse, die unmittelbare Umwandlung der Gesellschaftsordnung. ... Wir sagten schon, dass der religiöse Geist keine Rituale befolgt, er gehört keiner Kirche und keiner Gruppe an und folgt keinem Denkmuster. Der religiöse Geist ist das Bewusstsein, das ins Unbekannte eingegangen ist, und ins Unbekannte kann man nur mit einem Sprung gelangen. Sie können nicht vorsichtig die Situation abschätzen und dann ins Unbekannte eintreten. Der religiöse Geist ist der wahrhaft revolutionäre Geist, und dieser ist keine Reaktion auf das, was gewesen ist. Der religiöse Geist besitzt wirkliche Sprengkraft, ist wirklich schöpferisch – nicht im üblichen Sinn des Wortes wie beim Gedichte schreiben, dekorieren oder bauen, wie in der Architektur, Musik, Dichtkunst und solchen Dingen – er befindet sich in einem schöpferischen Zustand.

Das Gebet ist eine komplexe Angelegenheit

Wie alle tiefen menschlichen Fragen ist das Gebet eine vielschichtige Angelegenheit, und man sollte sich nicht unbedacht darauf stürzen. Es erfordert Geduld, sorgfältiges und aufgeschlossenes Forschen, und man kann keine endgültigen Schlüsse und Entscheidungen verlangen. Ohne sich selbst zu verstehen, kann derjenige, der betet, gerade durch sein Gebet zur Selbsttäuschung verleitet werden. Manchmal erzählen Leute – und auch mir wurde es von einigen berichtet –, dass ihre Gebete oft erhört werden, wenn sie zu dem, was sie Gott nennen, um weltliche Dinge beten. Wenn sie daran glauben – und je nach Intensität ihres Gebets –, erhalten sie schließlich, worum sie gebeten haben: Gesundheit, Trost, weltliche Besitztümer. Wenn man sich dem Bittgebet hingibt, bringt das seine eigenen Belohnungen mit sich. Das, worum man bittet, wird oft gewährt, und das ermutigt zu weiteren Gebeten dieser Art. Dann gibt es noch das Gebet, bei dem man nicht um Dinge oder für Menschen betet, sondern darum, die Wirklichkeit oder Gott zu erfahren, und auch das wird häufig gewährt. Und dann gibt es auch noch andere, subtilere und raffiniertere Formen des Bittgebets, die nichtsdestoweniger ein Flehen und Betteln sind und etwas als Gegengabe anbieten. Alle diese Gebetsformen haben ihre eigene Belohnung, sie erbringen ihre eigenen Erfahrungen, aber führen sie zum Erkennen der höchsten Wirklichkeit?

Sind wir nicht das Produkt der Vergangenheit, und stehen wir deshalb nicht in Verbindung mit dem enormen Reservoir an Habgier und Hass mit ihren Gegensätzen? Wenn wir um etwas ersuchen oder ein Bittgebet sprechen, wenden wir uns an dieses Reservoir der Habgier und so weiter, was seine spezielle Belohnung erbringt und seinen eigenen Preis hat. … Führt uns das Anrufen eines anderen, einer äußeren Instanz, zum Verstehen der Wahrheit?

Die Antwort auf das Gebet

Das Gebet, das ein Flehen, ein Bittgesuch ist, kann nie zu jener Wirklichkeit führen, die nicht das Ergebnis einer Bitte ist. Wir bitten, erflehen, beten nur, wenn wir verwirrt sind, wenn wir leiden, und weil wir diese Verwirrung und dieses Leid nicht verstehen, wenden wir uns an jemand anderen. Die Antwort auf das Gebet ist unsere eigene Projektion, und sie ist auf die eine oder andere Weise immer zufrieden stellend, lohnend, sonst würden wir sie zurückweisen. Wenn man also den Trick gelernt hat, den Geist durch Wiederholung ruhig zu stellen, hält man an dieser Gewohnheit fest, aber die Antwort auf ein Bittgebet muss offensichtlich dem Wunsch der bittenden Person entsprechen.

Ein Gebet, ein Flehen, ein Bittgesuch können niemals das offenbaren, was keine Projektion des Geistes ist. Um das zu finden, was nicht vom Geist erschaffen wurde, muss der Geist still sein – aber nicht durch die Wiederholung von Worten zum Schweigen gebracht werden, was nichts anderes als Selbsthypnose ist, und auch nicht durch andere Methoden, die den Geist veranlassen, still zu sein. Hervorgerufene oder aufgezwungene Stille ist überhaupt keine Stille. Es ist, als ob man ein Kind in die Ecke stellt – nach außen hin ist es vielleicht still, aber innerlich kocht es. Ein Geist, der also durch Disziplin dazu gebracht wird, still zu sein, ist niemals wirklich still, und hervorgerufene Stille kann nie jenen schöpferischen Zustand freilegen, in welchem die Wirklichkeit in Erscheinung tritt.

Ist Religion Glaubenssache?

Religion, so wie wir sie im Allgemeinen kennen oder akzeptieren, besteht aus einer Reihe von Glaubenssätzen, Dogmen, Ritualen, abergläubischen Vorstellungen, der Verehrung von Götterbildern, Talismanen und Gurus, die Sie zu dem führen werden, was Sie sich als höchstes Ziel wünschen. Die höchste Wahrheit ist Ihre Projektion, sie ist das, was Sie wollen, was Sie glücklich macht, was Ihnen eine Gewissheit über den Zustand der Unsterblichkeit gibt. Der menschliche Geist, der in all diese Dinge verstrickt ist, erschafft also eine Religion, eine Religion der Dogmen, der priesterlichen Verschlagenheit, des Aberglaubens und der Götzenanbetung – darin sind Sie gefangen, und der Geist verfällt in Lethargie. Ist das Religion? Ist Religion eine Sache des Glaubens, eine Angelegenheit, bei der es darum geht, etwas über die Erfahrungen und Behauptungen anderer Leute zu wissen? Oder geht es bei Religion nur um das Befolgen bestimmter Moralvorstellungen? Sie wissen, dass es relativ einfach ist, moralisch zu sein – dies zu tun und jenes zu lassen. Weil es einfach ist, können Sie einen Moralkodex nachahmen. Hinter dieser moralischen Haltung lauert das Selbst, das sich aufbläht, expandiert, aggressiv und dominant ist. Aber ist das Religion?

Sie müssen herausfinden, was Wahrheit ist, weil dies das Einzige ist, worauf es ankommt, und nicht, ob Sie reich oder arm sind, ob Sie glücklich verheiratet sind und Kinder haben, denn das alles vergeht irgendwann, am Ende wartet immer der Tod. Sie müssen es also ohne irgendeine Art von Glauben herausfinden. Sie müssen die Lebendigkeit, das Selbstvertrauen, die Initiative haben, um selbst zu entdecken, was Wahrheit ist, was Gott ist. Ein Glaube kann Ihnen überhaupt nichts geben. Ein Glaube verdirbt, bindet, vernebelt nur den Geist. Der Geist kann nur frei sein, wenn er lebendig ist und auf sich selbst vertraut.

Ist etwas Wahres an den Religionen?

Die Frage ist doch: Ist etwas Wahres an Religionen, Theorien, Idealen, religiösen Überzeugungen? Wir wollen das untersuchen. Was meinen wir mit Religion? Gewiss nicht die organisierten Religionen wie den Hinduismus, den Buddhismus oder das Christentum – die ja alle organisierte Glaubenssysteme mit Propaganda, Bekehrung, Missionierung und Zwängen sind. Ist irgendetwas Wahres an organisierter Religion? Vielleicht verschlingt sie die Wahrheit, fängt sie ein mit ihrem Netz, aber organisierte Religion als solche ist unwahr. Deshalb ist organisierte Religion ein Irrweg, sie trennt die Menschen voneinander. Sie sind Moslem, ich bin Hindu, jemand anders ist Christ oder Buddhist – und wir bekämpfen uns, schlachten uns gegenseitig ab. Liegt darin etwa irgendeine Wahrheit? Wir sprechen nicht von Religion als der Suche nach Wahrheit, sondern fragen uns, ob an organisierter Religion irgendetwas Wahres ist. Wir sind von den organisierten Religionen so darauf konditioniert zu denken, dass in ihnen Wahrheit steckt, dass wir glauben, man sei jemand oder würde Gott finden, wenn man sich als Hindu bezeichnet. Wie absurd! Um Gott zu finden, um die Wirklichkeit zu entdecken, bedarf es wahrer Tugend. Wahre Tugend ist Freiheit, und nur durch Freiheit kann die Wahrheit entdeckt werden und nicht, wenn man sich in den Fängen der organisierten Religion mit ihren Glaubenssätzen befindet. Beinhalten Theorien, Ideale, Glaubenssysteme irgendeine Wahrheit? Warum haben Sie religiöse Überzeugungen? Doch offensichtlich deshalb, weil diese Ihnen Sicherheit, Trost, Führung bieten. Wenn Sie Angst haben, wollen Sie beschützt werden, wollen Sie auf jemand bauen können, und deshalb erschaffen Sie ein Ideal, das Sie daran hindert, das, *was ist,* zu verstehen. Deshalb wird ein Ideal zum Hindernis für das Handeln.

Um hoch zu steigen, muss man unten anfangen

Religiöse Organisationen werden so starr und unbeweglich wie die Gedanken derer, die ihnen angehören. Das Leben ist ein ständiger Wandel, ein ständiges Werden, eine unaufhörliche Umwälzung, und weil eine Organisation nie beweglich sein kann, steht sie der Veränderung im Weg. Sie wird reaktionär, um sich zu schützen. Die Suche nach der Wahrheit ist eine persönliche, keine gemeinschaftliche Sache. Um mit dem Wirklichen in Kontakt zu kommen, ist Alleinsein nötig – nicht Abgeschiedenheit, aber die Freiheit von allen Einflüssen und Meinungen. Organisiertes Denken wird unweigerlich zum Hindernis für das Denken.

Wie Sie selbst sicher wissen, ist die Gier nach Macht in einer so genannten spirituellen Organisation schier unerschöpflich, und diese Gier wird mit allen möglichen verlockenden und offiziell klingenden Worten kaschiert, aber das Krebsgeschwür der Habsucht, des Stolzes und der Feindseligkeit wird ständig genährt. Daraus erwachsen Konflikte, Intoleranz, Sektierertum und andere hässliche Erscheinungen.

Wäre es nicht klüger, kleine, sachkundige Gruppen aus zwanzig bis fünfundzwanzig Personen zu haben, ohne Beiträge oder Mitgliedschaft, die sich dort treffen, wo es günstig ist, um behutsam und sorgfältig den Zugang zur Wirklichkeit zu erörtern? Um zu verhindern, dass eine solche Gruppe etwas Exklusives wird, könnte jeder Teilnehmer von Zeit zu Zeit die Bildung einer neuen Gruppe anregen oder sich einer anderen Gruppe anschließen. So würde die Sache sich ausweiten und intensivieren und nicht eng und gemeindeartig werden.

Um hoch zu steigen, muss man unten anfangen. Mit einem solchen kleinen Anfang, kann man vielleicht dazu beitragen, eine gesündere und glücklichere Welt zu schaffen.

Ihre Götter bringen Sie auseinander

Was geht in der Welt vor sich? Sie haben einen christlichen Gott, diverse Hindugötter, und die Mohammedaner haben auch ihre besondere Vorstellung von Gott – jede kleine Sekte mit ihrer eigenen, besonderen Wahrheit, und all diese Wahrheiten werden wie so viele Übel dieser Welt, sie bringen die Menschen auseinander. In den Händen weniger Menschen werden diese Wahrheiten zu einem Mittel der Ausbeutung. Sie probieren sie alle aus, eine nach der anderen, weil Sie allmählich jegliches Unterscheidungsvermögen verlieren, weil Sie leiden und nach einem Mittel dagegen suchen, und Sie akzeptieren jedes Mittel, das von irgendeiner Religionsgemeinschaft angeboten wird, sei es eine christliche, hinduistische oder eine andere. Was geht also vor? Ihre Götter bringen Sie auseinander, Ihr unterschiedlicher Glaube an Gott entzweit Sie, und trotzdem sprechen Sie von der Bruderschaft der Menschen, von der Einheit in Gott und verneinen gleichzeitig genau das, was Sie finden wollen, weil Sie sich an diese Glaubensvorstellungen als wirksamstes Mittel zur Überwindung der Begrenzung klammern, während diese sie in Wirklichkeit nur verstärkt. All das ist so offensichtlich.

Wahre Religion

Wissen Sie, was Religion ist? Sie finden sie nicht in der Rezitation religiöser Texte, nicht im Durchführen einer Puja oder in irgendeinem anderen Ritual, nicht in der Verehrung von Göttern aus Metall oder Bildnissen aus Stein, nicht in den Tempeln und Kirchen, nicht beim Lesen der Bibel oder der Bhagavad Gita, nicht in der Wiederholung eines heiligen Namens und auch nicht, indem Sie irgendwelchen anderen abergläubischen Vorstellungen folgen, die sich Menschen ausgedacht haben. Nichts von alldem ist Religion.

Religion ist Güte, jene Liebe, die wie ein Fluss ist – lebendig, für immer in Bewegung. In diesem Zustand werden Sie feststellen, dass der Augenblick kommt, wo es überhaupt keine Suche mehr gibt. Und dieses Ende der Suche ist der Anfang von etwas völlig Anderem. Die Suche nach Gott, nach der Wahrheit, das Gefühl, vollkommen gut zu sein – nicht das Kultivieren von Güte, von Demut, sondern das Suchen nach etwas, das über die Erfindungen und Schliche des menschlichen Geistes hinausgeht, was bedeutet, dass man ein Gefühl für dieses Etwas hat, dass man es lebt, dass man es ist – das ist wahre Religion. Aber dazu sind Sie nur imstande, wenn Sie den Tümpel verlassen, den Sie für sich gegraben haben und sich in den Fluss des Lebens hineinwagen. Dann hat das Leben eine erstaunliche Art und Weise, für Sie zu sorgen, denn dann hören Sie auf Sorge zu tragen. Das Leben trägt Sie hin, wo es will, weil Sie ein Teil von ihm sind. Dann gibt es kein Problem mit der Sicherheit oder mit dem, was die Leute sagen oder nicht sagen, und das ist die Schönheit des Lebens.

Eine wunderbare Fluchtmöglichkeit

Welche Motivation steckt hinter der Suche nach Gott, und ist diese Suche real? Für die meisten von uns ist sie eine Flucht vor der Wirklichkeit. Wir müssen uns innerlich also völlig im Klaren darüber sein, ob diese Suche nach Gott eine Flucht ist oder ob es eine Suche nach der Wahrheit in allem ist – nach der Wahrheit in unseren Beziehungen, nach der Wahrheit im Wert der Dinge, nach der Wahrheit in Ideen und Vorstellungen. Wenn wir nur auf der Suche nach Gott sind, weil wir von dieser Welt und ihrem Elend genug haben, dann ist es eine Flucht. Dann erschaffen wir uns einen Gott, und deshalb ist es nicht Gott. Der Gott der Tempel, der Gott der Bücher ist eindeutig nicht Gott, sondern eine wunderbare Fluchtmöglichkeit. Aber wenn wir versuchen, die Wahrheit zu finden – nicht in einem herausgehobenen, abgegrenzten Handlungsbereich –, sondern in all unseren Handlungen, Gedanken und Beziehungen, wenn wir versuchen, unserem Bedürfnis nach Nahrung, Kleidung und Obdach den richtigen Stellenwert zu geben, dann werden wir, weil wir innerlich klar sind und verstehen, die Wirklichkeit finden, wenn wir sie suchen. Dann wird es keine Flucht sein. Aber wenn wir im Hinblick auf die weltlichen Dinge verwirrt sind – Nahrung, Kleidung, Obdach, Beziehungen und Vorstellungen –, wie können wir dann die Wirklichkeit entdecken? Dann können wir sie nur erfinden. Gott, die Wahrheit oder die Wirklichkeit kann also nicht von einem menschlichen Geist erkannt werden, der verwirrt, konditioniert und begrenzt ist. Wie kann ein solcher Geist an Gott oder die Wirklichkeit denken? Er muss sich zuerst entkonditionieren. Er muss sich erst von seinen eigenen Beschränkungen befreien, und nur dann kann er erfahren, was Gott ist, keinesfalls vorher. Die Wirklichkeit ist das Unbekannte, und das, was wir kennen, ist nicht die Wirklichkeit.

Ihr Gott ist nicht Gott

Ein Mensch, der an Gott glaubt, kann niemals Gott finden. Wenn Sie offen für die Wirklichkeit sind, kann es keinen Glauben an die Wirklichkeit geben. Wenn Sie offen für das Unbekannte sind, ist darin kein Platz für einen Glauben. Glaube ist schließlich eine Art Selbstschutz, und nur ein Kleingeist kann an Gott glauben. Denken Sie nur an den Glauben der Bomberbesatzungen während des Krieges, die behaupteten, Gott sei bei ihnen gewesen, als sie ihre Bomben abwarfen! Sie glauben also an Gott, wenn Sie töten, wenn Sie andere Menschen ausbeuten. Sie gehen zum Gottesdienst und pressen weiterhin rücksichtslos Geld aus anderen heraus, unterstützen die Armee – und behaupten gleichzeitig, dass Sie an Barmherzigkeit, Mitgefühl und Freundlichkeit glauben. … Solange ein Glaube vorhanden ist, kann das Unbekannte nie zum Vorschein kommen. Sie können nicht über das Unbekannte nachdenken, der Verstand kann es nicht ermessen. Der menschliche Geist ist das Produkt der Vergangenheit, das Produkt des Gestern, und kann ein solcher Geist offen für das Unbekannte sein? Er kann sich nur ein Bild ausmalen, aber so eine gedankliche Projektion ist nicht real. Deshalb hat Ihr Gott nichts mit Gott zu tun – er ist ein von Ihnen geschaffenes Bild, ein Bild, das Ihrer Befriedigung dient. Die Wirklichkeit kann nur gesehen werden, wenn der menschliche Geist seine gesamten Aktivitäten versteht, die ihn ausmachen und somit ein Ende findet. Nur wenn der Geist vollkommen leer ist, kann er das Unbekannte aufnehmen. Der Geist ist so lange nicht gereinigt, bis er das Wesen von Beziehungen versteht – seiner Beziehung zum Eigentum, zu anderen Menschen –, bis er zu allem die richtige Beziehung hergestellt hat. Solange er nicht den ganzen Vorgang, der in einer Beziehung zum Konflikt führt, verstanden hat, kann er nicht frei sein. Nur wenn der Geist ganz ruhig, völlig inaktiv ist, wenn er sich nichts ausmalt, nicht sucht und absolut still ist – nur dann kann das Ewige und Zeitlose zum Vorschein kommen.

Der religiöse Mensch

In welchem Bewusstseinszustand befindet sich der Mensch, der sagt: »Ich weiß nicht, ob es Gott gibt, ob Liebe existiert«, das heißt, wenn keine Reaktion aus der Erinnerung erfolgt? Bitte beantworten Sie sich diese Frage nicht sofort, denn wenn Sie das tun, wird Ihre Antwort nur die Bestätigung dessen sein, was Ihrer Meinung nach richtig oder falsch ist. Wenn Sie sagen: »Es ist ein Zustand der Verneinung«, vergleichen Sie ihn mit etwas, das Sie bereits kennen. Deshalb gibt es den Zustand, in dem Sie sagen: »Ich weiß nicht«, überhaupt nicht. ...

Also befindet sich nur der Geist, der wirklich sagen kann: »Ich weiß nicht«, in dem einzigen Zustand, in dem irgendetwas entdeckt werden kann. Aber kann ein Mensch, der sagt: »Ich weiß«, ein Mensch, der endlos die Vielfalt menschlicher Erfahrung studiert hat und dessen Geist voll gestopft ist mit Informationen, mit enzyklopädischem Wissen, jemals etwas erleben, das nicht gespeichert werden kann? Er wird das extrem schwierig finden. Wenn der Geist all sein erworbenes Wissen hinter sich lässt, wenn es für ihn keinen Buddha, keinen Christus, keine spirituellen Meister, keine Lehrer, keine Religionen, keine Zitate gibt, wenn der Geist vollkommen allein, unverdorben und unbeeinflusst ist, was bedeutet, dass die Bewegung des Bekannten zum Stillstand gekommen ist – nur dann kann vielleicht eine ungeheure Umwälzung, eine grundlegende Veränderung stattfinden. ... Der religiöse Mensch ist ein Mensch, der keiner Religion, keiner Nation, keiner Rasse angehört, der innerlich vollkommen allein ist, in einem Zustand des Nicht-Wissens, und ihm offenbart sich der Segen des Heiligen.

Ich weiß nicht

Wenn man wirklich an den Punkt gelangen kann, wo man sagt: »Ich weiß nicht«, weist das auf eine außergewöhnliche Demut hin. Da ist keine Arroganz des Wissens, keine selbstsichere Antwort, die Eindruck machen soll. Wenn Sie wirklich sagen können: »Ich weiß nicht« – wozu nur sehr wenige Menschen in der Lage sind –, dann löst sich in diesem Zustand alle Angst auf, weil jedes Wiedererkennen, jede Suche in der Erinnerung aufgehört haben. Man sucht nicht länger im Bereich des Bekannten. Und dann geschieht etwas Außergewöhnliches. Wenn Sie mir bis hierher folgen konnten, und zwar nicht nur den Worten, sondern wenn Sie es wirklich erfahren, werden Sie feststellen, dass jegliche Konditionierung aufgehört hat, wenn Sie sagen können: »Ich weiß nicht.« Und in welchem Zustand befindet sich der Geist dann? …

Wir sind auf der Suche nach etwas Dauerhaftem – dauerhaft im Sinne von Zeit, nach etwas Unvergänglichem. Wir sehen, dass alles um uns herum vergänglich ist, im Fluss ist. Wir werden geboren, altern und sterben, und dennoch ist unser ganzes Streben darauf ausgerichtet, etwas aufzubauen, das im Bereich des Bekannten überdauert. Aber das, was wahrhaft heilig ist, geht über das zeitlich Messbare hinaus. Wir können es nicht im Bereich des Bekannten finden. Das Bekannte funktioniert nur über das Denken, das die Reaktion der Erinnerung auf Herausforderungen ist. Was soll ich also tun, wenn ich das sehe und herausfinden will, wie ich das Denken beenden kann? Ich muss mir natürlich durch Selbsterkenntnis der gesamten Aktivitäten meines Denkens bewusst werden. Ich muss erkennen, dass jeder Gedanke, wie subtil, wie erhaben oder wie niedrig und dumm er auch sein mag, seine Wurzeln im Bekannten, in der Erinnerung hat. Wenn ich das ganz klar sehe, dann kann der Geist, wenn er mit einem gewaltigen Problem konfrontiert wird, sagen: »Ich weiß nicht«, denn er weiß keine Antwort.

Jenseits der Grenzen des Glaubens

Für mich ist es gleichermaßen absurd, Theist oder Atheist zu sein. Wenn Sie wüssten, was Wahrheit ist, was Gott ist, wären Sie weder Theist noch Atheist, weil in dieser Bewusstheit ein Glaube unnötig ist. Es ist der Mensch, der sich dessen nicht bewusst ist, der nur hofft und Vermutungen anstellt, der den Glauben oder Unglauben zu seiner Unterstützung und als Richtlinie für sein Handeln und Verhalten braucht.

Wenn Sie also ganz anders an die Sache herangehen, werden Sie für sich selbst, als Einzelne, etwas Wirkliches entdecken, das alle Begrenzungen des Glaubens übersteigt, das über die Illusion der Worte hinausgeht. Aber das – die Entdeckung der Wahrheit oder Gottes – setzt große Intelligenz voraus, die nichts mit dem Beharren auf Glauben oder Nicht-Glauben zu tun hat, sondern mit dem Erkennen der Hindernisse, die durch einen Mangel an Intelligenz entstanden sind. Um also Gott oder die Wahrheit zu erkennen – und ich sage, dass es so etwas gibt, weil ich es erkannt habe –, um das zu erkennen, zu erfahren, muss der Geist frei von allen Hindernissen sein, die im Laufe vieler Jahrtausende um des Selbstschutzes und der Sicherheit willen errichtet wurden. Sie können nicht frei von Sicherheitsdenken sein, indem Sie einfach sagen, dass Sie frei davon sind. Um die Mauern dieser Hindernisse zu durchbrechen, brauchen Sie große Intelligenz, nicht bloß den Intellekt. Für mich ist Intelligenz die vollkommene Harmonie von Geist und Herz. Dann werden Sie für sich selbst, ohne jemanden zu fragen, herausfinden, was Wirklichkeit ist.

Frei vom Netz der Zeit

Ohne Meditation gibt es keine Selbsterkenntnis, und ohne Selbsterkenntnis gibt es keine Meditation. Sie müssen also anfangen zu erkennen, was Sie sind. Sie können nicht weit gehen, ohne in der Nähe zu beginnen, ohne die alltäglichen Abläufe Ihres Denkens, Fühlens und Handelns zu verstehen. Mit anderen Worten, das Denken muss seine eigenen Abläufe verstehen, und wenn Sie sich selbst in Aktion sehen, werden Sie beobachten, dass sich das Denken vom Bekannten zum Bekannten bewegt. Sie können nicht über das Unbekannte nachdenken. Das, was Sie kennen, ist nicht real, denn es spielt sich nur innerhalb der Zeit ab. Frei vom Netz der Zeit zu sein ist das, worauf es ankommt, und nicht über das Unbekannte nachzudenken, denn darüber können Sie nicht nachdenken. Die Antworten auf Ihre Gebete kommen aus dem Bekannten. Um offen für das Unbekannte zu sein und es empfangen zu können, muss der Geist selbst zum Unbekannten werden. Der menschliche Geist ist das Produkt des Denkens, das Produkt der Zeit, und dieser Denkprozess muss enden. Der Geist kann nicht über das nachdenken, was ewig ist, was zeitlos ist, und deshalb muss er frei von der Zeit sein, die vom Geist erzeugte psychische Zeit muss aufgelöst werden. Nur wenn der Geist völlig frei vom Gestern ist und daher die Gegenwart nicht als Brücke zur Zukunft benutzt, ist er offen für das Ewige. ... Deshalb geht es uns bei der Meditation darum, uns selbst zu erkennen, nicht nur oberflächlich, sondern den gesamten Inhalt des inneren, verborgenen Bewusstseins kennen zu lernen. Ohne all das zu kennen und frei von seiner Konditionierung zu sein, können Sie unmöglich über die Grenzen des Geistes hinausgehen. Deshalb muss der Denkprozess aufhören, und damit er aufhört, muss man sich selbst kennen. Daher ist Meditation der Beginn von Weisheit, die nichts anderes ist als das Verstehen des eigenen Geistes und Herzens.

Meditation

Ich werde Schritt für Schritt dem Wesen der Meditation auf den Grund gehen. Bitte warten Sie nicht bis zum Schluss in der Hoffnung, dann eine komplette Beschreibung darüber zu haben, wie man meditiert. Was wir jetzt hier tun ist Teil der Meditation.

Worauf es also ankommt, ist, dass man sich des Denkenden bewusst ist und nicht versucht, den inneren Widerspruch aufzulösen und eine Vereinigung zwischen Denken und dem Denkenden zu erreichen. Der Denkende ist jene innere Wesenheit, die Erfahrungen als Wissen angesammelt hat. Er ist jenes zeitgebundene psychische Zentrum, welches das Produkt der ständig sich verändernden Umwelteinflüsse ist, und aus diesem Zentrum heraus schaut er, hört er zu, macht seine Erfahrungen. Solange er nicht die Beschaffenheit und den Aufbau dieses Zentrums versteht, muss zwangsläufig ein Konflikt bestehen, und ein Geist, der sich in einem Konflikt befindet, kann auf keinen Fall die Tiefe und Schönheit der Meditation erfassen.

In der Meditation kann es keinen Denkenden geben, und das bedeutet, dass das Denken enden muss – das Denken, das vom Verlangen nach einem Ergebnis angetrieben wird. Meditation hat nichts mit dem Erreichen von Ergebnissen zu tun. Es geht nicht darum, auf eine bestimmte Weise zu atmen oder auf die eigene Nasenspitze zu starren oder Kräfte zu wecken, um bestimmte Tricks ausführen zu können oder um den übrigen unreifen Unsinn. ... Meditation ist nicht vom normalen Leben getrennt. Wenn Sie ein Auto steuern oder in einem Bus sitzen, wenn Sie ohne bestimmte Absicht plaudern, wenn Sie allein im Wald spazieren gehen oder einen Schmetterling beobachten, den der Wind vor sich hertreibt – sich ohne auszuwählen, all dessen bewusst zu sein ist Teil der Meditation.

Den ganzen Inhalt eines Gedankens kennen

Nichts zu sein ist der Anfang der Freiheit. Wenn Sie also fähig sind, sich in diese Sache einzufühlen und ihr auf den Grund zu gehen, werden Sie mit zunehmender Bewusstheit feststellen, dass Sie nicht frei sind, dass Sie an viele verschiedene Dinge gebunden sind und dass Sie gleichzeitig hoffen, frei zu werden. Und Sie können erkennen, dass das ein Widerspruch ist. Der Geist muss also untersuchen, warum er an etwas festhält. Und das erfordert harte Arbeit. Es ist viel mühsamer, als in ein Büro zu gehen, als jede körperliche Arbeit, als alle Wissenschaften zusammengenommen. Denn der bescheidene, intelligente Geist ist mit sich selbst beschäftigt, ohne ichbezogen zu sein. Deshalb muss er außergewöhnlich wach und bewusst sein, und das bedeutet wirklich harte Arbeit – jeden Tag, jede Stunde, jeden Augenblick. ... Es erfordert Beharrlichkeit, denn Freiheit fällt einem nicht einfach in den Schoß. Alles hindert Sie daran – Ihre Frau, Ihr Mann, Ihr Sohn, Ihr Nachbar, Ihre Götter, Ihre Religionen, Ihre Tradition. All das behindert Sie, aber Sie haben sich die Hindernisse selbst geschaffen, weil Sie nach Sicherheit streben. Und ein Geist, der Sicherheit sucht, kann sie niemals finden. Falls Sie den Lauf dieser Welt ein wenig beobachtet haben, wissen Sie, dass es so etwas wie Sicherheit nicht gibt. Die Ehefrau stirbt, der Ehemann stirbt, der Sohn geht auf und davon – irgendetwas passiert immer. Das Leben ist nichts Konstantes, auch wenn wir es gerne zu etwas Konstantem machen würden. Keine Beziehung ist gleichbleibend, weil alles Leben Bewegung ist. Das ist etwas, das man begreifen muss, eine Wahrheit, die man sehen und spüren muss und über die man nicht streiten kann. Dann werden Sie, während Sie anfangen, den Dingen auf den Grund zu gehen, feststellen, dass es tatsächlich ein meditativer Prozess ist. Lassen Sie sich aber nicht von dem Wort »Meditation« hypnotisieren. Sich jedes Gedankens bewusst zu sein, zu erkennen, welcher Quelle er entspringt und welche Absicht dahinter steckt – das ist Meditation. Und wenn wir den gesamten Inhalt eines Gedankens kennen, enthüllt sich der gesamte Prozess, der den menschlichen Geist bildet.

Das Feuer der Selbsterkenntnis entfachen

Wenn Sie es schwierig finden, sich der inneren Vorgänge bewusst zu sein, können Sie damit experimentieren, alle Gedanken und Gefühle, die im Laufe des Tages auftauchen, aufzuschreiben. Schreiben Sie Ihre Reaktionen wie Eifersucht, Neid, Eitelkeit, Sinnlichkeit und die Motive, die hinter Ihren Worten stecken, nieder.

Nehmen Sie sich etwas Zeit vor dem Frühstück und schreiben Sie sie auf – vielleicht müssen Sie dafür ein wenig früher zu Bett gehen und auf die eine oder andere Geselligkeit verzichten. Wenn Sie diese Dinge aufschreiben wann immer Sie Gelegenheit dazu haben, und abends vor dem Zubettgehen alle Notizen, die Sie im Lauf des Tages gemacht haben, durchgehen, wenn Sie sie, ohne zu urteilen, ohne zu missbilligen, untersuchen, werden Sie anfangen, die verborgenen Gründe für Ihre Gedanken und Gefühle, Wünsche und Worte zu entdecken. …

Das Wichtige dabei ist aber, dass Sie alles, was Sie aufgeschrieben haben, mit freier Intelligenz untersuchen, und indem Sie das tun, werden Sie sich Ihres eigenen inneren Zustandes bewusst. Im Feuer der inneren Bewusstheit, der Selbsterkenntnis werden die Ursachen der Konflikte erkannt und verbrannt. Schreiben Sie Ihre Gedanken und Gefühle, Absichten und Reaktionen aber nicht nur ein oder zwei Mal nieder, sondern über eine ganze Reihe von Tagen, bis Sie in der Lage sind, sie unmittelbar wahrzunehmen. …

Meditation ist nicht nur ständige innere Bewusstheit, sondern ständiges Aufgeben des Selbst. Aus richtigem Denken entsteht Meditation, aus der die Ruhe der Weisheit hervorgeht, und in dieser inneren Gelassenheit und Klarheit wird das Höchste erkannt.

Das Niederschreiben der eigenen Gedanken und Gefühle, Wünsche und Reaktionen bringt eine innere Bewusstheit mit sich, die Zusammenarbeit zwischen dem Bewussten und dem Unbewussten, was wiederum zu innerer Ganzheit und umfassendem Verstehen führt.

Der Weg der Meditation

Ist die Wahrheit etwas Endgültiges, Absolutes, Feststehendes? Wir hätten gerne, dass sie absolut ist, weil wir dann Zuflucht zu ihr nehmen könnten. Wir hätten gerne, dass sie etwas Dauerhaftes ist, weil wir uns dann daran festhalten könnten, unser Glück in ihr finden könnten. Aber ist die Wahrheit absolut, dauerhaft, etwas, das man wieder und wieder erfahren kann? Die Wiederholung von Erfahrungen ist doch nichts anderes als die Pflege der Erinnerung, nicht wahr? In Augenblicken der Stille erfahre ich vielleicht eine bestimmte Wahrheit, aber wenn ich mich durch die Erinnerung an diese Erfahrung klammere und sie zu etwas Absolutem, Feststehendem mache – ist das dann Wahrheit? Ist Wahrheit das Fortbestehen, die Pflege der Erinnerung? Oder kann man die Wahrheit nur entdecken, wenn der Geist ganz still ist? Wenn der Geist nicht in Erinnerungen verstrickt ist, wenn er nicht die Erinnerung als Zentrum für das Wiedererkennen pflegt, sondern wenn ihm alles bewusst ist, was ich sage, alles, was ich innerhalb meiner Beziehungen und Aktivitäten tue, wenn er die Wahrheit von allem sieht, wie sie sich Augenblick für Augenblick zeigt – das ist gewiss der Weg der Meditation, nicht wahr? Verstehen ist nur möglich, wenn der Geist still ist, und der Geist kann nicht still sein, solange er sich nicht selbst kennt. Diese Unwissenheit kann weder durch irgendeine Form von Selbstdisziplin beseitigt werden, noch dadurch, dass man irgendeiner Autorität folgt, sei es einer uralten oder einer modernen. Glaube erzeugt lediglich Widerstand, führt in die Isolation, und in der Isolation ist innere Stille unmöglich. Innere Stille stellt sich nur ein, wenn ich das gesamte Geschehen, das mich ausmacht, verstehe – die verschiedenen Persönlichkeitsanteile, aus denen sich das »Ich« zusammensetzt und die im Widerstreit miteinander stehen. Da das eine mühsame Aufgabe ist, wenden wir uns an andere, um verschiedene Praktiken zu lernen, die wir Meditation nennen. Die Praktiken des menschlichen Geistes haben nichts mit Meditation zu tun. Meditation ist der Anfang der Selbsterkenntnis, und ohne Meditation gibt es keine Selbsterkenntnis.

Ein Geist im Zustand der Schöpfung

Meditation ist das Entleeren des Geistes von allen Dingen, die der Geist sich zusammengefügt hat. Wenn Sie das tun – vielleicht tun Sie es nicht, aber das spielt keine Rolle, hören Sie einfach zu –, werden Sie feststellen, dass eine außergewöhnliche Weite im Geist herrscht, und diese Weite ist Freiheit. Sie müssen also von Anfang an nach Freiheit verlangen und nicht einfach warten und hoffen, dass Sie sie am Ende haben werden. Sie müssen die Bedeutung der Freiheit in Ihrer Arbeit, in Ihren Beziehungen, in allem, was Sie tun, aufspüren. Dann werden Sie feststellen, dass Meditation Schöpfung ist.

Schöpfung ist ein Wort, das wir alle so voreilig, so leichtfertig benutzen. Ein Maler trägt ein paar Farben auf die Leinwand auf und gerät darüber in völlige Begeisterung. Es ist seine Erfüllung, das Mittel, durch das er sich ausdrückt. Es ist sein Markt, auf dem er zu Geld oder Ansehen kommt – und das nennt er »Schöpfung«! Jeder Schriftsteller »kreiert«, und es gibt Seminare für »kreatives« Schreiben, aber nichts von all dem hat etwas mit Schöpfung zu tun. Es sind nur die konditionierten Reaktionen eines Geistes, der in einer bestimmten Gesellschaft lebt.

Die Schöpfung, von der ich spreche, ist etwas völlig anderes. Ich spreche von einem Geist, der sich im Zustand der Schöpfung befindet. Er kann diesen Zustand ausdrücken oder auch nicht. Sich selbst auszudrücken hat einen sehr geringen Wert. Dieser Zustand der Schöpfung hat keine Ursache, und ein Geist, der sich in diesem Zustand befindet, ist in jedem Augenblick dabei, zu sterben und zu leben und zu lieben und zu sein. All das ist Meditation.

Sofort das Fundament legen

Ein stiller Geist ist nicht auf der Suche nach irgendwelchen Erfahrungen. Und wenn er nicht auf der Suche und daher vollkommen still ist, ohne eine Regung aus der Vergangenheit und daher frei vom Bekannten, dann werden Sie feststellen, wenn Sie so weit gegangen sind, dass es da eine Bewegung aus dem Unbekannten gibt, die nicht wieder erkannt wird, die nicht interpretiert und nicht in Worte gefasst werden kann – dann werden Sie feststellen, dass da eine Bewegung ist, die aus dem Unermesslichen stammt. Diese Bewegung kommt aus dem Zeitlosen, weil es in ihr weder Zeit noch Raum gibt und auch nichts, was man erfahren, gewinnen oder erreichen könnte. Ein solcher Geist weiß, was Schöpfung ist – nicht die Schöpfungen des Malers, Dichters, Schriftstellers, sondern jene Schöpfung, die kein Motiv hat, sich nicht im Äußeren ausdrückt. Diese Schöpfung ist Liebe und Tod.

Dieses ganze Geschehen vom Anfang bis zum Ende ist der Weg der Meditation. Ein Mensch, der meditieren will, muss sich selbst verstehen. Ohne sich selbst zu kennen, können Sie nicht weit gehen. Wie sehr Sie sich auch bemühen, Sie können nur so weit gehen, wie Ihre eigene Vorstellung reicht, und Ihre eigene Vorstellung reicht nicht weit, sie ist sehr nah und bringt Sie nirgendwo hin. Meditation ist jener Prozess, bei dem das Fundament unmittelbar, sofort gelegt wird und der – ganz natürlich und mühelos – diesen Zustand der Stille bewirkt. Und nur dann existiert ein Geist, der über die Zeit, über die Erfahrungen und über das Wissen hinausgeht.

Stille finden

Wenn Sie dieser Untersuchung des Wesens der Meditation gefolgt sind und den gesamten Prozess des Denkens verstanden haben, werden Sie feststellen, dass der Geist vollkommen still ist. In dieser totalen inneren Stille gibt es keinen Zuschauenden, keinen Beobachter und daher auch keinen Erfahrenden. Da ist keine innere Instanz, die Erfahrungen sammelt, was die Aktivität eines selbstbezogenen Geistes ist. Sagen Sie nicht: »Das ist Samadhi« – was ja purer Unsinn ist, weil Sie nur in einem Buch darüber gelesen haben und es nicht für sich selbst entdeckt haben. Es besteht ein riesiger Unterschied zwischen dem Wort und der wirklichen Sache. Das Wort ist nicht die wirkliche Sache, das Wort Tür ist nicht die Tür.

Zu meditieren bedeutet also, den Geist von seiner selbstbezogenen Aktivität zu reinigen. Und wenn Sie in der Meditation so weit gekommen sind, werden Sie feststellen, dass da Stille ist – eine vollkommene innere Leere. Der Geist ist nicht mehr von der Gesellschaft verunreinigt, er unterliegt keinen äußeren Einflüssen mehr und auch nicht mehr dem Zwang des Verlangens. Er ist völlig allein, und in diesem Alleinsein, in dieser Unberührtheit ist er unschuldig. Es ist also möglich, dass das Zeitlose, das Ewige in Erscheinung tritt.

Dieser ganze Prozess ist Meditation.

Großzügigkeit des Herzens ist der Anfang der Meditation

Wir werden über etwas sprechen, das einen Geist erfordert, der wirklich in die Tiefe gehen kann. Wir müssen da beginnen, wo wir sind, denn wir können nicht sehr weit gehen, wenn wir nicht wissen, wie wir ganz in der Nähe beginnen sollen, wenn wir nicht wissen, wie wir den ersten Schritt machen sollen. Die Frucht der Meditation ist Güte, und die Großzügigkeit des Herzens ist der Anfang der Meditation. Wir haben über viele Dinge des Lebens gesprochen, über Autorität, Ehrgeiz, Angst, Habgier, Neid, Tod, Zeit. Wir haben über viele Dinge gesprochen. Wenn Sie genau beobachten, wenn Sie den Dingen auf den Grund gegangen sind, wenn Sie richtig zugehört haben, dann ist all das die Grundlage für einen Geist, der fähig ist, zu meditieren. Sie können nicht meditieren, wenn Sie ehrgeizig sind – Sie können vielleicht mit der Idee der Meditation spielen. Wenn Ihr Geist von Autoritäten beeinflusst wird, wenn er traditionsgebunden ist, wenn er annimmt und folgt, werden Sie niemals wissen, was es bedeutet, über diese ungeheure Schönheit zu meditieren. …

Es ist das Streben nach der eigenen Erfüllung mit Hilfe der Zeit, das Großzügigkeit verhindert. Und Sie brauchen einen großzügigen Geist – nicht nur einen umfassenden Geist, einen Geist, in dem viel Raum ist, sondern auch ein Herz, das gibt, ohne darüber nachzudenken, ohne Motiv, und das nichts dafür zurückverlangt. Aber zu geben, was man hat, wie wenig oder viel es auch sein mag – dieses spontane Aus-sich-Herausgehen, ohne Einschränkung, ohne irgendetwas zurückzuhalten, ist unbedingt notwendig. Es gibt keine Meditation ohne Großzügigkeit, ohne Güte – was bedeutet, frei von Stolz zu sein, nie die Leiter des Erfolgs hinaufzuklettern, nie zu wissen, wie es ist, berühmt zu sein. Es bedeutet, alles loszulassen, was erreicht wurde – in jeder Minute des Tages. Nur auf einem so fruchtbaren Boden kann diese Güte gedeihen und aufblühen. Und Meditation ist das Aufblühen von Güte.

Meditation ist lebensnotwendig

Um dieses ganze Problem der Beeinflussung zu verstehen, die Einflüsse durch die Erfahrungen, durch das Wissen, durch unsere inneren und äußeren Antriebe – um herauszufinden, was wahr und was falsch ist, und das Wahre im so genannten Falschen zu entdecken –, all das erfordert eine tiefe Einsichtsfähigkeit, ein tiefes inneres Erfassen der Dinge, wie sie sind, nicht wahr? Dieser ganze Prozess ist der Weg der Meditation. Meditation ist ein unbedingt notwendiger Bestandteil des Lebens, unserer täglichen Existenz, so wie Schönheit unbedingt notwendig ist. Das Wahrnehmen von Schönheit, die Sensibilität für das Hässliche wie für das Schöne sind etwas ganz Wichtiges – einen schönen Baum wahrzunehmen, einen herrlichen Abendhimmel, den weiten Horizont zu sehen, wo sich die Wolken beim Sonnenuntergang zusammenballen. All das ist notwendig – die Wahrnehmung von Schönheit und das Verstehen des Wesens der Meditation, denn all das ist das Leben, so wie Ihr Gang ins Büro, die Auseinandersetzungen, die Nöte, die ständige Belastung, die Sorgen, die tiefen Ängste, die Liebe und der Hunger. Das Verstehen dieses gesamten Geschehens des Daseins – der Einflüsse, des Leids, der täglichen Mühe, der Autoritätsgläubigkeit, der politischen Aktionen und so weiter –, all das ist das Leben, und das Verstehen all dessen und die Befreiung des Geistes ist Meditation. Wenn man dieses Leben wirklich erfasst, findet immer ein meditativer Prozess statt, ein kontemplativer Prozess – aber nicht über etwas Bestimmtes. Sich dieses ganzen Geschehens der Existenz bewusst zu sein, es zu beobachten, sich leidenschaftslos darauf einzulassen und davon frei zu werden, ist Meditation.

Anhang

Abkürzungen

Col	*Commentaries on Living,* Series 1 und 2; Band 1, 2 und 3. Wheaton, IL: Quest Books, 1956, 1958, 1960.
CW	*Collected Works of J. Krishnamurti,* 17 Bde. Dubuque, IA: Kendall/Hunt Publishing, 1991, 1992.
ESL	*Education and the Significance of Life.* Reprint. San Francisco: HarperSanFrancisco, 1953.
FLF	*First and Last Freedom.* Reprint. San Francisco: HarperSanFrancisco, 1953.
JKI	*Krishnamurti Interviews #1–92.* Krishnamurti Foundation of America Archives, Ojai, California.
LA	*Life Ahead.* Reprint. New York: Harper & Row, 1963.
TTT	*Think on These Things.* New York: HarperPerennial, 1964.

Quellen

Januar

1. — TTT, S. 27–28
2. — CW, Band VII, S. 213
3. — COL, Series I, S. 171–72
4. — CW, Band XIV, S. 234
5. — COL, Series II, S. 147–48
6. — LA, S. 85
7. — CW, Band XV, S. 239
8. — CW, Band XI, S. 108–109
9. — FLF, S. 156
10. — CW, Band XVI, S. 213–14
11. — LA, Einführung, S. 8
12. — CW, Band XIV, S. 238
13. — CW, Band XV, S. 173
14. — CW, Band XIY, S. 170
15. — CW, Band XII, S. 296–97
16. — CW, Band XVII, S. 34
17. — CW, Band XIY, S. 15
18. — ESL, S. 60
19. — CW, Band IV, S. 46
20. — CW, Band IV, S. 44
21. — COL, Series I, S. 95–96
22. — CW, Band VII, S. 52–53
23. — CW, Band V, S. 334–35
24. — FLF, S. 44
25. — COL, Series I, S. 94
26. — FLF, S. 47
27. — CW, Band VII, S. 325
28. — CW, Band XIV, S. 107
29. — CW, Band VII, S. 55
30. — CW, Band IV, S. 1
31. — CW, Band IX, S. 137

Februar

1. — FLF, S. 51
2. — COL, Band I, S. 196–97
3. — TTT, S. 14
4. — COL, Band I, S. 94–95
5. — CW, Band VI, S. 274–75
6. — CW, Band VI, S. 272–73
7. — CW, Band VI, S. 276
8. — CW, Band V, S. 49
9. — CW, Band XVI, S. 254
10. — CW, Band VI, S. 140–41
11. — CW, Band VII, S. 130
12. — CW, Band VI, S. 140–41
13. — FLF, S. 57
14. — FLF, S. 58
15. — CW, Band XIII, S. 33
16. — FLF, S. 56
17. — CW, Band VI, S. 260
18. — FLF, S. 52–53
19. — CW, Band VI, S. 79
20. — FLF, S. 54
21. — CW, Band VI, S. 261–62
22. — CW, Band VIII, S. 318
23. — CW, Band III, S. 212–13
24. — FLF, S. 145–46
25. — CW, Band IX, S. 228–29
26. — CW, Band VII, S. 49
27. — CW, Band VII, S. 232–33
28. — CW, Band VII, S. 153–54

März

1. — CW, Band XIII, S. 110–11
2. — CW, Band IX, S. 61–62
3. — CW, Band IX, S. 61–62
4. — JK1, #6
5. — CW, Band VI, S. 80
6. — COL, Series I, S. 162–63
7. — COL, Series I, S. 94
8. — CW, Band XI, S. 293
9. — COL, Series I, S. 113
10. — CW, Band XVI, S. 120–21

11. — COL, Series II, S. 5
12. — CW, Band XII, S. 40
13. — JKI, #109
14. — CW, Band XIII, S. 251
15. — CW, Band V, S. 335
16. — JKI, #49
17. — CW, Band XVII, S. 112–13
18. — CW, Band V, S. 297
19. — CW, Band V, S. 96
20. — FLF, S. 42
21. — JKI, #75
22. — CW, Band XIII, S. 247
23. — CW, Band XII, S. 58–59
24. — CW, Band XII, S. 62
25. — CW, Band VII, S. 132–33
26. — FLF, S. 187–88
27. — CW, Band XIV, S. 251
28. — FLF, S. 85–86
29. — CW, Band XV, S. 158–59
30. — CW, Band XII, S. 61–62
31. — CW, Band III, S. 225

April

1. — COL, Series I, S. 105
2. — CW, Band XII, S. 244
3. — CW, Band XII, S. 244
4. — CW, Band XII, S. 245
5. — CW, Band XV, S. 164
6. — CW, Band XVI, S. 88
7. — CW, Band XI, S. 78
8. — CW, Band V, S. 216
9. — CW, Band VI, S. 129–30
10. — CW, Band VI, S. 129
11. — CW, Band IV, S. 209
12. — CW, Band VI, S. 132
13. — CW, Band V, S. 88
14. — CW, Band VI, S. 132–33
15. — CW, Band IV, S. 145
16. — CW, Band V, S. 217–18
17. — CW, Band V, S. 99
18. — CW, Band XV, S. 89–90
19. — CW, Band IV, S. 177
20. — COL, Series II, S. 56
21. — CW, Band VI, S. 56–57
22. — CW, Band XI, S. 205
23. — CW, Band XIII, S. 251
24. — CW, Band XII, S. 245
25. — CW, Band XIV, S. 95
26. — CW, Band XI, S. 251
27. — CW, Band XI, S. 97
28. — CW, Band XI, S. 97–98
29. — CW, Band XIV, S. 97
30. — CW, Band XIII, S. 251

Mai

1. — CW, Band XIV, S. 142–43
2. — CW, Band XVII, S. 115
3. — CW, Band II, S. 98
4. — CW, Band I, S. 115–16
5. — CW, Band XVII, S. 203
6. — CW, Band XIII, S. 189
7. — CW, Band XV, S. 6–7
8. — CW, Band XV, S. 144
9. — CW, Band XIII, S. 57–58
10. — CW, Band XIII, S. 236–37
11. — CW, Band XVII, S. 115
12. — CW, Band IV, S. 184
13. — FLF, S. 251–52
14. — COL, Series III, S. 196–97
15. — CW, Band XII, S. 84–85
16. — CW, Band XII, S. 85–86
17. — CW, Band XII, S. 85
18. — CW, Band IX, S. 249, 252
19. — CW, Band XVII, S. 156
20. — CW, Band XII, S. 86
21. — CW, Band V, S. 214
22. — CW, Band XI, S. 338
23. — CW, Band XI, S. 34
24. — CW, Band IX, S. 35
25. — COL, Series III, S. 31–32

26. — CW, Band XIII, S. 326
27. — CW, Band IX, S. 35
28. — CW, Band X, S. 158–59
29. — CW, Band XIV, S. 190
30. — FLF, S. 225–26
31. — CW, Band XIII, S. 240

Juni

1. — TTT, S. 211–12
2. — CW, Band XIV, S. 289–90
3. — CW, Band XIV, S. 290
4. — CW, Band XIII, S. 109
5. — CW, Band XII, S. 64
6. — CW, Band XIV, S. 288
7. — CW, Band XII, S. 67
8. — TTT, S. 152
9. — CW, Band IX, S. 280
10. — CW, Band IX, S. 69
11. — LA, S. 17
12. — CW, Band X, S. 139–40
13. — LA, S. 18
14. — CW, Band IX, S. 240
15. — CW, Band XIII, S. 34
16. — CW, Band III, S. 179
17. — CW, Band XII, S. 54–55
18. — CW, Band IV, S. 209
19. — CW, Band XII, S. 306
20. — CW, Band IV, S. 209
21. — JKI, #87
22. — CW, Band XVII, S. 259
23. — CW, Band XVI, S. 289–90
24. — CW, Band III, S. 176
25. — CW, Band XVII, S. 170–71
26. — CW, Band XVII, S. 142
27. — CW, Band XVII, S. 256
28. — CW, Band X, S. 80–81
29. — CW, Band III, S. 154–55
30. — CW, Band III, S. 203

Juli

1. — FLF, S. 28
2. — CW, Band VIII, S. 117–18
3. — CW, Band VII, S. 101
4. — COL, Series I, S. 240–41
5. — CW, Band IV, S. 105
6. — CW, Band VIII, S. 119
7. — CW, Band VII, S. 214–15
8. — CW, Band XV, S. 226
9. — CW, Band V, S. 46
10. — FLF, S. 84
11. — CW, Band VI, S. 358–59
12. — FLF, S. 170
13. — CW, Band XII, S. 91
14. — CW, Band XV, S. 221
15. — CW, Band I, S. 141
16. — CW, Band XII, S. 246
17. — TTT, S. 204
18. — CW, Band VIII, S. 105
19. — CW, Band III, S. 157–58
20. — CW, Band VII, S. 224
21. — CW, Band II, S. 68
22. — COL, Series III, S. 195–96
23. — CW, Band XI, S. 284
24. — CW, Band XIII, S. 309–10
25. — CW, Band XIII, S. 308
26. — FLF, S. 168–70
27. — FLF, S. 170–71
28. — CW, Band XII, S. 94–95
29. — CW, Band XIII, S. 311
30. — CW, Band XIII, S. 255
31. — CW, Band VI, S. 312–13

August

1. — CW, Band V, S. 205
2. — CW, Band VI, S. 134
3. — CW, Band VI, S. 134–35
4. — COL, Series I, S. 46
5. — CW, Band VII, S. 265
6. — CW, Band V, S. 124

7. — CW, Band XI, S. 207
8. — COL, Series III, S. 146
9. — CW, Band XII, S. 50
10. — COL, Series III, S. 253
11. — FLF, S. 264–65
12. — FLF, S. 170
13. — COL, Series I, S. 92
14. — CW, Band XVI, S. 177–80
15. — CW, Band XVI, S. 23–24
16. — COL, Series II, S. 66
17. — COL, Senes II, S. 67
18. — CW, Band XVI, S. 249
19. — CW, Band IX, S. 64
20. — COL, Series II, S. 66–67
21. — CW, Band XVI, S. 183
22. — FLF, S. 265
23. — CW, Band XVII, S. 12
24. — FLF, S. 45
25. — FLF, S. 46
26. — COL, Series I, S. 216–17
27. — CW, Band VII, S. 211–12
28. — CW, Band IV, S. 117
29. — CW, Band VII, S. 212
30. — CW, Band VII, S. 212
31. — CW, Band VII, S. 212–13

September

1. — CW, Band XV, S. 118
2. — CW, Band XVII, S. 26
3. — CW, Band I, S. 115
4. — CW, Band XI, S. 261–62
5. — CW, Band XI, S. 42–43
6. — CW, Band V, S. 214
7. — CW, Band III, S. 125
8. — CW, Band V, S. 41–42
9. — FLF, S. 224
10. — J KI, #71
11. — JKI, #7l
12. — CW, Band XI, S. 337
13. — CW, Band V, S. 43–44
14. — CW, Band XI, S. 217–18
15. — FLF, S. 46
16. — FLF, S. 155–56
17. — ESL, S. 64–65
18. — CW, Band XI, S. 216–17
19. — CW, Band XI, S. 217
20. — CW, Band XI, S. 337–38
21. — CW, Band XIII, S. 245
22. — CW, Band XI, S. 167–68
23. — COL, Series II, S. 96–97
24. — CW, Band XI, S. 168
25. — COL, Series II, S. 99–100
26. — CW, Band VIII, S. 250
27. — FLF, S. 223
28. — CW, Band XI, S. 169–70
29. — CW, Band XIII, S. 276
30. — CW, Band XII, S. 270

Oktober

1. — CW, Band XV, S. 117–18
2. — CW, Band XVII, S. 26
3. — CW, Band XII, S. 58
4. — CW, Band XV, S. 158–59
5. — CW, Band XV, S. 120
6. — CW, Band XIII, S. 256
7. — CW, Band VIII, S. 246
8. — CW, Band XIII, S. 24–25
9. — CW, Band XI, S. 339
10. — CW, Band XI, S. 223
11. — CW, Band VIII, S. 39–40
12. — CW, Band XI, S. 257
13. — CW, Band XI, S. 257–58
14. — TTT, S. 196–97
15. — CW, Band XI, S. 75–76
16. — CW, Band XVI, S. 197
17. — CW, Band XI, S. 74–75
18. — CW, Band XIII, S. 52–53
19. — CW, Band XII, S. 51–52
20. — CW, Band XVI, S. 16
21. — CW, Band XVI, S. 197

22. — FLF, S. 42–43
23. — CW, Band IX, S. 28
24. — CW, Band X, S. 138
25. — CW, Band XII, S. 256
26. — CW, Band XII, S. 253
27. — CW, Band XI, S. 310
28. — CW, Band VIII, S. 23
29. — CW, Band XV, S. 132–33
30. — CW, Band IX, S. 56
31. — CW, Band VII, S. 50

November

1. — CW, Band VI, S. 56
2. — CW, Band IX, S. 36
3. — TTT, S. 115–16
4. — CW, Band V, S. 145–46
5. — CW, Band VIII, S. 252
6. — CW, Band X, S. 83
7. — CW, Band VII, S. 124
8. — TTT, S. 173
9. — COL, Series III, S. 303
10. — TTT, S. 237
11. — CW, Band XVI, S. 176
12. — LA, S. 41
13. — FIF, S. 83–84
14. — CW, Band VI, S. 68
15. — CW, Band XV, S. 33
16. — CW, Band V, S. 355
17. — CW, Band II, S. 227
18. — CW, Band VI, S. 68
19. — CW, Band XV, S. 319
20. — CW, Band VI, S. 68–69
21. — CW, Band VI, S. 69
22. — CW, Band XV, S. 71–72
23. — CW, Band XV, S. 74
24. — LA, S. 97–98
25. — CW, Band V, S. 101–102
26. — TTT, S. 152–53
27. — CW, Band XIII, S. 296–97
28. — CW, Band X, S. 191–92
29. — CW Band X, S. 192–93, 196
30. — COL, Series II, S. 223

Dezember

1. — CW, Band XV, S. 32
2. — CW, Band XIV, S. 220
3. — CW, Band VI, S. 312
4. — CW, Band XIII, S. 228
5. — CW, Band XVII, S. 184
6. — CW, Band VII, S. 221
7. — CW, Band VII, S. 219–20
8. — CW, Band XV, S. 90–91
9. — CW, Band XII, S. 81, 82
10. — JKI, #48
11. — CW, Band VI, S. 204–5
12. — CW, Band VII, S. 131
13. — CW, Band V, S. 48, 49
14. — JKI, #95
15. — CW, Band II, S. 34
16. — TTT, S. 142–43
17. — CW, Band V, S. 4
18. — CW, Band VI, S. 140–41
19. — CW, Band IX, S. 112–113
20. — CW, Band IX, S. 112
21. — CW, Band II, S. 34
22. — CW, Band V, S.165–66
23. — CW, Band XIII, S. 263–64
24. — CW, Band XI, S. 67
25. — JKI, #20
26. — CW, Band VI, S. 176
27. — CW, Band XIII, S. 324–25
28. — CW, Band XIII, S. 98–99
29. — CW, Band X, S. 229
30. — CW, Band XIII, S. 150
31. — CW, Band XI, S. 138–39